btb

Florian Zinnecker begleitet Igor Levit durch eine Konzertsaison. Gemeinsam erleben sie eine Zeit der Extreme. Es ist das Jahr, in dem Levit öffentlich Partei gegen Hass im Netz ergreift und dafür Morddrohungen erhält. Das Jahr, in dem er für Hunderttausende Zuhörer Hauskonzerte auf Twitter spielt. Und das Jahr, in dem er zu sich selbst findet – als Künstler und als Staatsbürger, als öffentliche Figur und als Mensch.

Igor Levit, geboren 1987 im russischen Gorki (heute Nischni Nowgorod), zog mit acht Jahren mit seiner Familie nach Deutschland. Er studierte an der Musikhochschule Hannover und gewann 2005 beim Arthur-Rubinstein-Wettbewerb als jüngster Teilnehmer die Silbermedaille. Levit ist Träger des Gilmore Artist Awards, 2020 wurde er u. a. mit der »Gabe der Erinnerung« des Internationalen Auschwitz Komitees, dem Bundesverdienstkreuz und dem Preis für Verständigung und Toleranz des Jüdischen Museums Berlin ausgezeichnet.

Florian Zinnecker, geboren 1984 in Bayreuth, ist stellvertretender Ressortleiter der Wochenzeitung *Die Zeit*. Nach seinem Studium der Kulturwissenschaften und Politik schrieb er u. a. für das *Süddeutsche Zeitung Magazin* und besuchte die Henri-Nannen-Journalistenschule. Für seine Berichterstattung über die Bayreuther Festspiele wurde er mit dem Konrad-Adenauer-Preis ausgezeichnet.

IGOR LEVIT
FLORIAN ZINNECKER

HAUS KONZERT

btb

Sollte diese Publikation Links auf Webseiten Dritter enthalten, so übernehmen wir für deren Inhalte keine Haftung, da wir uns diese nicht zu eigen machen, sondern lediglich auf deren Stand zum Zeitpunkt der Erstveröffentlichung verweisen.

MIX
Papier | Fördert gute Waldnutzung
FSC® C014496

Penguin Random House Verlagsgruppe FSC® N001967

1. Auflage
Genehmigte Taschenbuchausgabe Oktober 2022
btb Verlag in der Penguin Random House Verlagsgruppe GmbH
Neumarkter Straße 28, 81673 München

Covergestaltung: semper smile, München
nach einem Entwurf von Peter-Andreas Hassiepen, München
unter Verwendung eines Motivs von © Felix Broede
Druck und Einband: GGP Media GmbH, Pößneck
MK · Herstellung: sc
Printed in Germany
ISBN 978-3-442-77173-8

www.btb-verlag.de
www.facebook.com/btbverlag

unseren Familien und unseren Freunden

If you understood everything I said, you'd be me.

MILES DAVIS

BERLIN, EIN SAMSTAG im Dezember 2019, später Vormittag. Igor Levit ist müde. Sein rechter Arm schmerzt, der linke auch, es ist vielleicht nicht der beste Tag, um anzufangen.

Vor zwei Tagen ist er von einer Tour mit der Kammerphilharmonie Bremen zurückgekommen. Hamburg, Wiesbaden, Wien, Bremen, sieben Auftritte in acht Tagen, viermal das Brahms-Klavierkonzert Nr. 1, dreimal Nr. 2. In den Wochen davor spielte er an jeweils vier Abenden die erste Hälfte seines Beethoven-Sonatenzyklus in Hamburg und Luzern, an zwei Abenden vier Sonaten, an zweien fünf. Und dazwischen gab er sein Antrittskonzert als Professor für Klavier an der Hochschule für Musik, Theater und Medien in Hannover, auf dem Programm: ein Satz aus einer Sinfonie von Gustav Mahler, danach eine Passacaglia von Ronald Stevenson, anderthalb Stunden lang. Genug Repertoire für ein ganzes Jahr. Oder für drei Pianisten.

Vielleicht wäre es besser, ein paar Tage früher zu beginnen, es wäre leicht, ihn gut aussehen zu lassen. Dann säße Igor Levit jetzt am Flügel, den Schluss des ersten Brahms-Konzerts in die Tasten donnernd, stürmisch, innig, vor Energie strotzend. Danach Applaus. Bravo-Rufe, Ovationen.

So beginnen Bücher über Pianisten.

Und nicht an einem trüben, kalten Samstag in einem Café in Berlin-Mitte, in dem nur der Platz neben dem Eingang noch frei ist.

Aber hilft ja nichts.

Levit verspätet sich, obwohl seine Wohnung nur ein paar Häuser entfernt liegt, er läuft ohne Jacke durch den eisigen Regen. Weder seine Managerin noch seine Presseagentin wissen von diesem Termin, dabei gibt es in Igor Levits Leben beinahe nichts, was nicht über ihre Schreibtische läuft.

Aber er ist nicht beruflich hier. Er hat frei, zwei Wochen, es sind die ersten freien Tage seit September, das nächste Konzert folgt am zweiten Weihnachtstag. »Kann sein, dass ich in den zwei freien Wochen feststelle, ich brauche noch zwölf.«

Er setzt die Brille ab, fährt sich durchs Gesicht.

Wie war die Tour mit den Bremern?
»Okay.«

Er fährt sich noch immer durchs Gesicht.

»Wissen Sie, Klavierkonzerte sind anstrengend. Viel anstrengender als Solo-Abende. Solo-Abende liebe ich sehr, dann habe ich zwei Stunden auf der Bühne, und diese zwei Stunden gehören mir. Kann sein, dass ich es verbocke. Aber es ist meins. Bei einem Klavierkonzert habe ich vielleicht vierzig Minuten, vielleicht auch nur zwanzig. Ich sitze da und kann nichts machen, ich hänge völlig an der Energie des Orchesters. Wenn die stimmt, wird es gut, wenn nicht, wird es schwierig, das weiß ich schon nach den ersten Takten.«

Er knetet die rechte Schulter, verzieht das Gesicht.

Was ist mit dem Arm?
»Geht.«

Jetzt gerade schmerzt der linke fast mehr als der rechte, später erzählt Levit, dass er sich am Vorabend den Musikantenknochen im linken Ellenbogen gestoßen hat, aus Versehen und mit Schwung. Der rechte Arm schmerzt seit Jahren: zu viel Brahms und Beethoven, zu viel von allem.

»Wenn ich später auf die Bühne müsste: kein Problem. Aber heute früh konnte ich kaum Zähne putzen.«

Eigentlich sind wir verabredet, um über ein anderes Thema zu sprechen.
Genauer: über eine Frage.

Levit gehört zu den besten Pianisten seiner Generation, manche sagen: zu den besten des Jahrhunderts, was ein recht undifferenziertes Urteil ist, er selbst hört es nicht gern. Eine Musikkritikerin hat ihm den Superlativ eingebrockt, er kann mit solchen Zuschreibungen wenig anfangen. Das Wort Jahrhundertpianist lässt seine Presseagentin aus allen Interviews streichen.

Zuletzt haben beinahe alle großen Zeitungen seine Gesamtaufnahme der Beethoven-Klaviersonaten besprochen. Vor wenigen Wochen ist in der ZEIT ein großes Porträt über ihn erschienen, jetzt gerade reist ihm Alex Ross, der Musikkritiker des New Yorker, für ein weiteres großes Porträt nach, auch der Stern arbeitet an einem Stück. Der Bayerische Rundfunk plant einen Beethoven-Podcast mit ihm, 32 Folgen, für jede Klaviersonate eine. Im September saß er auf der Bühne des Thalia Theaters und diskutierte mit Bundestagspräsident Wolfgang Schäuble über das Grundgesetz, er diskutierte auch schon mit dessen Vorgänger Norbert Lammert, neulich war er Gast der Talkshow Maybrit Illner zum Thema Hass im Netz. Mag sein, dass Igor Levit zu den besten Pianisten des Jahrhunderts gehört, er ist in jedem Fall der präsenteste. Und dann gibt es noch seinen Twitter-Account.

Fehlt eigentlich nur ein Buch.
Haha.
Aber im Ernst.

In beinahe allen Texten, Interviews, Podcasts geht es entweder um Igor Levit, den Pianisten, der sich politisch äußert. Oder um Igor Levit, den Twitter-Aktivisten, der im Übrigen auch Klavier spielt. Wäre es nicht an der Zeit zu erzählen, wie beides zusammenhängt, wie es begann und wohin es führt, kurz: warum Igor Levit so klingt, wie er klingt?

Levit schweigt.

Knetet seine Schulter.

Schaut aus dem Fenster in den trüben Vormittag.

»Ganz ehrlich? Keine Ahnung. Keine Ahnung, wie lange ich das noch mache. Wie lange ich das noch will.«

Wie lange er was noch will?

»Kann sein, dass es meiner Erschöpfung geschuldet ist. Aber gerade weiß ich's wirklich nicht.«

Er knetet weiter seine Schulter.

»Mir reicht das alles nicht. Ich bin andauernd auf Reisen, spiele Konzerte und Konzerte und Konzerte, aber nach den Konzerten klopfe ich mir nicht auf die Schulter und sage ›Guuutes Konzert! Guuuuutes Konzert!‹ Sondern ich komme von der Bühne und frage: ›What's next?‹ Ich will sofort weiter, ich muss sofort weiter. Ich nehme mir nie Zeit, weil ich ständig Angst habe, nicht genug Zeit zu haben.«

Er lehnt seinen Kopf an die Wand und schließt die Augen. Aber nur kurz.

»Wissen Sie, im Moment ist der Einsatz auch nicht besonders hoch. Was kann schon passieren? Ich kann im nächsten Konzert die Waldsteinsonate statt in C-Dur in G-Dur spielen und in halbem Tempo – wer will mich daran hindern? Oder die Mondscheinsonate zwei Oktaven höher und richtig schnell – na und? Dann können Sie sagen, ich bin ein Arschloch. Ja und? Ich kann bei einem Konzert richtig schlecht spielen, rausfliegen, den Text vergessen. Was passiert dann? Wahrscheinlich kriege ich eine schlechte Kritik, der Veranstalter lädt mich nicht mehr ein, vielleicht werde ich sogar ausgebuht. Sterbe ich daran? Nein. Werde ich verhungern? Auch nicht. Also: Wovor fürchte ich mich?«

Er knetet weiter.

»Mir reicht das nicht. Ich will mehr. Mir reicht ja auch der Flügel nicht, ich spiele dauernd Stücke, die eigentlich zu groß sind fürs Klavier. Warten Sie, ich muss mal eben auf die Toilette.«

Er springt auf, sein Telefon lässt er auf dem Tisch liegen, seine Brille auch. Draußen beginnt es zu schneien, dünn und hässlich und unergiebig. Es ist gleich 12 Uhr, aber noch gar nicht richtig hell.

»Lassen Sie es uns probieren«, sagt er, als er zurückkommt. Was? »Das Buch. Lassen Sie uns das machen. Ich kann nur wirklich nicht sagen, was ich in ein paar Monaten mache.«

Alles klar.

Ach so: Wollen wir uns nicht duzen?
»Klar«, sagt Igor. »Ich bin Igor.«

Dann schaut er auf sein Telefon und sagt zum Abschied: »So, ich lege mich jetzt wieder ins Bett.«

#

DIE REISE SELBST beginnt schon früher.

Mittwoch, 18. September 2019. Igor betritt die Bühne im Großen Saal der Elbphilharmonie. Auf dem Programm: drei Beethoven-Sonaten und noch eine vierte, Nr. 21 in C-Dur Opus 53, die Waldsteinsonate. Igor nennt sie: »Das beglückendste Stück Klaviermusik, das ich kenne.«

Über dem Saal liegt Dämmerung, Igor sitzt im Kegel dreier Scheinwerfer, die senkrecht auf ihn herunter strahlen. Von Roger Willemsen stammt der Satz, das Glück sei selten ein reiner C-Dur-Akkord. Die Waldsteinsonate gehört zu den Ausnahmen, sie beginnt mit vierzehn C-Dur-Akkorden, genauer, vierzehnmal dem gleichen Akkord, *Allegro con brio*, sie fühlen sich an wie ein wohliger Schauer, wie die Unruhe zu Beginn, wie Bauchkribbeln vor dem Start. Wie reines Glück.

Bei vielen anderen Pianisten klingt die Waldsteinsonate wie ein Hürdenlauf, bei dem es nur darum geht, allen Anweisungen möglichst genau zu folgen und dabei nicht zu stolpern. Man kann die Regeln durch die Musik hindurch hören. Igor hingegen lässt die Musik frei. Er stürzt sich in einem so halsbrecherischen Tempo in den ersten Satz, dass man fürchtet, es könnte ihn aus der Kurve tragen. Der Satz ist auskomponierte Geschwindigkeit, Herzklopfen, Vibration. So viele Noten, so viele einzelne Töne in einem einzigen Sonatensatz sind selten. Man kann das Tempo spüren. Ein einziges Mal nur erlaubt Beethoven der Musik, langsamer zu werden. Wenn man ihn fragt, warum so schnell, sagt Igor unumwunden: Weil ich es kann. Und weil Beethoven es verlangt.

Im zweiten Satz bleibt die Musik stehen, die Leichtigkeit hat sich in Schwermut verwandelt. Igor zerlegt die Akkorde so, dass alle Klänge bewegungslos wie Säulen im Raum stehen, die Musik klingt, als hätte nicht Beethoven sie geschrieben, sondern der sehr alte Franz Liszt, jeder Ton kommt direkt aus der Ewigkeit, eine Melodie, die den Ehrgeiz hätte, irgendwohin zu streben, gibt es lange nicht. Die Töne sind Zustand, nichts bewegt sich. Alles ist, was es ist.

Die Musik klingt dreidimensional. Nicht, weil sie aus verschiedenen Richtungen käme, das Werk selbst ist dreidimensional. Die Harmonien erschaffen Flächen und Pfeiler, Räume und Türen hin zum nächsten Raum, es gibt Lichtquellen und Dunkelheit, es gibt Farbe und Temperatur – und dann kommt in den Raum eine Stimme.

Igor gehört nicht zu den Musikern, die hinter das Werk zurücktreten. Er sagt: Ich spiele, ich mache die Regeln. Nicht nur hat er keine Scheu davor, Ich zu sagen – er sagt, es gehe nicht anders.

Es wird allerdings noch eine Weile dauern, bis er herausfindet, wen er meint, wenn er Ich sagt.

Und dann geht, mitten in der Nacht, die Sonne auf, aus dem Nebel des zweiten Satzes lässt Igor eine Melodie aufsteigen und jagt sie durch die Klangtradition verschiedener Epochen, auch jener nach Beethoven, hier klingen Liszt und Rachmaninow, Debussy und Glass, bald bekommt die Musik auch einen Beat, darf man das so spielen? Warum denn nicht, sagt Igor, ohne ihn wäre das Stück jetzt sowieso nicht da. Das Finale beginnt klein, wird größer und ist am Ende kosmisch, aus einer Melodie entspringt eine Welt, am Ende mündet alles in reine Euphorie.

Igor, auf dem Podium der Elbphilharmonie, verbeugt sich.
Spielt eine Zugabe.
Keine Ahnung mehr, welches Stück.

Auf dem Nachhauseweg hallt die Musik nach, das ist oft so nach Konzerten, diesmal aber scheint jeder Ton einen kleinen Abdruck hinterlassen zu haben und die Gesamtheit der Töne einen großen.

Was, bitte, war *das* denn?
Aus wessen Leben hat Igor hier erzählt: aus seinem? Oder aus denen seiner Zuhörer?
Woher kommen die Farben, die Nuancen, die Kraft?

Warum klingt die Waldsteinsonate, dieses gut zweihundert Jahre alte Stück Musik, so oft einfach nur bewältigt, durchgespielt, meinetwegen: gekonnt? Und heute so natürlich, nein, selbstverständlich, als ginge das alles gar nicht anders, als hätte nicht Ludwig van Beethoven das alles irgendwann notiert, sondern als wäre es immer schon da gewesen und gerade zum ersten Mal hörbar geworden.

Ist das vielleicht schon das ganze Geheimnis? Klingt Igor deshalb so interessant, wie er klingt, weil er nicht einfach nur ein Stück Musik spielt, sondern dabei – mit vollem Einsatz und vollem Risiko – sich selbst mit auf die Bühne bringt?

Denn eindeutig, hier geht es nicht um C-Dur, Viervierteltakt, *Allegro con brio,* Hauptthema, Nebenthema. Hier geht es um viel mehr. Klänge es nicht so platt und hochtrabend, könnte man sagen: um alles.

Und wenn schon der Abglanz des Lebens in der Musik so spannend ist: Wie muss dann erst das Leben selbst sein?

Oder steckt alle Spannung, alle Kraft in der Musik, und der Rest ist öde und leer?
Was bliebe, wenn man jemandem, der so Klavier spielt, das Klavierspielen nimmt? Ginge das überhaupt?
Wie hält es jemand, der so spielt, mit sich selbst aus?

#

DAS ALSO IST die Geschichte. Igor Levit, 32, nicht ausgelastet damit, Jahrhundertpianist zu sein, und zugleich völlig erschöpft davon. Auf der Suche nach einer Antwort auf die Frage, und über Monate auch erst einmal auf der Suche nach der Frage selbst: Wer bin ich, und was soll ich tun.

Und jetzt?

Für gewöhnlich bestehen Biografien aus einer lückenlosen Erzählung von Lebensereignissen, die den Eindruck erweckt, das beschriebene Leben sei eine Folge von Kausalitäten, die sich im Moment des Erlebens schon so logisch und schlüssig anfühlen wie im Rückblick. Es ist der Versuch, den Dingen Sinn zu geben, manches bekommt seinen Sinn erst im Zusammenhang.
Aber das Leben besteht nicht nur aus Ereignissen, sondern auch aus Gefühlen, Ahnungen, Dringlichkeit, Überdruss, Unsicherheit, aus Glück und Pech. Und vor allem aus mehr Fragen als Antworten.

Ein solches Buch besteht auch nie allein aus der absoluten, dafür aber immer aus der persönlichen Wahrheit. Aus Geschichten, die immer weitererzählt werden und mit jedem Erzählen besser geworden sind, bei denen sich die Erzähler kaum über Zeit und Ort einigen können, sicher sind sie sich nur darüber, dass alles haargenau so passiert ist.

Eine Möglichkeit wäre, am Anfang zu beginnen, am besten sogar noch früher. Dann müsste man erzählen, wie Elena Levit, Igors Mutter, im Spätwinter 1987 Morgen für Morgen zum Konservatorium in Gorki läuft und Abend für Abend zurück nach Hause, in die winzige Wohnung in einer der Plattenbausiedlungen, und wie sie dabei immer wieder mit Igor in ihrem Bauch spricht, obwohl sie noch gar nicht sicher ist, dass das Kind, mit dem sie schwanger ist, ein Junge wird.

Und man müsste erzählen, wie sie vor Igors Geburt im Traum in einem Konzert sitzt, auf der Bühne spielt ihr Sohn das Klavierkonzert Nr. 2 Opus 18 in c-Moll von Sergej Rachmaninow. Und 15 Jahre später, beim Maria-Callas-Wettbewerb in Athen, sitzt Elena Levit tatsächlich in einem Konzertsaal und hört auf dem Podium ihren Sohn das Klavierkonzert Nr. 2 Opus 18 in c-Moll von Rachmaninow spielen.

Solche Geschichten. Aber hilft das weiter?

Muss man, um zu verstehen, warum ein Pianist spielt, wie er spielt, denkt, wie er denkt, und fühlt, wie er fühlt, vor dem ersten Ton anfangen? Zumal dann, wenn er selbst sich an diesen ersten Ton selbst gar nicht erinnern kann?

In vielen anderen Fällen mag das so sein, bei Igor nicht. Igor Levit ist nur aus der unmittelbaren Gegenwart heraus zu verstehen.

Außerdem gibt es mit der Vergangenheit noch ein ganz anderes Problem – aber dazu später.

Also beschließen wir, für das Buch ein kleines Stück Gegenwart in Augenschein zu nehmen. An jenem Tag im Dezember deutet sehr vieles darauf hin, dass das kommende Jahr eine geeignete Zeitspanne sein würde. Weil sie schon weitgehend verplant und gut überschaubar ist.

Igors Konzerttermine sind für das ganze Jahr disponiert, es ist das Jahr, in dem sich der Geburtstag Ludwig van Beethovens zum 250. Mal jährt. Igor gehört zu den gefragtesten Beethoven-Interpreten auf dem Markt, es ist sehr viel los. Anfang Februar soll er eine Ausgabe des ZDF-Kulturmagazins Aspekte moderieren, Am 10. März, seinem 33. Geburtstag, gibt er ein Konzert mit zwei Beethoven-Klavierkonzerten in der Elbphilharmonie. Im Mai spielt er eine Tour durch die USA, mit dem Solo-Debüt in der New Yorker Carnegie Hall. Im August dann: drei Wochen Salzburger Festspiele, mit den Beethoven-Sonaten.
Soweit erstmal.

Wir verabreden uns für Salzburg, drei Wochen erscheinen uns als ein guter Rahmen für die Gespräche zum Buch. Genug Zeit, um in die Tiefe zu gehen. Was bis dahin passiert, würden wir sehen.

Wir wussten es nicht besser.

Die meisten Dinge, von denen dieses Buch handelt, sind an jenem Tag im Dezember noch nicht im Entferntesten absehbar. Aber das macht nichts.

Wenn man einen Witz erzählt, ist es wichtig, dass man beim ersten Satz schon den letzten kennt. Dieses Buch ist kein Witz.

#

DIE EINFACHSTE VARIANTE, Igors Leben zu erzählen, ist zugleich die bekannteste und die beeindruckendste: Igors Erfolgsgeschichte.

Im Jahr 1987 in Nizhni Nowgorod geboren, einer Stadt in der Sowjetunion, die damals noch Gorki hieß. Mit acht Jahren Übersiedlung nach Deutschland, erst nach Dortmund, dann nach Hannover. Studium an der Hochschule für Musik, Theater und Medien Hannover. Studienabschluss mit der höchsten je vergebenen Punktzahl des Instituts. Seine Debüt-CD der fünf letzten Sonaten Beethovens gewinnt den Newcomer-Preis des BBC Music Magazine und den Young Artist Preis der Royal Philharmonic Society. Später folgen eine Aufnahme der Partiten von Johann Sebastian Bach, ein Album mit dem Variationssatz The People United Will Never Be Defeated von Frederic Rzewski sowie den Goldberg- und den Diabelli-Variationen. Das Variationsalbum gewinnt den Grammophone Classical Music Award als Aufnahme des Jahres 2016. Seine Gesamtaufnahme der Beethoven-Klaviersonaten stand auf Platz 1 der Klassik-Charts. Regelmäßig gibt er Solo-Abende bei den Salzburger Festspielen, beim Lucerne Festival, an der Elbphilharmonie, an Londons Wigmore Hall, im Concertgebouw Amsterdam, im Wiener Musikverein und in New Yorks Carnegie Hall. Darüber hinaus gastiert er mit den weltweit führenden Orchestern, unter anderen mit den Berliner Philharmonikern, dem Cleveland Orchestra, dem Gewandhausorchester Leipzig, dem New York Philharmonic, dem Symphonieorchester des Bayerischen Rundfunks und mit den Wiener Philharmonikern.

Er ist Preisträger des Gilmore Artist Award 2018 und Instrumentalist des Jahres 2018 der Royal Philharmonic Society. Im Frühjahr 2019 berief ihn die Hochschule für Musik in Hannover auf eine Professur. Für sein politisches Engagement ist er Träger des 5. Internationalen Beethovenpreises 2019, im Januar 2020 folgt die Auszeichnung mit der »Statue B« des Internationalen Auschwitz Komitees.

Diese Biografie steht abgedruckt in den Programmheften zu Igors Konzerten, in den Booklets seiner CDs, auf seiner Internetseite. Nichts daran ist übertrieben, jedes Wort ist wahr. Aber, und das hat der Text mit jeder anderen Künstler-Biografie gemein: Er erzählt nichts, begründet nichts, erklärt nichts. Er enthält allein die Resultate, aber nicht den Weg dahin. Nur die Höhen, nicht die Tiefen.

#

ZUNÄCHST ZUM OFFENSICHTLICHEN: Igor ist Pianist. Das erklärt schon vieles.

Ein Pianist lebt davon, vor Publikum zu spielen. Er beherrscht Auftritte. Er lebt für sie.
Auftritte ohne Publikum sind möglich, aber sinnlos, Musik braucht nicht nur jemanden, der sie macht, sondern auch jemanden, der sie hört. Ein Pianist braucht Publikum, er braucht ein Gegenüber, er selbst ist sich nicht genug.

Auch deshalb, weil er den weitaus größten Teil seines Lebens allein mit Musik verbracht hat.

Pianisten verbringen von früher Kindheit an sehr viel Zeit allein mit sich am Instrument, im Übungsraum, auf Reisen, auf der Bühne. Das bedeutet nicht zwangsläufig, dass Pianisten einsam sind, sie sind es nur dann, wenn sie nicht gut allein sein können.

Ihr Leben spielt sich in Tönen ab, sie lernen sie zu modellieren, damit sie alles sein können: Liebe, Schmerz, Sehnsucht, Mut. Und wenn sie genug von sich in die Töne hineingelegt haben, dann finden ihre Zuhörer darin auch sich selbst.

»Ich spiele meine Musik mit meiner Biografie, meinen Erlebnissen und Gedanken an eben diesem Tag«, sagte Igor einmal in einem Interview mit dem Tagesspiegel. »Und die Zuhörer hören die Musik genauso auf ihre Weise. Ein enorm intimer Vorgang. Wenn ich die Utopie verliere, dass das Publikum auf Augenhöhe mitinterpretiert, hänge ich den Pianisten-Beruf an den Nagel.«

Pianisten lernen früh, Dinge mit sich selbst auszumachen. Sie können sich über sehr lange Zeit auf ein Thema fokussieren. Sie sind daran gewöhnt, dass in jedem Konzert, bei jeder Aufnahme, ja in ihrer ganzen Karriere alle Verantwortung letztlich in jedem Moment allein auf ihren Schultern liegt.

Aber das ist noch nicht alles. Das Leben, das Igor führt, kann er nur deshalb führen, weil er Leistung bringt. Leistung kann er nur bringen, wenn er diszipliniert ist. Er lebt in einem System aus Regeln und Gesetzen, die meisten davon sind ungeschrieben. Und wie immer in der Musik gilt auch für diese Regeln: Es ist erlaubt, sie zu brechen, auf eigenes Risiko. Bevor man sie aber bricht, muss man sie kennen.

Klavier spielen ist nicht schwer, jedenfalls nicht, was die rudimentären Grundlagen betrifft. Man drückt eine Taste und hört einen Ton. Und man hört auch sofort, wie unterschiedlich der Ton klingen kann, je nachdem, mit wie viel Kraft man die Taste drückt.

Genau da beginnt es, schwer zu werden.

Auf einer Geige dauert es drei Jahre bis zum ersten Ton, auch Blasinstrumente sind kompliziert.

Deshalb eignet sich das Klavier so gut für Kinder. Jeder Ton ist ein Erfolgserlebnis, Musik klingt hier sofort nach Musik.

Auf die Frage, warum er eigentlich Klavier spiele, sagt Igor: Weil er kein anderes Instrument könne.

»Die einfachste Erklärung ist wahrscheinlich: weil ich mit drei Jahren angefangen und nie wieder aufgehört habe. Zum Klavier gekrabbelt bin ich von allein, ich kann mich daran nicht erinnern.«

Manchmal spielt Igor als Zugabe eine Miniatur von Dmitri Schostakowitsch – ein Scherzo, Opus 90b, der fünfte Teil der Puppentänze, eine Klaviersuite aus dem Jahr 1952. »Diesen Walzer, den hat Mama früher immer mit ihren Schülern ge-

spielt. Den habe ich schon als kleines Kind gehört.« Die rechte Hand spielt eine einfache Melodie im Dreivierteltakt, die linke eine schlichte Begleitung. Ein Stück, eher für zwei Finger als für zwei Hände, mit ein bisschen Übung kann es jeder Klavierschüler spielen.
Den Anfang jedenfalls. Nach dem Mittelteil bleibt die Melodie im Dreivierteltakt, die Begleitung wechselt in den Viervierteltakt, sechzehn Takte lang läuft beides nebeneinander her, beim Zuhören verknoten sich die Synapsen. Beim Spielen auch.
Es passiert zu viel gleichzeitig.

Jedenfalls nach den Kriterien von Menschen, die nicht Igor sind. Zu viel gleichzeitig ist für Igor noch nie eine Kategorie gewesen.

#

ZU DEN ENTSCHEIDENDEN Abenden in Igors Karriere zählt der 17. September 2004, ein Freitag. Igor, 17 Jahre alt, tritt beim Kissinger Klavierolymp an. Ein Wettbewerb, der nur Teilnehmer zulässt, die anderswo schon Preisträger waren. Neben Igor treten unter anderem an: Martin Stadtfeld, der damals bereits einen Plattenvertrag mit Sony Music hat, und Alice Sara Ott, die Igor aus den Sommerakademien seines Lehrers Karl-Heinz Kämmerling aus Salzburg kennt. Igor spielt Schumann, Beethoven und die Bach-Transkriptionen von Max Reger, ein ungewöhnliches Programm für einen Wettbewerb.

Und er macht Bekanntschaft mit zwei der wahrscheinlich mächtigsten Frauen im deutschen Musikbetrieb: Eleonore Büning, Musikkritikerin der Frankfurter Allgemeinen Zeitung, und Kari

Kahl-Wolfsjäger, die vor der Gründung des Wettbewerbs das Kunstfest Weimar gegründet, das Beethovenfest Bonn geleitet und 1986 den Kissinger Sommer erfunden hat, drei nicht unwesentliche Festivals im deutschsprachigen Raum.

Er holt den zweiten Preis, darf wie alle Preisträger im Folgejahr beim Kissinger Sommer spielen und bekommt, auch das gehört zum Deal, eine Reihe weiterer Auftrittsmöglichkeiten: für die Musiker eine Chance, Routine zu sammeln, für die Ausrichter des Wettbewerbs die Möglichkeit, die Kosten einzuspielen.

Dann vergeht viel Zeit.

Anfang des Jahres 2010 ruft Kari Kahl-Wolfsjäger Igor an und fragt, ob er mitkommen möchte auf eine Reise nach China. Es gebe einen Kulturaustausch zwischen der chinesischen Provinz Shandong und dem Freistaat Bayern, der eine Auswahl junger Künstler zur »International Music Week« nach China entsende: mehrere Pianisten, mehrere Geiger, etliche Sängerinnen und Sänger, für sieben Konzerte in zwölf Tagen, in wechselnder Besetzung. Igor sagt zu, er steht inzwischen kurz vor seinem Konzertdiplom, hat aber sonst nicht viel zu tun. Er bespricht zwei, drei Programmvarianten und bucht die Flüge nach Peking.

Igor reist einen Tag früher an, er will Peking-Ente essen, einige andere Musiker aus der Truppe fliegen auch schon vorab. Nach der Landung sieht er auf den Monitoren am Flughafen die Eilmeldung, auf Island sei der Vulkan Eyjafjallajökull ausgebrochen. Einige Stunden später wird, wegen Asche in höheren Luftschichten, der komplette Luftraum über Russland gesperrt. Der Flugverkehr in weiten Teilen Europas steht still, eine große Zahl der Kollegen sitzt in Deutschland fest, der einzige Pianist der Truppe, der es nach China geschafft hat, ist Igor.

»Ich habe dann in meinem lustigen Leichtsinn gesagt: Ich übernehme alle Konzerte, wo ist das Problem? In lauter Millionenstädten, in denen es keine richtigen Konzertsäle gab, das war ganz abenteuerlich. Ich habe einfach die dreifache Menge gespielt. Da musste ich auch richtig viel Repertoire raushauen, weil wir manchmal in einer Stadt zwei Konzerte gegeben haben – und ich konnte ja nicht zweimal das Gleiche spielen.«

Igor spielt Kammermusik, begleitet Liederabende und Violin-Sonaten, zusätzlich übernimmt er die Klavierabende der Kollegen.

»Er hat das alles draufgehabt, und was er nicht draufgehabt hat, das hat er sich innerhalb von einem Tag drauf geschafft«, sagt die Musikkritikerin Eleonore Büning in einem Radio-Interview mit dem WDR. Sie ist auch in China – Büning begleitete das Symphonieorchester des Bayerischen Rundfunks auf einer Asien-Tournee und wollte längst wieder zu Hause sein. Aber dann kommt sie nicht weg – und besucht ihre alte Freundin Kari Kahl-Wolfsjäger, die mit ihrer Truppe gerade in Jinan probt.

Die Bedingungen sind nicht die besten. Auf der Bühne des Kongresszentrums in Jinan steht ein Flügel, der klingt, als wäre er einen Winter lang im Garten vergessen worden. Igor begleitet Sonaten von Mozart und Lieder von Schubert, zum Abschluss spielt er die Waldsteinsonate.

Eleonore Büning betritt den Saal, mitten in die Probe, hört eine Weile zu, fragt sich: Was ist das für ein Pianist?

Er kommt ihr bekannt vor. Sie erkennt ihn nicht.

Als sie ihn zuletzt hörte, war er 17 Jahre alt, pummelig.

Vier Tage später in einem ungeheizten, ziemlich verdreckten Konzertsaal in Qingdao, mit mezzoforte brummender Verstärkeranlage, steht ein verstimmter Baldwin-Flügel, das eingestrichene As ist kaputt. Wenn man die Taste anschlägt, erklingen eine Menge anderer Töne, nur nicht das As. Auch das B scheppert.

Der eilig bestellte Klavierstimmer erscheint nicht, Levit ändert das Programm, spielt nicht Waldstein, sondern sieben der zwölf Transzendental-Etüden von Liszt, gelernt hat er sie schon länger, öffentlich gespielt noch nie. »Die heiligste Stelle in Waldstein ist die Moll-Passage im zweiten Satz mit der verminderten Quinte, da brauche ich das As«, erklärt Igor der staunenden Kritikerin. »Das geht nicht mit diesem Flügel, das wusste ich. Bei Liszt wusste ich nicht, was passieren würde. Es war ein Experiment.« Das Experiment glückt.

An den vier folgenden Abenden spielt Igor außer Waldstein und Liszt noch das Klavierkonzert Nr. 5 Opus 73 in Es-Dur von Beethoven und Schuberts »Moments musicaux«, er begleitet Beethoven-Violinsonaten und Liederabende. Eine Leistungsschau.

Auf der Busfahrt von Jinan nach Qingdao beobachtet Büning Levit beim Üben des Klavierkonzertes: die Noten auf den Knien, die Tasten im Sinn, eine Einspielung mit Alfred Brendel auf den Ohren.

»Ich lerne ein neues Stück zuerst immer ohne Klavier aus den Noten. Ich trage es mit mir herum im Kopf, manchmal dauert das ewig, Monate. Man muss es doch kennen, bevor man es spielt. Wenn ich mich dann hinsetze und es zum ersten Mal spiele, ist es nicht das erste Mal« – diesen Satz sagt Levit nicht im Bus in China, sondern zu Hause am Telefon, als Büning ihm ankündigt, sie wolle ein Porträt über ihn schreiben und habe noch zwei Fragen. Er steht gerade in der Mensa, als sie anruft.

Ein Porträt in der Frankfurter Allgemeinen über einen Pianisten, der noch nicht einmal sein Konzertexamen bestanden und außer einem Mitschnitt der Diabelli-Variationen noch keine CD eingespielt hat, ist ungewöhnlich.

»Er war überhaupt nicht auf dem Radar der Öffentlichkeit«, sagt Büning im WDR. »Aber ich war – und bin es nach wie vor – so überzeugt von seiner künstlerischen Integrität. Von dem technischen Können will ich gar nicht reden, das haben viele, technisch ist er sowieso über jeden Zweifel erhaben. Aber die Aussagekraft, die Intensität, die Kreativität dieses Musikers – so etwas habe ich in meiner ganzen Laufbahn vorher noch nicht erlebt.« Sie beschließt, die große Glocke zu läuten.

Der Text erscheint am 3. Mai 2010, er beginnt nicht übermäßig freundlich.

»Vor sechs Jahren hörte ich Igor Levit zum ersten Mal. Da war er 17, ein kleiner runder Mensch und unfassbar schwatzhaft. Mischte sich überall ein, erzählte unkomische Witze, wusste zu jedem Thema etwas zu sagen, nur wenn es am Flügel saß und spielte, hörte dieses dicke Kind vorübergehend auf zu reden.«

Aber dann.

»Was zeichnet große Pianisten aus? Dass sie schwierigste Literatur tadellos bewältigen, das natürlich auch. Aber vor allem: dass sie etwas vom Leben verstehen und davon, wie es sich spiegelt und aufgehoben ist in Aufbau und Struktur, Geschichte und Aussage der Musik: so, dass sie die Stücke, die sie spielen, aufklappen können, wie man ein Buch aufklappt und darin liest, und dass sie uns deren Geschichte erzählen, als wäre sie gerade eben neu passiert, so, dass wir alles leicht begreifen, mit den Ohren und mit den Herzen.«

Der Text gehört zu der Sorte, wie man sie als Musikkritiker nur sehr wenige Male im Leben schreiben kann, jedenfalls dann, wenn einem die eigene Glaubwürdigkeit nicht egal ist. »Die Musik entsteht bei Levit im Kopf, nicht an den Tasten«, schreibt Büning. »Bei den meisten angehenden jungen Pianisten, auch den hochbegabten, ist es genau umgekehrt.«

Schließlich schreibt sie einen Satz, der Igor noch lange nachhängen wird.

»Rückblickend können sich die Kissinger also auf die Schulter klopfen und sagen: Ein toller Jahrgang. – Igor Levit aber, im Gegensatz zu (…) all den anderen netten schmiegsamen gutaussehenden Notenabspielern, die für eine Weile von der PR-Maschinerie nach oben gespült werden, hat das Zeug dazu, einer der großen Pianisten dieses Jahrhunderts zu werden. Besser gesagt, er ist es schon.«

Igor wusste, dass das Porträt erscheint, aber nicht, wie groß es werden würde. Er sieht die Zeitung an einer Tankstelle in der Nähe seines Elternhauses liegen, er fragt den Mann an der Kasse, ob er einmal hineinschauen dürfe. Dann kauft er den ganzen Stapel.

Die ganze Branche liest den Text. Seine künftige Presseagentin Maren Borchers. Auch der Mann, der ihm den Vertrag mit seiner Plattenfirma verschafft. An diesem Sonntag im Mai 2010 beginnt ein neues Kapitel.

#

ALS MAREN BORCHERS den Text von Eleonore Büning fertiggelesen hat, ruft sie sie an und schimpft ins Telefon. Wie kannst du so einen Artikel schreiben, fragt sie. Wie kannst du jemanden mit einer solchen Bürde belegen? Wie kannst du die Messlatte so hoch legen? Der Typ ist noch ein Baby, der kann jetzt nur verlieren.

Büning entgegnet, das wisse sie alles – aber so einen Artikel schreibe man nur einmal im Leben, und das sei er nun.

Ein Dreivierteljahr später, im Januar 2011, lässt Büning ihren Bechstein-Flügel renovieren – und lädt zur Einweihung Igor zum Hauskonzert in das Wohnzimmer ihrer Berliner Altbauwohnung ein. Es ist ihr Geburtstag, eingeladen sind Berliner Künstler, Feuilleton-Kollegen, wichtige Kontakte, Freunde, auch Maren Borchers.

Borchers' Mann begleitet sie, sie muss ihm versprechen, nicht wie sonst bei solchen Terminen den ganzen Abend zu arbeiten.

Als sie ankommen, packt Büning Igor und sie an den Händen, führt sie in ihre Musik-Bibliothek und schließt von außen die Tür mit den Worten: Ihr beiden müsst reden.

Borchers kennt Igor nur aus Bünings Artikel, hat ihn noch nie spielen hören. Igor kennt sie aus einem Interview, von dem er sich nur die Überschrift gemerkt hat: »Wunderkinder nehme ich nicht«.
Beide reden kurz, irgendwas.

Dann muss Igor spielen. Beethoven, die Sturmsonate. Eleonore Büning weint vor Glück. Nach dem Konzert verabreden sich Igor und Borchers auf einen Kaffee im Literaturhaus. Bei dem Treffen sagt sie:

Wir müssen nicht zusammenarbeiten. Wir können, wenn wir wollen. Aber wir müssen nicht. Der Satz beeindruckt Igor.

Dies ist der Tag, an dem Igors Zusammenarbeit mit seiner Presseagentin beginnt. Eine Frau, die über sich sagt, ohne sie wäre Igor nicht der geworden, der er ist.

Igor sieht das ganz genauso.

»Ich habe nicht so viele menschliche Konstanten im Leben«, sagt Igor, »ich bin auch nicht auf Konstanten aus. Aber wenn sie sich einmal von selbst ergeben, dann will ich sie nicht mehr loslassen. Maren ist eine Konstante, und sie wird es auch bleiben. Sie gebe ich nicht mehr her.«

Die ersten zwei Jahre verbringt Maren Borchers damit, Interview-Anfragen abzusagen. Es gibt ja noch nichts, wofür sich Werbung zu machen lohnt.

Als sie für ihre Agentur eine Facebook-Seite gründet, schlägt sie Igor vor: Mach doch eine öffentliche Probe im Maison de France, wir laden über Facebook dazu ein, mal sehen, was passiert.

Niemand kommt.

Die Texte, die über Igor erscheinen, teilen sich von Anfang an in zwei Lager.

Es gibt Kollegen, die gegen Eleonore Büning anschreiben. Und die, die sich von Igor begeistern lassen, gestandene Kritiker wie auch Autoren, die für gewöhnlich nicht über klassische Musik schreiben.

In der Folgezeit wird Igor auf Twitter immer lauter, die Tonspuren laufen parallel.

Das Arbeitsprinzip von Maren Borchers: Der Künstler soll sich auf die Kunst konzentrieren können. Er braucht ein Umfeld, das ihm genau das ermöglicht – ein Umfeld, dem er blind vertraut.

Nur denkt Igor keine Minute daran, sich nur um seine Kunst zu kümmern.

#

DASS IGOR AUCH abseits der Konzertsäle so präsent ist, wie er es ist, ist keine Strategie.
Es geschieht aber auch nicht kopflos.

Maren Borchers versucht, eine Fokussierung zu schaffen. Vieles, was Igor macht, macht er, weil Borchers es eingefädelt hat. Weitaus mehr macht er, weil Borchers es nicht verhindern konnte. Igors Strategie ist die der maximalen Konzentration – nur eben auf viele Dinge gleichzeitig.

»Dass die Dinge heute so sind, wie sie sind, ist auch das Resultat daraus, wie wir gearbeitet haben«, sagt Maren Borchers. »Hätten wir Igor von Anfang an wie reifes Obst durch die Talkshows gereicht, wären wir heute nicht da, wo wir sind.« Nicht mehr.

Vor der Gründung ihrer Agentur arbeitete Borchers für ein Klassik-Label und lernte einen Tenor kennen, der sehr schnell sehr erfolgreich wurde. Er bat sie, ihn zu beraten, sagte ihr, sie sei die einzige Person in der Branche, der er vertraue. Sie warnte ihn: Mach weniger. Weniger. Noch weniger. Geh nicht in diese Fernsehshow, nicht in jene, noch nicht zu »Wetten dass« – lass es, warte! Aber ihm ging es nicht schnell genug, sie beriet ihn, er schlug ihre Warnungen in den Wind, sie sagte irgendwann: Gut, es ist auch eine Entscheidung, die Kerze an allen Enden gleichzeitig abzubrennen. Seine Karriere hat nicht lange durchgehalten. Das soll ihr nicht noch einmal passieren.

Es darf nicht verwässern. Es ist ohnehin schon zu viel.

Heute steckt sie den überwiegenden Teil ihrer Arbeitszeit, Energie und Ressourcen in Igor, er hat die Erlaubnis, Tag und Nacht anzurufen, und er macht davon rege Gebrauch. »Igor wohnt in meinem Telefon«, sagt sie. Sein Klingelton in ihrem Telefon ist die Goldberg-Variation Nummer 14, von ihm selbst gespielt.

»Ich vertraue Igor voll und ganz«, sagt Maren Borchers. »Und wir haben es sowieso nicht in der Hand. Ich würde immer auf das Gute im Menschen zählen. Aber wenn sich jemand mit Igor anlegen will, dann wird er es sowieso schaffen.

Ich wäre längst gegangen, wenn ich das Gefühl hätte, der Typ ist ein Arsch. Es ist ja genau das Gegenteil. Und sobald er aufhört, zuzuhören, wäre die Zusammenarbeit ohnehin beendet – dann hätte es keinen Sinn mehr.«

Macht es ihr das Leben schwer, dass er sich politisch so ambitioniert fühlt? – »Überhaupt nicht. Im Gegenteil. Es erweitert meinen Horizont extrem.« – Und ihm? Macht es ihm das Leben schwer? Wäre es nicht anders einfacher? – Sie überlegt. »Nein.«

#

HANNOVER, 1. NOVEMBER 2019. Ein kalter, dunkler Tag, der Saal in der Musikhochschule ist seit Wochen ausverkauft. Igor gibt sein Antrittskonzert als Professor jener Hochschule, deren Student er mehr als zehn Jahre lang war. Igors Familie ist da, seine Lehrer, Freunde von früher. Vor der Pause spielt er das Adagio aus der Symphonie Nr. 10 von Gustav Mahler, in einer Bearbeitung des schottischen Komponisten und Pianisten Ronald Stevenson. Nach der Pause folgt Stevensons Passacaglia on DSCH, die Initiale von Dmitri Schostakowitsch in Töne übersetzt. Ein Stück, das kaum jemand kennt und kaum ein anderer Pianist spielen kann, eine Weltumseglung in Tönen, eine kleine Geschichte der Menschheit, eine Reise durch ein Leben, 90 Minuten lang.

Zwei Werke, die viel zu groß sind für das Klavier.

»Die Passacaglia ist ein politisches, ein linkes, ein internationales Stück. Sensationell gut geschrieben. Unglaublich tief, ernsthaft, weit, ausufernd, sehr emotional. Und es berührt mich, ich kann damit viel anfangen. Es passt in seiner ganzen Art zu dem, wie ich spiele. Das Manische, das Politische, Dunkle, Harte, Sinnliche, das ist mir alles sehr nah.«

Hätte er die Passacaglia schon im Jahr 2014 gekonnt, er hätte sie schon damals aufgenommen, zusammen mit den Goldberg- und den Diabelli-Variationen und »The People United will never be defeated«, sagt Igor. »Ich halte diese vier Werke für die wichtigsten Variationszyklen in der Literatur. Aber ich konnte die Passacaglia damals einfach nicht. Ich mag es, auf der Bühne Zeit zu haben. Ich mag Stücke, die mir Zeit geben.«

Aber Stücke, die mehr Zeit geben als andere, kosten auch mehr.

»Wir haben noch niemals so ein Konzert erlebt«, sagt seine Mutter. »Nicht wegen der Länge des Stücks, sondern wegen der Intensität und Dichte der Informationen, die er ins Publikum schickt. Man war völlig fertig danach. Und es war keine Minute langweilig. Ich habe mir Sorgen gemacht, ich dachte: Mein Gott, wer kommt da? Wer sitzt da im Saal? Was sind die Erwartungen? Ich sage das Igor nicht, das sind meine Gedanken. Er braucht diese Extremsituationen, er sucht sie auch. Und dann stelle ich fest, oh, die 90 Minuten sind um, und ich möchte die Geschichte weiter hören.«

#

AUF EINER ZUGFAHRT von Hannover nach Berlin kommen wir nochmal auf die Passacaglia zu sprechen.

– Was passiert mit dir während der eineinhalb Stunden? Bemerkst du, was im Saal passiert? Oder steckst du kopfüber in der Musik?

– Ich sehe alles, kriege alles mit, bin gleichzeitig bei mir und bei den anderen, spüre das Klima, die Laune der Menschen im Saal. Und wenn ich merke, ich verliere die Aufmerksamkeit: Dann hole ich sie mir wieder. Ich steigere die Intensität. Spiele mit dem Tempo, mit dem Timing. Das kann ich ganz gut. Ich ziehe nie einen Plan durch, sondern richte mich immer danach, wie der Raum wirkt. Dann gebe ich ein bisschen mehr Saft – oder ich verkrieche mich noch weiter ins Klavier. Oder ich verzögere, denke mir: Nee, ich fange noch nicht an, obwohl alle auf mich warten. Und vielleicht habe ich heute mal Lust auf ein anderes Tempo.

– Wie weit planst du beim Spielen voraus? Wie weit kannst du innerhalb der Werke in die Zukunft schauen?

– Sehr weit. Aber ich habe kein Problem damit, eine halbe Sekunde vor einem bestimmten Moment zu beschließen: Nein, heute biege ich anders ab als sonst. Wenn er mir gefällt, bleibe ich auf dem neuen Weg, und wenn nicht, biege ich eben nochmal ab. Dann gebe ich 20 PS weniger, oder mehr. Ich bin eigentlich beides: weit voraus, aber auch mitten im Moment. Ich weiß, was kommt, und ich bin frei, mich in jedem Moment neu zu entscheiden.

– Das bedeutet aber, du denkst beim Spielen über das Stück nach?

– Ich denke fast nie, diese Passage muss ich so und so spielen – nie, um ehrlich zu sein. Ich bin gedanklich innerhalb des Stücks, aber ich denke fast immer an Menschen.

– Wie oft musst du ein Stück gespielt haben, bis das alles so funktioniert?

– Ich glaube nicht, dass du dich so gut vorbereitet kannst, dass das alles beim ersten Aufführen schon da ist. Es gibt Stücke, die spiele ich zum ersten Mal, und ich weiß, sie sind noch nicht voll entwickelt. Die letzten 15 Prozent kommen erst mit dem Spielen. Ich hätte auch gar keine Lust, zu Hause so lange daran zu arbeiten, bis ich bei 100 Prozent bin. Irgendwann ist der Punkt erreicht, an dem ich damit auf die Bühne muss, damit es sich weiter entwickeln kann.

– Wie übst du?

– Die ganze Zeit, im Kopf. Manuell fallen mir viele Sachen – toi toi toi – nicht schwer, wenn ich sie einmal im Kopf durchdrungen habe; dadurch erübrigt sich vieles. Es ist schwer, abstrakt zu beschreiben, was da passiert. Ich denke an einen bestimmten Moment aus einem bestimmten Stück. Der klingt in meinem Inneren auf eine bestimmte Art. An diesem Klang arbeite ich dann – bis die Stelle in meinem Kopf so klingt, wie ich es will. Und dann versuche ich diese Vorstellung am Klavier in die Wirklichkeit zu übersetzen. Ich überlege mir: Wie kriege ich einen bestimmten Schwung, ein bestimmtes Timing, ein bestimmtes Tempo, damit diese Stelle so klingt wie in meinem Kopf.

– Das bedeutet aber: Im Konzert klingt jeder Ton so, wie er klingen soll?

– Nein, das ginge überhaupt nicht. Denn in meiner Vorstellung habe ich keine Barrieren. Ich kann mir vorstellen, eine bestimmte Stelle klingt wie in einer Kathedrale, geflüstert, geschrien oder wie auf dem Klo. Diese Idee versuche ich dann so gut wie möglich zu übersetzen – das ist aber immer nur eine Annäherung, ein Streben nach dem Ideal. Ein Klavier klingt natürlich immer wie ein Klavier. Deshalb kann ich mir ein neues Werk nicht vom Klavier aus erarbeiten. Das funktioniert gar nicht. Wenn ich nur am Klavier arbeite, bin ich in meiner Vorstellung eingegrenzt.

– Wie anstrengend ist das alles?

– Ich finde es anstrengender, nach Konzerten wieder loszulassen. Deshalb kann es passieren, dass ich nach der Beethoven-Sonate Opus 111 Witze erzähle. Nicht, weil ich die in diesem Moment lustig finde, sondern um mich so schnell wie möglich von der Musik zu lösen. Ich muss diese Stimmung loswerden, schnell und brutal, ich will darin nicht bleiben. Und ich zwinge auch alle Leute um mich herum hinaus. Deshalb rede ich nach einem Konzert auch nur sehr ungern über das Konzert. Das ist manchmal schwierig für andere, weiß ich, aber ich will das nicht. Ich habe dann immer das Gefühl, ich muss mich ernster nehmen, als ich bin.

Vielleicht ist auch dies das Geheimnis, warum Igor klingt, wie er klingt: weil er sich in seiner Vorstellung mit dem Klavier gar nicht weiter abgibt.

Interessant wäre zu hören, wie das klingt, was in seinem Kopf passiert.

#

HAMBURG, 17. NOVEMBER 2019, ein herbstkalter Sonntagabend. Igor sitzt auf der Bühne der Elbphilharmonie. Es ist der dritte Abend seines Hamburger Beethoven-Zyklus, auf dem Programm heute unter anderem: die Sonate op. 57 in f-Moll, bekannt als Appassionata.

Aber heute ist etwas anders als sonst, das zeigt sich schon in dem Moment, als Igor auf die Bühne läuft. Er ist angespannt. Von der Leichtigkeit, von der Überlegenheit, von der Nonchalance des ersten Abends ist nichts mehr übrig. Er spielt mit Wut im Bauch und, wie er später erzählt, gegen eine anfliegende Erkältung an. Aber das ist nicht alles.
Er kämpft.

Die Musik klingt heute nicht triumphal und unbesiegbar wie zuletzt, sondern ganz anders: Igor klingt besiegbar. Zwar immer noch weit entfernt davon, wackelig zu sein. Doch beim Zuhören wird deutlich, dass er in jedem Moment auch scheitern und die Musik in sich zusammenfallen könnte.

Mit ein bisschen Mut zum Pathos könnte man sagen: Am ersten Abend, bei der Waldsteinsonate, war Igor der Erschaffer eines Universums nach Beethovens Bauplan, er war in jedem Moment souverän und überlegen. Diese Energie fehlt heute. Stattdessen transportieren die Töne auch die Gewissheit, dass Igor allein sie nicht nur erzeugen, sondern auch bändigen und zusammenhalten muss. Und das kostet ihn heute weitaus mehr Mühe als an anderen Abenden. Heute geschieht hier kein Wunder, heute wird noch deutlicher als sonst: Hier spielt auch nur ein Mensch.

»Ich erinnere mich nicht an diesen Abend, aber ja, wahrscheinlich lag da eine Spannung darauf. Damals war viel los, ich bekam eine Menge Nachrichten, die meisten unfreundlich. Es drosch so rein. Das waren die ersten Wellen. Ich wusste ja, dass die AfD anfing, mich auszurufen. Das lag dann stark in der Luft. Es war im Grunde nur eine Frage der Zeit, bis mehr passiert.«

In der Elbphilharmonie sind die Zuschauerränge rund um die Bühne angeordnet, die meisten so, dass die Zuschauer nicht zur Bühne hinauf, sondern auf sie herabschauen. Und während man ihn da unten am Flügel schuften sieht, lässt all das seine Leistung nur noch größer anwachsen. Ein naiver Gedanke: Was für ein Irrsinn, was für ein Wahnsinn, dass überhaupt ein Mensch in der Lage ist, diese Stücke zu spielen.

#

DREI TAGE VOR dem Konzert saß Igor im Hauptstadtstudio des ZDF. Er wollte schon lange Gast einer politischen Talkshow sein. Dies nun ist eine Runde, in der er nicht allein als Klassik-Star befragt wird, sondern in erster Linie zu seiner Haltung als politisch denkender Mensch. Er soll bei Maybrit Illner zum Thema »Hass im Netz« debattieren. Ein Thema zwar, zu dem es in einer Fernsehdebatte eigentlich keine zwei Meinungen geben kann. Der Redaktion war das kein Hindernis. Die Runde ist prominent besetzt: neben Igor diskutieren der Grünen-Politiker Cem Özdemir, Dorothee Bär, Staatsministerin für Digitales, der Internet-Aktivist Sascha Lobo und Ralf Schuler, Leiter des Parlamentsbüros der BILD. In ihm hatte die Redaktion jemanden gefunden, der Hass im Netz zwar auch nicht befürwortet, der aber im Sinne der Kontroverse argumentierte: Als einziger in der Runde hält er das Problem für nachrangig.

Illners erste Frage an Igor: »Wenn wir Gewalt in der Sprache bekämpfen, bekämpfen wir dann die Ursache, oder hat nicht der Hass in der Sprache eine andere Ursache?«

Igors Antwort: »Sprache ist meiner Meinung nach das, was Klima macht. Ich habe keine Sprache in dem, was ich tue. Ich bin nonverbal unterwegs, ich mache Musik, ich erzeuge Zustände. Ich kann die nicht erklären, aber das, was man erklären kann, mit Sprache, das macht Klima. Und hier zu sitzen mit der Meinung: Na ja, man kann jemanden schon mal mit Hass und Hetze übersäen oder sagen, ›Ich richte dich hin‹, das ist nicht so schlimm, denn ich tue es ja nicht – das ist wirklich kein Argument. Das ist die Saat, aus der dann diese Taten geschehen. Und das kleiner zu reden, als es ist, halte ich wirklich für gefährlich.«

Das Publikum applaudiert. Noch in den Applaus hinein beginnt Ralf Schuler ein vorbereitetes Manöver gegen Igor und zitiert einen Tweet, der vier Jahre alt ist und Igor schon damals Ärger bereitet hat.

»Aber lieber Herr Levit«, sagt Schuler, »Sie selbst twittern, die AfD besteht aus Menschen, die ihr Menschsein verwirkt haben. Auf Nachfrage des Spiegels sagen Sie, Sie bereuen kein Wort. Damit schießen Sie sich aus jedem humanen Diskurs heraus. Wenn man das Menschsein von Menschen bestreitet, ist man raus.«

Den Tweet, auf den Schuler anspielt, postete Igor am 1. November 2015. Am Abend zuvor hatte das ARD-Magazin Panorama ein Interview gesendet, in dem ein Bremer AfD-Abgeordneter beiläufig behauptete, in seinem Wahlkreis habe ein Geflüchteter ein 12-jähriges Mädchen vergewaltigt. »Wenn so etwas passiert«, sagte der Politiker, »und man greift aus Political Correctness nicht ein und macht den Täter nicht dingfest, dann ist das Anarchie.« Es gab allerdings gar keine Vergewaltigung – auf die Nachfrage des Reporters, wann und wo die Vergewaltigung passiert sei, kam der Abgeordnete ins Schwimmen, auf nochmalige Nachfrage erwies sich die Angelegenheit als haltlos: Die vermeintliche Tat war frei erfunden. Igor, der via Twitter auf das Interview stieß, war außer sich, er teilte den Tweet, schrieb eine derbe Beleidigung dazu, verlinkte den Twitter-Kanal der AfD und kommentierte: »Menschen, die ihr Menschsein verwirkt haben.«

Die Nachricht zog Kreise. »Dem politischen Gegner, und sei er noch so unappetitlich, das Menschsein abzusprechen, gehorcht keiner toleranten, sondern einer totalitären Logik«, kommentierte die WELT. Levit solle doch lernen, nicht alles, was ihm in den Sinn komme, sofort hinauszuzwitschern. Andere Veröffentlichungen schlugen in eine ähnliche Richtung, der Tenor insgesamt: Levit geht zu weit.

Aber Igor fühlt sich falsch verstanden. »Herr Schuler, ich habe als Kind gelernt: Das Wort Mensch ist ein jiddisches Wort. A Mensch ist ein guter Mensch. A Mensch ist ein Mensch von Ehre. Jetzt reden wir mal über den konkreten Fall. Da stand ein Abgeordneter aus Bremen oder aus dieser Ecke, sprach in der ARD frontal in die Kamera und sagte: Hier herrscht gerade Anarchie. In meinem Landkreis, meinem Wahlkreis, wurde gerade ein Mädchen von einem Geflüchteten vergewaltigt. Der setzt da die Axt an. Das war 2015, es war eh schon eine echt gefährdete Stimmung, und dann bedurfte es nur einer Frage des Journalisten: Wo ist das passiert? Und wer war das? Das Kartenhaus fiel in sich zusammen, der Typ konnte nur noch stottern und sagen: Ja, jetzt haben Sie mich erwischt. Entschuldigen Sie bitte: Auf Basis dessen, dass ein Mensch ein Mensch von

Ehre ist, hat dieser Mensch für mich diese Ehre verwirkt. Und dazu stehe ich. Davon habe ich nichts zurückzunehmen. Das ist gefährlich.« Ralf Schuler, ohne Igor ins Gesicht zu blicken, kontert: »Wenn Artikel 1 des Grundgesetzes für Sie nicht gilt, nehme ich das mal zur Kenntnis. Aber genau genommen müsste man aufstehen und gehen.«

Minuten später stand dieser Dialog auf Youtube und kursierte in rechten Netzwerken, auch Igors Tweet aus dem Jahr 2015 wurde auf Twitter wieder hochgespült. Das Narrativ, Igor spreche in seinem Tweet Mitgliedern der AfD die Menschenwürde ab, macht sich – mit tatkräftiger Unterstützung der vermeintlich Betroffenen – selbstständig. Dabei hat Igor das gar nicht geschrieben. »Menschen, die ihr Menschsein verwirkt haben«, bezieht sich auf Menschen, die mit erfundenen Vergewaltigungen gegen andere Menschen hetzen. Und nicht auf AfD-Abgeordnete.

Drei Tage nach der Talkshow, am Abend des Hamburger Konzerts, erreicht Igors Management eine Morddrohung. Eine Stunde vor Konzertbeginn geht eine E-Mail ein: Bald werde das Publikum ein blaues Wunder erleben, danach werde Igor, die »Judensau«, keine Konzerttermine mehr brauchen, man werde ihm vor Publikum das Maul stopfen. So ähnlich ist es formuliert, den genauen Wortlaut kennt außer Igors engstem Kreis nur die Polizei. An dem Abend, auf den sich die Drohung bezieht, würde Igor mit der Bremer Kammerphilharmonie Brahms in Wiesbaden spielen.

Maren Borchers und Igors Managerin Kristin Schuster entscheiden, Igor nichts zu sagen, um das gleich beginnende Konzert nicht zu gefährden. Während er in Hamburg die Appassionata spielt, informieren sie das Landeskriminalamt.

»Ich kam am nächsten Tag zurück. Maren rief mich an und sagte, ich hol dich vom Bahnhof hab, ich muss da was besorgen. Ich hab nichts verstanden. Was, wie, Maren besorgt was am Bahnhof? Dann hat sie mich gleich am Gleis abgefangen, und in dem Moment wusste ich's und fragte: Gibt es Morddrohungen?«

Als er erfährt, was los ist, will er als erstes die E-Mail lesen, will den Absender konfrontieren, will am liebsten zu ihm fahren und mit einem Kamerateam vor der Tür stehen. Aber den Absender zu identifizieren ist weit schwieriger als gedacht, die Mail kommt aus dem Darknet, auch die Ermittler tun sich schwer.

Die Polizei verhängt ein strenges Informations-Embargo, wer nicht unbedingt etwas erfahren muss, erfährt auch nichts. Nicht einmal Igors Eltern werden eingeweiht. Kein Veranstalter springt ab, die Tournee mit der Bremer Kammerphilharmonie findet statt wie geplant, der Abend, von dem in der Drohung die Rede ist, verläuft ohne Zwischenfälle.

Erst kurz vor dem Jahreswechsel macht Igor die Sache öffentlich. »Ich habe Angst«, schreibt er in einem Essay im Tagesspiegel, »aber nicht um mich, sondern um unser Land.«

Eine Woche nach dem Hamburger Abend im November postet das Lucerne Festival ein kurzes Video, eine Minute nur, von der dortigen Aufführung des Beethoven-Zyklus. Es ist ein Mitschnitt der letzten Takte der Appassionata. Igor, im weiten weißen Hemd, mit kurzen Haaren, zusammengebissenen Zähnen, hämmert das Finale in die Tasten. Seit dem Auftritt in Hamburg sind nur wenige Tage vergangen, aber er ist kaum wiederzuerkennen. Die Wut versteckt sich jetzt nicht mehr in der Musik, sie tritt nun offen zutage. Und sein Spiel hat darüber eine neue Qualität erreicht: Es kam bislang durchaus vor, dass er seine Musik mit Worten verteidigen musste. Das Finale der Appassionata verteidigt seine Worte mit den Mitteln der Musik.

#

VON DEM MOMENT, in dem Igor zum ersten Mal offen mit Antisemitismus konfrontiert wurde, hat er schon oft erzählt.

»Ich war bei einem Abendessen in Hessen. Eine wohlhabende, sehr gepflegte Runde, auf den ersten Blick alles sehr angenehm und nett. Vor dem Essen hatte ich ein Privatkonzert gespielt – das war 2011, also muss ich 24 gewesen sein. Es war die Phase kurz nach meinem Examen, als ich noch keine Plattenfirma hatte und auch sonst niemanden, der mit mir arbeiten wollte.

Neben mir saß ein Jurist Anfang Mitte 40, wir unterhielten uns, er fragte, wie es so läuft.

Ich sagte: Ganz gut, ich spiele dies und spiele das, ich erzählte vom Examen, von dem Artikel in der FAZ. Auch von der Suche nach der Plattenfirma, das war ein großes Thema für mich. Der Jurist hörte sich das alles an – und plötzlich dreht er das Gespräch und sagt: Naja, ist ja klar, dass Sie schwer zu vermarkten sind. Ich fragte, wieso soll ich schwer zu vermarkten sein? Daraufhin begann er zu reden, über Kultur, Zugehörigkeit und Fremdheit, es war eine völlig bizarre Situation, und auf einmal fiel der Satz: Sie sind zwar mit Ihren Eltern in Deutschland aufgewachsen, was ich in Ordnung finde. Aber Sie dürfen nie vergessen, dass Sie zu einer Bevölkerungsgruppe gehören, die zwar hier lebt, die hier zu leben aber nicht mehr vorgesehen war.

Ich habe überhaupt nicht verstanden, was er da sagte. Ich fand es in diesem Moment nur ziemlich unhöflich.

Verstanden habe ich es erst ein paar Monate später – als ich mit Maxim darüber sprach, Maxim Biller. Ich traf ihn im Adlon in Berlin, auf einer Party zum zehnten Geburtstag der Frankfurter Allgemeinen Sonntagszeitung. Er stand im Rauchersalon, ich rauchte zwar nicht, aber ich dachte, dort sind sicher die interessanteren Menschen, wir unterhielten uns – er war der erste Mensch, bei dem ich das Gefühl hatte, er hört mir zu. Er sagte: Igor, diese Verletzung heilt nie wieder. Und er hatte recht.

Der Satz war der Versuch einer Auslöschung. Der theoretischen Auslöschung meiner Existenz. Dieser Mann hat zu mir gesagt: Du existierst nicht. Du hast kein Recht zu sein. Und dieses Nicht-Sein-Dürfen ist der wesentliche psychisch wunde Punkt in meinem Leben.

Maxim brachte mich bald mit dem Journalisten Georg Diez zusammen. Die beiden haben mir sehr geholfen, das alles zu verstehen und Zusammenhänge zu sehen. Ich habe irre viel gelernt in dieser Zeit, nicht nur schöne Dinge. Sie haben mir erklärt, was Antisemitismus eigentlich ist, was Rassismus ist, wie systematisierter Hass funktioniert, was Menschenverachtung anrichten kann und was damit schon angerichtet wurde. Auch mit mir, selbst wenn ich mir darüber vielleicht nicht im Klaren war.

Letztlich hat der Abend in Hessen zu einer großen Entfremdung geführt, zu einem ›Ihr‹ und ›Ich‹.

Es gab eine Menge ähnlicher Situationen. Nach einem Konzert in der Berliner Philharmonie, beim CD-Signieren, beglückwünschte mich ein Ehepaar, der Bach sei ja ganz erstaunlich gewesen, gemessen daran, dass mir für das Stück ja die kulturelle Bindung fehle. Ein ARD-Reporter sagte, es müsse ja doch etwas ganz Besonderes für mich sein, in Israel zu spielen, es sei ja meine Heimat. Das ist ein halbes Jahr her. Er habe viele jüdische Freunde, die nun nach Israel gingen, weil sie sich dort sicherer fühlten. Ich habe ihn gefragt: Wollen Sie sagen, ich bin hier in Gefahr, wollen Sie, dass ich gehe? Später kam dann die bizarre Entschuldigung, ihm sei die Tragweite des Themas nicht bewusst gewesen. Was denn für eine Tragweite? Es gibt keine Tragweite. Ich bin hier zu Hause, meine Heimat ist hier, Ende.

Es gibt auch die perfide Variante: Mensch, Herr Levit, Sie setzen sich ja so sehr gegen Antisemitismus ein – wie passt das denn damit zusammen, dass Sie gerne öffentlich jüdische Witze erzählen? Solche Sachen passieren. Mal subtil, mal weniger subtil. Ich ersticke, wenn ich so etwas höre. Da setzt jemand den Radiergummi an und radiert mich einfach weg.

Ich will sein dürfen. Ich konnte in meinem bisherigen Leben sehr vieles, was ich sein wollte, nicht sein. Vieles habe ich mir erkämpft, eigentlich alles, schon als Junge. Und jetzt plötzlich durfte ich in den Augen dieses einen Mannes, damals in Hessen, eben überhaupt nicht sein. Solche Momente gab es viele, heute weiß ich damit umzugehen – weil ich sie einordnen kann.

Ich bin, seit ich Klavierkonzerte gebe, schon alles gewesen: der deutsche Pianist, der russische Pianist, der russisch-deutsche, deutsch-russische, deutsch mit jüdischen Wurzeln, russisch mit jüdischen Wurzeln, russisch-deutsch mit jüdischen Wurzeln. Ich war relativ selten: der Pianist.

Aber die einzige Seite an mir, die für mich nie in Frage stand, war der Pianist. Die war immer da, auch wenn ich mich damit nach außen durchsetzen musste. Alles andere steht ständig infrage: der Aktivist, der Lehrer, dies, das, jenes. Alles erstritten und erkämpft, mit Sport, mit Literatur, mit sehr viel Arbeit, ständig muss ich Beweise erbringen, dass ich das, was ich will, auch kann. Sogar viele Freundschaften habe ich mir erstritten – indem ich mich um sie bemüht habe und mich weiterhin um sie bemühe, immer.

Und letztlich ist auch mein Beruf erstritten, meine Karriere, die Situation, die mir ermöglicht, Klavier zu spielen. Ich mache sehr, sehr, sehr viel. Ich will einfach viel schaffen. Und nehme auch ein bestimmtes Pensum auf mich – weil ich es will und daran glaube. Und wenn das jemand in Frage stellt, dann erstreite ich mir das Recht. Ja, ich kann alle 32 Beethoven-Sonaten spielen. Ja, ich kann parallel noch sechs andere Programme machen. Ja, ich kann mich parallel auch noch mit Nazis kloppen. Ich kann parallel Bücher lesen, ja, ich kann parallel das, das und das machen. Ich kann es, weil ich es will. Es ist mein Leben.

Ich lasse mir nicht sagen: Wenn du so viel gleichzeitig machst, werden Dinge oberflächlich – nein, die sind nicht oberflächlich, die sind meine Sachen. Ich habe wunderbare Menschen um mich herum, die mich beraten und auf mich achtgeben. Aber mein Tag hat 24 Stunden, und es ist meine Entscheidung, davon 18 wach zu sein, oder 19. Es ist meine Entscheidung. Und es ist meine Verantwortung, wenn ich dann wahnsinnig müde bin, auf allen Vieren liege und vielleicht ein Konzert verhaue. Natürlich mache ich das nicht, das hat mit Professionalität zu tun. Aber wenn doch, dann ist es trotzdem mein Leben. Diese Sichtweise musste ich mir sehr lange und sehr mühsam erkämpfen.

Und auch wenn es jetzt vielleicht so klingt: Der Satz, damals in Hessen, war mir dabei keine Hilfe. Nicht im Geringsten. Die Verletzung aber als Verletzung zu begreifen – das hat mir geholfen, die Dinge klarer zu sehen.

Die vergangenen zehn Jahre waren für mich ein einziger langer Abhärtungsprozess. Meine Sprache wurde schneller und kürzer, ich wurde deutlicher. Nicht gegenüber den Menschen, die ich liebe. Aber nach außen. Ich versuche, meine Tür immer aufzumachen, ich habe keinen Panzer. Es gibt nicht viele Menschen, für die ich die Tür zugemacht habe, aber eines ist klar: Wenn ich in einer Fernsehsendung sitze, im Jahr 2019, und ein

Springer-Journalist sorgt mit einem einzigen Satz dafür, dass ein Jude in Deutschland in Lebensgefahr gerät, und mir ist sehr klar, was ich mit diesem Satz sage: Dann ist die Tür zu.«

Einige Menschen stören sich an Igor wohl auch deshalb, weil er sie daran hindert zu vergessen, dass es Antisemitismus noch immer gibt.

#

IGOR VERSTEHT NICHT, wie es sein kann: dass ihm die Leute willig und widerspruchslos durch komplexe Musikwerke folgen, aber nicht durch eine so einfache und klare Logik, die besagt, dass ein Mensch einen anderen Menschen nicht schlechter behandeln soll, als er selbst behandelt werden will.

Die meisten anderen Pianisten verkaufen sich über ihre Harmlosigkeit. Über allem steht der Wunsch, der viel mehr ist als ein Wunsch, er ist eine Prämisse: nur nicht anecken. Nichts tun, was jemanden verstören könnte, also: nicht öffentlich kritisieren, am besten gar nicht positionieren. Jede Position wirkt in den Augen derer, die sie nicht teilen, falsch. Es ist ein angstgetriebenes Denken, getrieben von der Sorge, Fehler zu machen.
Igor hat diese Furcht nicht, es gibt für ihn auch keine Grenze zwischen Musik und darüber hinaus gehendem Denken. Aus seiner Sicht ist Kunst, ist Musik ohne Positionierung nicht denkbar, jeder einzelne Takt, jeder Ton ist ein Bekenntnis. Warum also sollte er hier einen Unterschied machen?

Komplex ist das, was er zu sagen hat, nicht. Viele Journalisten haben ihm deshalb Trivialität vorgeworfen, als müsste die Wahrheit kompliziert sein. Was er zu sagen hat, ist sehr einfach. Und die Klarheit, in der er einfache Sachen ausspricht, ist bestechend – weil er nicht tut, als sei es etwas anderes als eine ganz einfache Wahrheit, und als sei es eigentlich überflüssig, dass er das jetzt wirklich auch noch sagen muss.

Er sagt: Tu das Richtige, mach die Augen auf, hör nicht weg, achte auf die anderen Menschen. Selbstverständlichkeiten. Er sagt: Mach keinen Scheiß. Er signalisiert: Schau, so einfach.

Igor kommt erst einmal über die Wirkung. Über das Nonverbale. Wie jeder Pianist, als einer von wenigen aber auch abseits des Klaviers.
Sein Stilmittel: die Entschlossenheit.
In dem Moment, in dem er – als jemand, von dem man dies nicht per se erwartet – spricht, weist er auch auf die Bedeutung des Sprechens hin.

Seine Aussage: Wer sagt, dass man sich von der Realität abwenden muss, um sich der Kunst zuzuwenden?

Bei Igor ist Musik nicht harmlos, kein neutraler Boden, er zwingt seine Zuhörer in eine Position: Zustimmung oder Ablehnung. Neutrales Zuhören ist kaum möglich.

#

DEN MENSCHEN, DIE ihm vorwerfen, sich selbst zu sehr in den Mittelpunkt zu stellen, zu oft »Ich« zu sagen, hält er entgegen:

»Wir leben in einem Land, das Ich-Sager nicht mag, aus verschiedenen Gründen, auch historischen. Meine ehrliche Antwort: Der Vorwurf langweilt mich. Sollen sie sich doch an mir abarbeiten, eine Idee oder ein Projekt bescheuert finden. Dann sollen sie ihre eigene Idee entwickeln. Das freut mich dann für sie und ich werde sie darin unterstützen, das ist mein voller Ernst. Aber diese Kritik langweilt mich. Was soll ich denn anderes sagen als »Ich«? Was soll ein Mensch anderes sagen? Ich werde sicher nicht damit aufhören, nur weil mich jemand dafür kritisiert.«

Es dauert eine Weile, bis man versteht, dass sein »Ich« nichts Selbstherrliches hat. Darin ist keine Egomanie, kein universeller Geltungsanspruch, er meint es nicht groß, sondern klein und subjektiv. Es ist ein »Nur ich«.

#

IGORS SELBSTVERSTÄNDNIS ALS politisch denkender Mensch beginnt mit seiner Freundschaft zu Georg Diez – dem Journalisten, Autor und langjährigen Spiegel-Kolumnisten. Er ist Igor Freund und Vertrauter, auch Lehrer und Inspirationsquelle. Die beiden lernen sich 2011 über Maxim Biller kennen.

»Schorsch ist viel älter als ich und unendlich viel belesener, er kann Dinge verbalisieren, die ich früher nicht verbalisieren konnte, das habe ich von ihm gelernt. Er hat mein Denken entwickelt, verändert und erwachsener gemacht. Er hat mir Bücher zum Lesen gegeben, ich habe gesehen, was er liest, und gelesen, was er schreibt, und habe begonnen, nachzudenken.«

Die Reise beginnt im Jahr 2008, Igor sitzt auf einem Kreuzfahrtschiff, auf dem er als Konzertpianist engagiert ist, und liest über den Zusammenbruch der Investmentbank Lehman Brothers.

Wenig später beginnt die Griechenland-Krise, Igor ist erschüttert von der Eiseskälte, mit der deutsche Politiker über das Land und seine Bevölkerung sprechen – und den Zynismus, mit dem die BILD gegen die vermeintlich faulen Griechen hetzt.

»Mir wurde in diesem Moment klar, wie rechtes Denken funktioniert – auf einmal gab es Kräfte, die ein ›Wir‹ und ein ›Ihr‹ definiert haben, die gesagt haben: Die anderen nehmen uns etwas weg.«

Mit einer Freundin, die aus Griechenland stammt, spricht Igor regelmäßig über die Lage, sie erzählt ihm, wie die Stimmung im Land ist. Die Griechenland-Krise wird für Igor zu einem Erweckungsmoment – dem ersten.

Der zweite Erweckungsmoment ist das Jahr 2015, als Menschen aus Syrien und anderen Ländern zu Tausenden über das Mittelmeer nach Europa flüchten.

»Ich habe zum ersten Mal das Leben am anderen Ende der Welt gesehen – Menschen, die plötzlich hier standen und gesagt haben: Ich bin da, ich bin Mensch, ich stehe hier, ich will leben, bitte helft mir. Und ich habe auch gesehen, dass die Rechte dieses Landes sich nach einem kurzen lichten Moment dazu entschlossen hat zu sagen: Nein, denn du bist nur ein Mensch dritter Klasse. Von dieser neuen deutschen Eiseskälte wollte ich mich ganz dringend abgrenzen.«

Igor beginnt, sich auf Twitter zu äußern, er lernt rasch, wie die Plattform funktioniert und wie er dort wirksam Gehör finden kann.

Und er weiß auch, dass mit Twitter allein noch nichts gewonnen ist. Er beginnt sich zu engagieren, Menschen auch konkret zu helfen, mit Geld und Kontakten.

Einige Menschen, die Igor bis dahin als Freunde betrachtet, gehen auf Distanz – und er auch zu ihnen, weil sie sich für ihn als Antisemiten und Rassisten entpuppen.

Er beginnt, andere Bücher zu lesen, andere Geschichten, andere Erzählungen, Werke amerikanischer Autoren – vor allem James Baldwin, den er wie ein Idol verehrt.

»Ich bin ein Europäer, auch ein sehr engagierter. Ich lasse mir dieses Europa, dieses Miteinander, diese Gesellschaft von diesen Menschen, die mit Ängsten spielen, nicht kaputtreden. In meiner kleinen Welt, in der ich lebe und in der ich meine Stimme erheben kann, werde ich gegen diejenigen streiten, die diese Gemeinschaft wie ein Stück Papier behandeln, das man zusammenknüllt und wegwirft. Ich bin Staatsbürger, an allererster Stelle. Das impliziert eine gewisse Verantwortung. Ich bin ein sehr politischer Mensch. War ich schon immer, werde ich immer mehr.«

IM FRÜHJAHR 2016 fahren Igor und Georg Diez nach Griechenland, zum Flüchtlingslager in Idomeni im Grenzgebiet zu Mazedonien, wo Tausende Menschen ausharren, die über das Mittelmeer nach Griechenland geflohen sind. Am Tag, als sie ankommen, meldet die Presse, das Lager werde geräumt.

»Wir haben zwei Jungs getroffen, die entlang der Bahnschienen an uns vorbeiliefen. Georg fragte die beiden: Wo kommt ihr her? Aus Libyen, sagten sie. Und wo wollt ihr hin? Idomeni. Es gibt kein Idomeni mehr, haben wir gesagt. Die beiden schauten sich an und ließen sich dann einfach auf den Kies im Gleisbett fallen. Ich habe zum ersten Mal Menschen gesehen, denen das Essenziellste im Leben abhandengekommen ist: ihre Richtung. Sie konnten nach links laufen oder nach rechts, es spielte keine Rolle. Sie steckten auf einmal im Nichts, sie wussten nicht mehr, wohin. Das war ein ganz finsterer Moment.«

Ein junger Mann, gebildet und eloquent, er spricht sehr gut Englisch, an der Universität in Aleppo unterrichtete er französische Literatur und Geschichte, jetzt steht er mitten im Flüchtlingslager, hat eine Spiegelscherbe in der Hand und versucht sich zu rasieren. Igor setzt sich für ihn ein, schafft es zu helfen, die beiden sind noch Jahre später in Kontakt.

»Vielleicht ist einer der Gründe, warum ich so viel über Freiheit nachdenke. Mir ist klar geworden, wie wertvoll es ist, sagen zu können: Ich bin frei darin, mich zu bewegen. Ich bin frei darin, meine Ziele zu formulieren.

Was ich gesehen habe, sind die Folgen politischer Entscheidungen – getroffen auch von Politikern in Deutschland, die sich Menschlichkeit auf die Fahnen schreiben. Es sind Entscheidungen, die dazu führen, dass Hunderttausenden Menschen plötzlich die Richtung genommen ist. Diese Erkenntnis hat für mich eine Menge Steine ins Rollen gebracht – und sie hat mich politisch auf eine neue Stufe gehoben.«

#

IGORS POLITISCHER MODUS ist die Reaktion. Er verfolgt keine eigene Agenda, setzt selbst nur selten Themen, geht ihnen aber auch nicht aus dem Weg. Über seine politische Verortung ist – über konkrete Fragen hinaus – nur der Satz bekannt, den er immer wieder in Interviews fallen lässt: »Ich bin extra-extra-extra-links.« Aber was bedeutet das?

In der Öffentlichkeit ist Igor bald der Pianist, der vor dem Konzert Ansprachen hält. Für Igor ist dies – anders als für viele Zuhörer – keine Brechung des Rahmens, sondern eine völlig organische Erweiterung. Er steht ja ohnehin auf der Bühne und teilt sich mit, warum dann nicht noch ein paar Worte sagen. Der Gedanke: Im Konzertsaal hört man einander zu, das ist vielleicht die Keimzelle von Mitmenschlichkeit.

»Ich weiß, dass ich dem Publikum in diesem Moment etwas aufzwinge. Das ist eine absolute Grenzerfahrung: auf die Bühne zu gehen, einen Zettel aus der Tasche zu ziehen und unangekündigt zwischen zwei und zehn Minuten zu reden. Das irritiert das Publikum, zurecht, und es fällt auch mir nicht leicht. Es ist viel einfacher, auf einem Parteitag der Grünen zu sprechen, die Leute dort erwarten, dass du etwas sagst, anders als auf einer Konzertbühne. Ich bin absolut offen dafür, dass jemand sagt: Das geht nicht, ich will das nicht hören. Ich tue es trotzdem, aber ich finde es okay, wenn jemand sagt, ich will nicht.«

#

AM TAG NACH der Nacht, in der Donald Trump die US-Präsidentschaftswahl gewinnt, soll Igor im Palais des Beaux-Arts in Brüssel ein Recital mit Beethoven-Sonaten spielen, darunter die Appassionata. Mit demselben Programm gastierte er zwei Tage vorher in der Wigmore Hall in London.

In der Nacht vor dem Brüsseler Konzert schläft er keine Minute, er ist außer sich, aber nicht vor Wut, sondern aus Ratlosigkeit, die ab und an in Verzweiflung umschlägt.

Alles kommt zusammen.

Erst das Konzert in London, Hauptstadt des Landes, das ein halbes Jahr zuvor seinen Austritt aus der Europäischen Union beschlossen hat.

Dann das Konzert in der Hauptstadt der Europäischen Union, die schon die Ankündigung des Austritts in die größte Krise seit ihrer Gründung stürzt.

Eine schlaflose Nacht.

Und Trump.

Es sind Tage, die sich anfühlen, als schwanke der Boden. Weil ein paar ganz grundsätzliche Gewissheiten, die bislang ungefähr so verlässlich waren wie die Naturgesetze, nicht mehr zu gelten scheinen. Oben und unten, links und rechts, gut und böse, richtig und falsch. Es sind Tage, in denen viele Menschen das Gefühl beschleicht, es reiche nicht mehr, sich stillschweigend auf der richtigen Seite zu wähnen, da sich immer mehr Menschen, nicht alle von ihnen stillschweigend, auf die andere Seite schlagen. Igor, schlaflos und aufgewühlt, beschließt, vor dem Konzert am Abend ein paar Worte zu sagen. Nicht, um jemanden auf den rechten Weg zurückzuholen. Auch nicht, um – wie es ihm bis heute unterstellt wird – ein politisches Programm zu postulieren. Er redet, weil ihm die Dinge, die er sagt, auf der Seele brennen.

»Bitte erlauben Sie mir, ein paar Worte zu sagen, bevor ich beginne.«

Die Rede schreibt er im Eurostar nach Brüssel, Satz für Satz, wie im Rausch. Am Ende ist es eine ganze Seite. Viel zu viel eigentlich, fast sechs Minuten Redezeit.

Er erzählt davon, wie seine Eltern, seine Schwester und er 1995 nach Deutschland kamen. Dass sie kamen, um seiner Schwester und ihm beste Voraussetzungen zu geben, alles werden zu können, was auch immer sie werden wollten. Und damit sie nicht nur kluge Menschen werden, sondern Bürger, die ihre Verantwortung kennen für ihr Land, ihre Freunde, ihr Umfeld.

»Immer wenn ich seither gefragt wurde, ob ich mich als Russe oder als Deutscher verstehe, war meine Antwort klar: Ich bin Europäer. Kein stolzer, aber ein dankbarer, respektvoller, politisch denkender, neugieriger und verantwortungsvoller Europäer, der von Beruf Musiker ist.

Aber heute ist ein schwarzer Tag, hinter uns liegt eine schwarze Nacht. Gestern hat die größte Wirtschaftsmacht der Welt einen bigotten Opportunisten, einen wütenden, gefährlichen Mann zu ihrem Präsidenten gewählt. Für mehr als ein Jahr hat uns die US-Wahl erschüttert und auch unser Verständnis von Anstand und Respekt füreinander. Die gestrige Wahl hat diesen Mann in das wichtigste Amt der Welt gebracht.

Furcht, Entfremdung, Aggression, Dunkelheit und Negativismus haben mehr als 50 Millionen Menschen dazu gebracht, für ihn zu stimmen. Aber das ist nicht das erste Mal, dass sich eine solche Tragödie ereignet.«

Igor, auf der Bühne des Palais des Beaux-Arts stehend, schaut in viele freundliche, zugewandte Gesichter. Das Publikum hat nicht damit gerechnet, das spürt er.

»Wir haben erlebt, dass sich Millionen Menschen im Vereinigten Königreich entschlossen haben, die EU zu verlassen, basierend auf Falschbehauptungen und Furcht. Wir sehen, wie eine Präsidentschaftskandidatin in Frankreich das Land in Angst und Schrecken versetzt. In meinem Heimatland Deutschland sehe ich, wie Neofaschisten Furcht und Misstrauen säen, sie unterminieren die Bande, die uns zusammenhalten. Diese Entwicklung sehen wir gerade in vielen verschiedenen Ländern.

Und was tun wir? Was unternimmt meine Generation? Bis dato haben wir zugelassen, dass deren Worte unsere Gesellschaften zerstört. Politiker sprechen über die Europäische Union, als wäre sie Abfall. Die Europäische Union ist ein Geschöpf des Friedens und der Einheit. Macht die EU Fehler? Natürlich. Lässt mich die EU manchmal enttäuscht und wütend zurück? Und wie. Aber es ist meine EU. Ich bin ein Teil davon, wir alle sind es. Die EU hat unseren Teil der Welt, der so lange Schauplatz von Krieg und Auseinandersetzung war, in einen friedlichen Ort verwandelt, sie hat uns alle mit den gleichen Zielen zusammengeführt. Und wir lassen es zu, dass diese Leute darauf spucken? Wie können sie es wagen.

Seit letzter Nacht ist eines für mich klar: Die Zeit, in meiner Komfortzone zu bleiben, ist für mich vorbei. Solange ich eine Stimme habe und solange ich sie erheben kann, werde ich nicht zulassen, dass diese Menschen unsere Gesellschaft, unsere Welt zerstören. Wir dürfen das nicht zulassen. Wir müssen tun, was wir können, um …«

Aus dem Zuschauerraum ruft jemand, Igor solle den Mund halten und spielen.

»… unsere Gesellschaft menschlich und intakt zu halten.«

Damit war zu rechnen gewesen, schon rein statistisch muss in jedem Publikum dieser Größe eine bestimmte Anzahl Europa-Gegner, Nationalisten, Nicht-Sympathisanten sitzen. Trotzdem erschrickt er kurz, er lässt es sich nicht anmerken.

»Get out of here«, brüllt jemand anders, gemeint ist diesmal nicht Igor, sondern der Rufer von vorhin.

»Nein«, ruft Igor. »Werft ihn nicht raus, Sie bleiben hier.«

Dann fährt er fort, er redet inzwischen schon deutlich länger als fünf Minuten.

»Ich weiß, das Leben ist kein Konzertsaal. Aber Musik ist Leben, wir alle hier zusammen, Sie hören mir zu, ich höre Ihnen zu. Einander zuhören – das ist Zivilisation. Die große Musik, die wir teilen, erschafft ein Band zwischen uns und erinnert uns an das Beste, das menschliches Leben erschaffen und miteinander teilen kann. Wir sollten nicht länger warten. Wir sind Bürger unserer Länder, wir gehören Europa an, freundschaftlich verbunden mit den Vereinigten Staaten. Wir können unsere Stimme erheben, und wir sollten unsere Stimme erheben. Lasst uns stark bleiben, zusammen bleiben, lasst uns für die Menschlichkeit kämpfen, für Vertrauen, für gegenseitigen Respekt, und für den Glauben an andere Menschen. Und lasst es uns nicht nur tun, während wir in diesem wunderschönen Konzertsaal sitzen, sondern jeden Tag, in jeder Stunde, in der wir irgendwie können.«

Manche dieser Worte wären außerhalb eines Konzertsaals eine Spur zu groß und zu pathetisch, keiner seiner Sätze ist so neu oder kontrovers, dass nicht sofort fast jeder im Saal zustimmen würde. Aber wie gesagt: Dies hier ist keine Predigt und keine Lehrstunde. Überzeugen, das ist ihm klar, wird er hier heute niemanden. Igor sagt das alles, weil er das Gefühl braucht, unter Gleichgesinnten zu sein.

»Und jetzt zu Beethoven.«

Von diesem Moment an ist Igor der Pianist, dem es nicht reicht, Pianist zu sein.

Kurz bevor er die Bühne in Brüssel betritt, postet er den Text seiner Rede auf Twitter. Mehr als 400 Menschen haben ihn geteilt, sehr viele Menschen posten Gratulation und Zustimmung, auch noch Jahre später. Einer schrieb auch »Ekelerregende Polemik eines typischen Quotenjuden«, er geht in der Masse der Zustimmung fast unter.

Aber das heißt nicht, dass sich Igor nicht noch Jahre später genau an diesen einen erinnert.

#

DER KONTAKT ZU den Grünen kommt über Maren Borchers zustande, sie ist befreundet mit dem Bundestagsabgeordneten Konstantin von Notz. Er führt Igor durch den Reichstag, stellt ihn Claudia Roth vor, Katrin Göring-Eckhardt, Cem Özdemir, Robert Habeck.

»In der Partei herrscht eine große Ernsthaftigkeit, eine große Empathie – und ein Grundverständnis für die verändernden Zeiten, in denen wir uns befinden«, sagt Igor. »Das halte ich für eine Partei für essenziell. Es gibt natürlich auch Fragen, bei denen ich nicht einverstanden bin.«

Aber viel mehr als die Inhalte sind es zunächst die Menschen, die Igor in der Partei interessieren.

»Wir haben uns einfach sehr gut verstanden. Ich stand der Partei über lange Zeit nahe, ohne Mitglied zu sein – so hat sich der Kontakt etabliert und verstetigt. Da sind tatsächlich Freundschaften entstanden.«

Vor dem Bundesparteitag zur Europawahl 2018 in Leipzig fragt Habeck Igor, ob er sich vorstellen könne, für die Delegierten Klavier zu spielen.

»Das war eine sehr entspannte, sehr gelöste, sehr natürliche Geschichte. Gerade in der Zeit vor der Europawahl hatte ich das Gefühl: Diese Partei ist beinahe die einzige, die nicht versucht, andere rechts zu überholen.«

Igor kommt, sagt ein paar Worte, spielt dann die Transkription der Ode an die Freude aus der Symphonie Nr. 9 von Beethoven, die Europahymne. Und die Aria aus den Goldberg-Variationen.

Vor allem einer seiner Sätze bleibt haften: »Ich bin einfach Bürger. Ich habe in der Schule in der fünften, sechsten Klasse gelernt, dass Demokratie ohne Bürgerverantwortung nicht funktioniert. So unkompliziert ist das.«

Im Sommer 2019, lange nach dem Parteitag, verbringt Igor ein paar Tage in den Bergen, zusammen mit einem Freund.

»Wir saßen da, ich sagte: Du, pass auf, ich glaube, in einem halben Jahr kriege ich auch meine ersten Drohungen, ich wäre dann gern nicht allein. Ich wäre dann gern in einer Gemeinschaft, bei der ich weiß, ich habe ein sicheres Dach über dem Kopf. Das war wirklich eine Art Voraussicht.«

In der Zeit der Morddrohungen stellen sich Claudia Roth, Konstantin von Notz und Cem Özdemir wie eine Familie hinter Igor.

»Zum Teufel mit künstlerischer Pseudo-Neutralität. Was soll das überhaupt sein? Ich fühle mich diesen Menschen nahe, ich bin in deren Haus eingetreten. Die meisten ihrer politischen Entscheidungen halte ich für richtig, manche auch nicht – aber im Grundsätzlichen habe ich meine Entscheidung nicht eine Sekunde bereut.«

#

ALS IGOR DIE Morddrohung öffentlich macht, schlagen für ein paar Tage die Wellen hoch. Zwischen den Jahren passiert wenig, und ohnehin nichts mit vergleichbarer Wucht.

Der Spin ist immer der gleiche: Igor, der Musiker, der Morddrohungen bekommt.

Aber Igor ahnt, dass die Drohung nicht ihm als Musiker galt, er sieht sich nicht als Musiker angegriffen, sondern als Mensch.

»Jeder kann zur Zielscheibe werden – in dem Moment, in dem diese Faschisten nicht gutheißen, was man tut. Ganz gleich ob Künstler, Doktor, Politiker oder wer auch immer. Meist sind es Frauen und Angehörige einer Minderheit. Nicht selten verstummen sie daraufhin und ziehen sich zurück.«

Igor ist überrascht von der Überraschung, die die Sache auslöst. In einem Interview mit der Deutschen Welle sagt er, er sei verblüfft zu sehen, dass die Gesellschaft als Ganzes nicht versteht, welche Dringlichkeit hier herrscht.

»Diese Menschen fühlen sich ermächtigt. Sie haben politische Parteien mit Mitgliedern im Parlament, die ohne Deckung eine kompromisslose neofaschistische politische Idee vertreten.«

Er ist irritiert, dass es offenbar erlaubt sei, ein Mitglied der Gesellschaft mit dem Tode zu bedrohen – da es nicht erlaubt und auch kaum möglich sei, den Eigentümer des anonymen E-Mail-Accounts ausfindig zu machen. Er ist verwundert darüber, dass das alles bar jeglicher Verantwortung geschehe, weil man nicht verfolgt, nicht ausfindig gemacht werden kann.

Der Ton, in dem die Angelegenheit öffentlich verhandelt wird, macht ihn wütend.

»Nach jeder rassistischen Attacke, nach jedem Anschlag gibt es mindestens einen Politiker, der sagt: ›Damit das klar ist, in unserem Land gibt es keinen Platz für Rassismus‹. Es gibt aber eine Menge Platz für Rassismus, leider gab es immer Platz dafür. Begreift das! Hört auf, Nebelkerzen zu werfen, hört auf zu reden, als wären wir fünf Jahre alt! Sprecht aus, was ist: Wir haben ein sehr ernstes Problem mit Rassismus und Antisemitismus. Wir sollten mit unserer Sprache ein bisschen erwachsener werden.«

#

DIE ENTSCHEIDUNG, SICH auf Twitter zu exponieren, trifft Igor bewusst.

Er lernt Christopher Lauer kennen, einen Digital-Strategen, der einst als Politiker der Piratenpartei im Berliner Abgeordnetenhaus saß. Lauer hat eine fünfstellige Anzahl Twitter-Follower, das imponiert Igor. Auf einer Bahnfahrt von Frankfurt nach Berlin lässt er sich von ihm erklären, worauf es beim Twittern ankommt.

»Twitter war für mich eine Befreiung. Es ist für mich ein Ort des Entdeckens, des Denkens und des Schreibens. Ich kann dort Menschen kennenlernen, die ich anders wahrscheinlich nie getroffen hätte, ich kann Texte lesen, auf die ich sonst nie gestoßen wäre, Konflikte verfolgen, von denen ich vorher keine Ahnung hatte, und Musik, Kunst und Kultur entdecken, die in diesem Moment am anderen Ende der Welt entstehen. Ich weiß nicht, wer ich heute wäre, hätte ich das alles nicht gefunden.

Twitter sind für mich Menschen, keine Institutionen. Ein Chor verschiedenster Stimmen. Ein diskursives Orchester.

Und wenn ich Befreiung sage, meine ich damit vor allem Emanzipation. Twitter ermöglicht mir, meine Geschichte zu erzählen – und nicht nur mir, sondern buchstäblich jedem Menschen auf der Welt. Unabhängig von der Logik und Grammatik konventioneller Medien, sondern ganz direkt und roh, tastend, wütend, emphatisch, suchend, verloren, glücklich – und immer ungefiltert und unmittelbar. Twitter ist ein Instrument, das man lernen muss und beherrschen kann.

Das kann auch gefährlich sein, ohne Frage. Vor allem ist Twitter aber berauschend, weil es ermöglicht, die Machtverhältnisse auf konstruktive Art zu hinterfragen. Wer bin ich, wer seid ihr? Wer hat die Deutungshoheit über meine Geschichte?«

#

ZUM JAHRESWECHSEL FASST Igor einen Plan.

»Ich mache ab jetzt ein paar Monate im Jahr frei. Ich möchte Zeit mit den Menschen verbringen, die mir wichtig sind.

Ich habe überhaupt keinen Abstand zur Musik. Ich habe aber einen gehörigen Abstand zu meinem Beruf. Ich frage mich immer häufiger: Wer bin ich eigentlich in diesem Spiel? Was ist meine Existenzberechtigung als Musiker?

Das lag sicher auch am Abschluss der Beethoven-Sonaten. Nach der Aufnahme habe ich mir gedacht: Jetzt habe ich die Hälfte meines Lebens damit verbracht, diese Stücke zu spielen – und was mache ich jetzt?

Mir ist es jedenfalls nicht genug, meine Karriere zu verwalten. Das interessiert mich nicht. Ich habe große Angst vor Stagnation, wirkliche, echte Angst. Also, was kommt jetzt?«

Er ist, nachdem er die Achttausender der Klavierliteratur bezwungen hat, auf der Suche nach dem nächsten Projekt. Mit Beethoven hat er sein halbes Leben verbracht, für Chopin fühlt er sich nicht reif genug.

Er hat Klavierabendprogramme geplant für die nächsten drei Jahre: Erst einmal Beethoven, danach die Stevenson-Passacaglia.

Und dann?

»Anstatt mich zu freuen, dass ich für die nächsten drei Jahre den Stevenson habe, mache ich mir Sorgen, was danach kommt. Im Grunde bin ich mit dem Stevenson jetzt schon fertig. Aber was kommt danach? Das ist ein echtes Problem. Es gibt noch zwei, drei Sachen, die mich interessieren. Danach steht alles offen. Ich werde das Repertoire, das ich liebe, immer spielen. Aber ich brauche im Jahr einen Haken, an dem ich mich festhalten kann.«

Ihm ist das Klavier nicht genug, wieder einmal. Ihm ist auch das Repertoire nicht genug, das sich genuin als Klavierrepertoire versteht. Deshalb zieht es ihn zu den megalomanen Stücken.

»Mich interessiert Musik, die größer ist als das Klavier. Und jede noch so kleine Beethoven-Sonate ist größer. Und es ist alles Musik, die nicht nur von Musik handelt.«

Die Kriterien klingen banal, aber sie sind alles andere als einfach zu erfüllen: Das Stück muss Themen verhandeln, die ihm wichtig sind. Und es muss ihn herausfordern und ergreifen – er muss es spielen wollen.

Wohin soll das führen?

Eine erste Antwort auf diese Frage lautet Sorabji. Kaikhosru Shapurji Sorabji, ein beinahe noch zeitgenössischer Komponist, den auch in der Fachwelt kaum jemand kennt. Seine Werke sind Musiker-Musik. Selbstreferenzielle Werke, die um sich selbst kreisen, die nicht vom Leben erzählen, sondern von Musik. Immerhin lang sind sie, und schwer.

Ist es das wert? Zwei Jahre Arbeit, dafür?

»Klar könnte ich's lernen. Ach, ich weiß nicht.«

#

BERLIN, 29. JANUAR 2020, ein grauer Mittwochmorgen. Gegen halb neun kommt Igor am Paul-Löbe-Haus neben dem Reichstagsgebäude an. Er ist eine Stunde zu früh. Aber er will sich die Ausstellung, zu deren Eröffnung er später spielt, vorher selbst ansehen.

Es ist der Tag des Gedenkens an die Opfer des Nationalsozialismus, der Deutsche Bundestag zeigt im Foyer des Paul-Löbe-Hauses Bilder des Malers David Olère. Es sind keine schönen Bilder, sie zeigen das, was viele der Menschen, derer heute gedacht wird, durchleiden mussten: den Alltag im Konzentrationslager Auschwitz. David Olère, geboren in Warschau, lebte in den 20er Jahren in Berlin und verdingte sich als Bildhauer und Kulissenmaler, 1943 verhafteten ihn Männer der Gestapo in Paris. Er wird nach Auschwitz deportiert. Dort gehört er einem Sonderkommando an, das die Leichen seiner Mithäftlinge verbrennt und die Asche aus den Krematorien schaufelt. Er überlebt, weil er Englisch spricht und den SS-Männern heimlich hilft, feindliche Radionachrichten über den Fortgang des Krieges zu verstehen. Sofort nach der Befreiung des Lagers beginnt er zu zeichnen, was er im Lager gesehen hat: ausgemergelte Körper, halbtote Kinder, Menschen, die Menschen misshandeln. Todgeweihte Augen, dazu die Fratzen der Nazis. Zunächst fertigt Olère nur Skizzen an, bald auch großformatige Ölgemälde. Es sind die einzigen Bildquellen über die Geschehnisse in einem Konzentrationslager vor der Befreiung. Für das Grauen, das sie zeigen, gibt es keine Worte.

Igor streift allein durch das noch menschenleere Foyer, läuft durch die Ausstellung, besieht sich schweigend die Bilder. Er hatte damit gerechnet, dass sie ihn nicht kalt lassen. Dass sie ihn so aufwühlen würden, hatte er nicht abgesehen. Aber aus Vorsicht und Selbstschutz besser nicht hinsehen: kommt nicht in Frage. Alle müssen hinsehen, also muss er es auch. Aber er sieht nicht nur hin, er fühlt sich gemeint. Und angegriffen. Noch Tage später wird er von den Bildern sprechen, jetzt zieht er sein Telefon aus der Sakkotasche und twittert.

»Gerade wollte ich schreiben, welche unbeschreibliche Dankbarkeit ich empfinde, heute hier im Rahmen der David Olère Ausstellungseröffnung Musik machen zu dürfen. Aber nachdem ich die Bilder sah, eines nach dem anderen, erlebe ich gerade einen inneren Zusammenbruch wie selten zuvor. Es gibt kein Ende des Erinnerns. Es darf nie ein Ende des Erinnerns geben. Es darf nie Flucht geben vor Schmerz und vor Verantwortung. Und es darf nie, nie der Kampf gegen Entmenschlichung, gegen Faschismus, gegen Rassismus und gegen Hass enden. Nie. Ich habe keine Worte mehr.«

Bald werde es keine Zeitzeugen der Taten von einst mehr geben, weder Täter noch Opfer, sagt Bundestagspräsident Wolfgang Schäuble zur Eröffnung. »Aber die Wahrheit bleibt, und sie bleibt eine Zumutung. Eine Zumutung, der sich jede Generation aufs Neue zu stellen hat.« Igor, in Anzug und mit schwarzer Krawatte, setzt sich an den Flügel, nimmt seine Brille ab und spielt erst das Choralvorspiel »Nun komm der Heiden Heiland«, dann die Aria aus den Goldberg-Variationen. Schäuble selbst soll ihn eingeladen haben, heißt es.

David Olère vermachte die Bilder vor seinem Tod Beate und Serge Klarsfeld, die sich die Verfolgung der Täter von einst zur Lebensaufgabe gemacht haben. Nun spricht Beate Klarsfeld, neben Schäuble sitzend, die Worte zum Geleit, sie schließt mit dem Satz: »Ich hoffe auf zahlreiche Besucher, auch aus den Reihen der AfD-Abgeordneten, dass sie den Mut aufbringen werden, sich den Werken von David Olère zu stellen und sich Gedanken über die deutsche Identität zu machen.«

Igor sitzt mit gemischten Gefühlen auf der Klavierbank, er freut sich über die Ehre, die Ausstellung eröffnen zu dürfen, aber er wäre lieber nicht hier.

Kann die Musik in diesem Moment irgendwas besser machen? Oder ist sie nur eine Hülse und letztlich austauschbar?

»Sie ist natürlich nicht egal. Aber sie wird ein Arschloch nicht zu einem weniger großen Arschloch machen. Niemand wird danach aufstehen und sagen: Oh, ich bin ja Vorsitzender einer Faschistenpartei, ich hänge einem reaktionären Weltbild an und träume von einem rechten, autoritären Staat – oh, ich bin ja doof. Das wird nicht passieren, darüber mache ich mir auch keine Illusionen. Ich habe nicht den Anspruch, diese Typen mit Musik zu besseren Menschen zu machen. Die werden weiter glauben, woran sie glauben, und werden weiterverfolgen, was sie weiterverfolgen.«

Nach den letzten Takten der Aria versucht Igor, am Flügel sitzend, die stumme Spannung zu halten, bis es nicht mehr geht. Dann steht er auf, lächelt in den Applaus, holt die Brille aus der linken Tasche seines Jacketts und setzt sich in die erste Reihe.

Ein kurzes Statement noch für das Bundestagsfernsehen, dann tritt er hinaus in den Vormittag. Am Eingang trifft er noch eine befreundete Abgeordnete, sie machen ein Selfie.

Dann formuliert er einen Tweet. »Ich weiß nicht, wie es Euch allen geht, aber mir treibt der Gedanke, dass Deutschland im Jahr 2020 der Opfer des Nationalsozialismus in parlamentarischer Anwesenheit von Rassisten, Antisemiten, Neofaschisten und Geschichtsrelativierern gedenkt, Tränen in die Augen.«

Er weiß noch nicht, wohin mit der Wut, die sich an diesem Vormittag in ihm aufgestaut hat.

Aber eigentlich stimmt das nicht.
Er weiß es natürlich.

#

ZU DEN DINGEN, die man erst bemerkt, wenn man Igor einige Zeit begleitet, gehört der Umstand, dass sich seine Ausdrucksfähigkeit am Klavier auch auf einem anderen Gebiet niederschlägt: Er redet so, wie er Klavier spielt.

Nach den Gesetzen der Satzlehre, manchmal sogar kontrapunktisch, manchmal improvisiert und nach Gehör.

Er kann mit ein bisschen Pedal und den richtigen Pausen den normalsten und simpelsten Aussagen der Welt eine Aura verleihen, als wäre gerade ein großer Gedanke in ihm aufgestiegen. Das macht es nicht weniger aufrichtig, es ist ja alles so gemeint.

Er kann mit dem Tempo spielen und die Lautstärke variieren: vom Piano ins Fortissimo, zurück ins Mezzoforte, auf einmal *subito piano.*

Manche Sätze wiederholt er mehrere Male nacheinander, manchmal wortgleich, manchmal nur in der Aussage: »Ich habe keine Barrieren. Ich habe keine. Da sind einfach keine.«

Er hat für Standardsituationen in Interviews und Gesprächen ein Repertoire an Sätzen, kleinen Anekdoten, Witzen und großen Gleichnissen parat, die er jederzeit auswendig vortragen kann, und er setzt sie virtuos und mit einer Beiläufigkeit sein, die seine Zuhörer glauben lässt, sie seien ihm in diesem Moment eingefallen. Eine Minute später könnte er sie exakt wiederholen.

Dabei sitzt jedes Wort, sitzt jede Pause exakt da, wo sie sitzen sollen, und es ist nicht einfach abgespult, es ist alles in diesem Moment empfunden.

Auf schnelle Sätze folgen langsame Sätze, Gedanken, die im großen Finale enden, andere, die einfach im Nichts verschwinden.

Verschiedene Tonarten beherrscht er ohnehin, Dur und Moll im blitzartigen Wechsel und in verschiedenen Schattierungen, eindringlich, im Crescendo, im Accelerando. Er kann auf sehr wirkungsvolle Art Pausen und Pointen setzen.

Er kann über ein Thema in Rondo-Form improvisieren, dann wiederholt sich eine Formulierung in bestimmten Zeitabständen immer wieder. Er redet in Bögen, er phrasiert, er kommt zum Punkt, manchmal dauert es lange, meistens nicht.
Alles mit großer Unbedingtheit. Jedes Wort ist gesetzt. Man kann nicht unentschlossen musizieren, Igor kann nicht unentschlossen reden.

#

HANNOVER, 6. FEBRUAR 2020, Igor hat kaum geschlafen, zur Begrüßung fragt er: »Sollen wir auswandern?«, er klingt lakonisch, überdreht und bitter.

Er sitzt in einer Kammer unter dem Dach des Kongresszentrums in Hannover, im Leibnitz-Saal zwei Etagen tiefer hat er in den vergangenen zwei Tagen die Passacaglia von Ronald Stevenson eingespielt.

»Ich mag es, aufzunehmen. Ich mag die Atmosphäre. Ich sitze da einfach gerne. Eine Aufnahme ist nicht ein zufällig aufgenommenes Solokonzert mit zwei Mikrophonen. Sondern es ist eine ganz, ganz eigene Welt, eine ganz, ganz eigene Sprache und die gefällt mir, sie ist sehr konzentriert, frei. Ich kann tausendmal machen, was ich will, ich kann Varianten ausprobieren, Sachen verändern, ich kann mich vertiefen. Es ist auf eine Art wahnsinnig entspannend. Und es macht irre Spaß, mir selbst von der Seite zuzuhören.«

Die Aufnahme ist fast fertig, ein Takt fehlt noch. Unten im Saal bereitet der Klavierstimmer den Flügel für die heutige Session vor, man kann ihn über den Monitor sehen. Hier oben unter dem Dach hat Igors Tonmeister Andreas Neubronner – blauer Pulli, freundliches rotes Gesicht, ausgebeulte Jeans, Birkenstock – eine Tonkabine eingerichtet, zusammen mit Igor klickt er sich durch die Arbeit des Vortags, sie hören Stellen an, Igor hat die Noten auf den Knien, es gilt zu prüfen: Klingt alles so, wie es klingen soll, wie viel Unschärfe ist noch okay, was ist nicht mehr tragbar? Als würde man ein Großformat-Gemälde abfotografieren und danach am Computer Pixel für Pixel überprüfen. Kein Ton lässt sich zurücknehmen, im Konzert verklingt er binnen Sekunden, mag er auch nicht perfekt sitzen. Auf der Aufnahme ist er für immer nachhörbar.

Aber das ist nicht das einzige, was Igor beschäftigt. Im Thüringer Landtag wurde am Tag zuvor der FDP-Mann Thomas Kemmerich zum Ministerpräsidenten gewählt, auch mit Stimmen der AfD. Dass sich ein Regierungschef mit den Stimmen einer Rechtsaußen-Partei ins Amt wählen lässt, galt bis dahin als undenkbar. Kemmerich nahm die Wahl an, nun ist der politische Betrieb damit beschäftigt, die Lage aufzuarbeiten.
Was wusste der Parteivorsitzende? Wie reagiert die Kanzlerin? Wie lange würde die Wahl Bestand haben, würde es Neuwahlen geben?

»Kaffee, Igor?«, fragt Neubronner, der Tonmeister.
»Ich hatte schon drei.«
»Ich glaube ja, dass die das heute noch kippen«, sagt Neubronner. »Aber der Geist ist aus der Flasche.«

Igor, die Noten auf dem Schoß, tippt auf dem Telefon.
Sieben Stunden saß er am Vortag am Klavier, dazwischen: Entsetzen. Fassungslosigkeit.
»Was machen wir hiermit?«, fragt Neubronner, klickt, dreht den Ton lauter, wiederholt eine Stelle.
»Ist okay. Oder?«
»Gut, dass du so ein Gottvertrauen hast.«
»Nein, das habe ich eben nicht.«
»Okay, nennen wir's Tonmeistervertrauen.«
»Ja.« Igor scrollt durch Twitter, blättert die Noten um, scrollt weiter.
»Wenn es Neuwahlen gibt«, sagt Neubronner, »wird die AfD mehr Stimmen kriegen als vorher, da wette ich was.«
»Ich wette dagegen, und wenn ich verliere, koche ich dir Kässpätzle.«

»Du kochst Käsespätzle?«
»Jaha! Ich mache die besten Käsespätzle der Welt! Glaubst du mir nicht?«
»Käsespätzle kocht man nicht, Igor.«
»Mir doch egal.«
Neubronner klickt weiter, auf dem Monitor vor ihm: eine unüberschaubare Menge an Tonspuren, Frequenzkurven, Amplituden, Schnipsel.
»Okay, jetzt würde ich gerne Takt 165 hören«, sagt Igor. »Obwohl, eigentlich will ich es lieber nicht hören, das ist doch einfach alles nur laut.«
Weiter. Ein Takt, zwei Takte. Noch ein Takt. Drei Takte.
»Ja«, sagt Neubronner, »das ist alles gut. Jetzt haben wir bald die schlimmsten Albträume hinter uns.«

Am Vorabend hat Igor getwittert: »Ich werde es keinem Politiker, Journalisten oder sonst wem jemals verzeihen, mit jenen zu paktieren, deren mittel- und langfristige politische Agenda lautet, dass einer wie ich, oder alle, die sie sonst zu ›den anderen‹ erklären, (hier) nicht mehr leben sollen.«

Igor blättert um. »Okay, dann spiele ich gleich den fehlenden Takt nochmal. Und was noch?«

»Nur den Takt, Igor.«

»Und dann nochmal alles?«

»Wenn du willst.«

Igor seufzt. »Was sollen wir denn jetzt machen?«, es ist unklar, was er meint.
Unten im Saal ist der Stimmer fertig, man sieht über den Monitor, wie er aufsteht und den Raum verlässt.
Igor, aufgeregt, schaut ins Handy. »Hey, hört mal kurz«, dann rattert er eine Meldung herunter: »Nach Recherchen von Business Insider hatte sich die FDP-Führung hinter den Kulissen auf eine Wahl Kemmerichs eingestellt. Am Montagabend hatte demnach der Thüringer FDP-Chef nach einer Sitzung des Landesvorstandes mit Lindner telefoniert. Dabei informiert Kemmerich seinen Parteivorsitzenden, dass er im dritten Wahlgang antritt, sollten dann Ex-Ministerpräsident Bodo Ramelow (Linke) und AfD-Kandidat Christoph Kindervater (parteilos) weiter zur Wahl stehen. Nach Informationen von Business Insider wurde bei dem Gespräch auch die Möglichkeit erörtert, dass Kemmerich tatsächlich gewählt wird – auch mit Stimmen der AfD. Laut übereinstimmenden Aussagen aus dem engen Führungskreis der FDP gab Lindner dafür grünes Licht.«
Neubronner, trocken: »Ja, war doch die ganze Zeit klar.«
Igor reckt sein Handy hoch und hält es Neubronner unter die Nase, Twitter ist geöffnet. »Darf ich das hier schreiben?«
»Ja, klar.«
»Hast du's gelesen, ganz?«
Er liest vor: »Ich schreibe jetzt an Christian Lindner: Treten Sie zurück, Ihnen fehlen Würde, Anstand und jedwedes politisches Feingefühl. Sie sind kein Liberaler. Sie sind ein Opportunist, Sie paktieren mit Faschisten, Sie zerstören und setzen Brände. Treten Sie zurück. Ja? So, gesendet.«
Und gleich darauf: »So, dann haben wir's, dann spiele ich das jetzt.« Er verschwindet, taucht Sekunden später auf dem Monitor auf, setzt sich an den Flügel.

Neubronner steht auf, bringt erst die Kaffeetassen weg, sagt dann, während Igor sich unten einspielt: »Ich mache mir nur so ein bisschen Sorgen um ihn, dass er zu viel twittert und zu viel macht. Das ist so ein Ultra-Fast-Burner. Es gibt ja viele Musiker, die mit 35 oder so ihren Treibstoff-Vorrat verbraucht haben.« Er legt sich, die Brille auf halber Nasenhöhe, die Tonspuren auf dem Monitor zurecht.
Das Klavierspiel aus dem Saal bricht ab.
Igor ruft: »Okay?«
Neubronner drückt auf den Knopf der Sprechanlage, Igor kann ihn im Saal jetzt hören wie die Stimme des Allmächtigen. »Fast, Igor, ich brauche noch einen ganz kleinen Moment.«

Und dann, leise, nicht in die Sprechanlage. »Aber er kann nicht anders. Vor ein paar Jahren hat er sich mal Urlaub genommen, ist nach Neapel gefahren, kam nach drei Tagen wieder. Er hat es nicht ausgehalten.« Und dann, wieder in die Sprechanlage.
»So, mein Lieber.«
Igor, im Saal. »Also, Seite 50 oben, ja?«
»Genau.«
»Gut.«

Eineinhalb Stunden Musik sind schon im Kasten, jetzt folgt: der letzte Takt. Neubronner schaltet das Rotlicht ein, es ist das Zeichen für: Aufnahme läuft.

Igor beginnt. Grollen im Bass, Triller im Diskant, fünfzehn Sekunden Musik, genug Vorlauf für eine kleine, maßgefertigte Detonation.

»Okay, dann fange ich jetzt vier Takte vorher an.«

Ein gewaltiges Crescendo füllt den Saal, sieben Sekunden, dann bricht Igor ab. Neubronner, durch die Sprechanlage: »Der war gut!«

Igor, von unten: »Jetzt pass auf. Ich treffe in einer Stunde meine Mutter zum Essen. Ich kann dir nicht sagen, dass ich es mental gerade hinkriege, das gesamte Ding einmal durchzuspielen.«

»Du musst nicht, Igor.«

Igor sagt etwas, Neubronner dreht ihm den Ton ab, redet selbst. »Wenn du sagst, du willst nicht mehr: Es ist genug, wir haben alles. Meinetwegen musst du nicht.«

Igor sagt nichts, Neubronner redet weiter. »Wenn du sagst, für dich selbst ist es ein Bedürfnis, das nochmal zu spielen, dann mach's.«

Igor, leise, von unten: »Naja, du hast gesagt, du hättest gern noch eine Version.«

Neubronner, von oben: »Wenn du es schaffst, einmal durchzugehen, ohne Rücksicht auf Verluste, wenn du's willst, wenn du's kannst.«
»Okay, ich spiele das ganze Stück. Ich spiele, so weit ich komme.«
»Wann musst du los?«
»In einer Stunde.«
»Gut, wir fangen vorne an.«
Rotlicht, bitte Ruhe, Aufnahme läuft.
Igor spielt, Neubronner lehnt sich zurück.
Nach zweieinhalb Minuten bricht er ab.

Neubronner, durch die Sprechanlage: »Gut, bis dahin, toll!« Igor, von unten, leise. »Andreas? Ich kann nicht mehr.«

»Hör auf«, sagt Neubronner. »Das war's.« Und dann, leise zu sich: »Ich wusste es. Er hat jetzt alles gesagt.«

Neubronner schaltet das Mikrofon aus. »Hätte ich sowieso nicht verwenden können. Das hatte von Anfang an ein ganz anderes Tempo.«

Eine Frage noch an Igor: Wie wäre die Aufnahme verlaufen ohne die Nachrichten im Hintergrund? – »Anders.« – Hat dich die Tagesaktualität eher befeuert oder belastet? – »Belastet. Wie soll das denn nicht belasten?« – Oder hat die Lage auch Energien freigesetzt? – »Ja, aber darauf könnte ich echt auch verzichten.« – Wärest du besser, wenn diese Themen nicht da wären? – »Nein. Ich wäre ein anderes Ich. Aber sie sind halt da, und sie verändern meine Energie.« – Wie lange habt ihr gemacht gestern? – »Sieben Stunden. Dann waren wir fertig, und ich habe mich einfach auf den Boden gelegt und geweint.«

Später sagt er dann noch, er werde keinem verzeihen, der mit Menschen paktiert, die jemanden wie ihn umbringen würden, wenn sie's könnten.

#

DER ABGEBROCHENE DURCHLAUF fühlt sich an, als hätte Igor beim Besteigen des Achttausenders nach dem ersten Kilometer kehrt gemacht.

Igor ist erledigt, aber nicht zufrieden.

Daran ändert nichts, dass er gestern auf dem Gipfel war, auch vorgestern, dass das Stück in verschiedenen Versionen auf Band ist, auch die problematischen Stellen. Jeder Abbruch ist ein Abbruch.

Igor, den Rollkoffer hinter sich herziehend, läuft voraus und telefoniert mit seiner Managerin. Er ist viel früher fertig als geplant, verschenkt gerade einen halben Tag Studiozeit, es hätte aber auch keinen Zweck gehabt, noch weiter zu spielen, nur um die Zeit zu nutzen. Die Aufnahme erscheint in mehr als einem Jahr. Was, wenn der Tonmeister beim Schneiden und Abmischen feststellt, dass doch noch etwas fehlt? Dann muss eigens nochmal ein teurer Studiotag angesetzt werden. Das schlechte Gewissen plagt ihn.

Dann dreht er sich um.
»Da vorne ist meine alte Schule.«

Das Kaiser-Wilhelm- und Rats-Gymnasium ist, anders als der Name vermuten lässt, kein Protzbau.

Igor war lange nicht da.

»Irgendwann bin ich einfach nicht mehr hingegangen. Latein fünf, Naturwissenschaften fünf, alles andere auch.«

Er schafft die zehnte Klasse nicht, wenige Monate, nachdem er beim Maria-Callas-Wettbewerb antrat, blieb er sitzen. In der neuen Klasse fühlte er sich wohler als in der alten, fand Freunde,

mit denen er noch heute Kontakt hat. Ein Jahr später, zwei Jahre vor dem Abitur, brach er dennoch ab. »Damals«, sagt er, »war das die richtige Entscheidung, ich würde sie aber nicht noch einmal so treffen.«
Einige Monate lang haderte er mit dem Abbruch, »ich bin ständig von der Musikhochschule wieder in mein altes Gymnasium gelaufen, bin wieder in den Unterricht gegangen, saß einfach dabei. Und habe eine Zeitlang auch gedacht, ich gehe wieder zurück und versuche es nochmal. Aber das klappte nicht.«

Stattdessen stürzte er sich mit voller Kraft aufs Klavier.

Träumte er damals davon, eines Tages da zu stehen, wo er heute steht?

»Ja.«

Der Rollkoffer rattert so laut über den gepflasterten Bürgersteig, Igor ist kaum zu verstehen.

»Das heißt, nein. Ich habe nie in Zielen gedacht, so denke ich auch heute nicht.«

Sondern?

»Ich wollte meine Beethoven-Sonaten üben, ich wollte über die neueste Eminem-Platte diskutieren, ich wollte meine Bruckner-Sinfonien hören. Für andere Dinge blieb da nicht viel Spielraum. Ich habe den Prozess, den die anderen gemeinsam gehen konnten, vom Jung-Teen zum jungen Erwachsenen, mit mir allein ausgemacht. Auf der Klavierbank.«

Er spielte eine Reihe an Wettbewerben, belegte überall den zweiten Preis: 1998 Klavierwettbewerb Ettlingen, 2004 Internationaler Maria-Callas-Wettbewerb in Athen, Kissinger Klavierolymp, ein Jahr später: Rubinstein-Wettbewerb in Tel Aviv. Nur bei Jugend Musiziert machte er den ersten Preis. Aber niemand interessiert sich für ihn, nach jedem Wettbewerb kehrt er nach Hannover zurück und studiert weiter.

Karriereplanung in der klassischen Form gab es nicht. Es gab nie einen großen Dirigenten, der Igor gefördert und mit auf Tour genommen hätte. Es gab auch lange keine Agentur, die sich für Igor zuständig fühlte.

»Die Leute dort haben alle nur mit den Schultern gezuckt. Niemand hat sich für mich interessiert. Also habe ich einen gewissen Trotz entwickelt und gesagt: Gut, dann mache ich erst recht, was ich will. Plattenfirmen wollten mich nicht. Ich sei schwer vermittelbar, nicht verkäuflich, komisch, ein Nerd.«

Der erste Versuch mit einer Agentur ging sofort schief, der zweite scheiterte im Lauf von vier Jahren. Erst als er seiner späteren Managerin Kristin Schuster begegnete, im Jahr seines Debüts mit den letzten fünf Beethoven-Sonaten, begann der Teil seines Lebens, der die Bezeichnung Karriere verdient.

»Ich wollte Musik in ihrer ganzen Breite erfassen, habe immer zu viele Stücke auf einmal gelernt, bin in Gegenden des Repertoires vorgedrungen, die für mein Alter unüblich waren: Reger, Hindemith, das kam früh. Die Megalomanie kam später.«

#

AM NACHMITTAG NACH der Stevenson-Aufnahme, 6. Februar 2020, im Zug von Hannover nach Berlin. Wir sitzen im Speisewagen, eigentlich wollten wir jetzt über das Buch sprechen. Anfangen, am Anfang. In Hannover, noch besser: in Gorki. Aber der Satz, den Igor dann sagt, macht gleich klar, dass daraus nichts wird. Jetzt nicht, und auch später nicht.

Es ist ein Satz, der imstande ist, jedes Buchprojekt sofort zu beenden.

»Ich erinnere mich nicht an mich.«

Wie bitte?

»Ja. Das ist ein Punkt, der mir wirklich zu denken gibt. Ich habe das Gefühl, ich habe allein in den letzten fünf Jahren 33 Metamorphosen hingelegt. Wie ich vorher war, kann ich dir nicht sagen – wahrscheinlich habe ich es nicht einmal vergessen, wahrscheinlich wusste ich es nie. Ich glaube, von diesem Menschen ist nicht viel übrig.«

Draußen rast die Landschaft vorbei.

»Ich erinnere mich an keine Geschichten von früher, an keine Details oder Emotionen. Auch nicht an meine Stimme. Ich weiß nicht einmal, wo die Zäsur verläuft. Vor drei Jahren, vor vier? Da ist sehr vieles tatsächlich einfach weg.«

Draußen immer noch Landschaft.

»Ich habe einfach immerzu Klavier gespielt. Das fiel mir immer leicht, nicht alles daran, aber vieles, und dadurch brauchte ich mich mit sehr vielen anderen Dingen nicht auseinanderzusetzen.«

Landschaft, Landschaft, Landschaft.

»Ich erinnere mich nicht an Gorki. Das ist alles weg. Die Geschichten von damals sind die Geschichten meiner Eltern, wenn du die hören willst, musst du sie fragen. Ich habe überhaupt keine Erinnerung an Russland, wirklich gar keine. Null. Leider.«

Oh je.

»Ich weiß auch nicht mehr, wie ich als Schüler war. Ich war richtig schlecht, das ist mir klar, und ich bin sicher, ich war ein echt merkwürdiger Typ. Aber das habe ich gar nicht bemerkt. Wer ich eigentlich bin, das ist für mich eine ziemlich neue Frage.«

Katastrophe.

»Ich habe einfach immer meinen Kram gemacht, mit totalem Fokus. Ich bin sehr im Hier und Heute und Jetzt. Und manche Erinnerungen lasse ich auch ganz bewusst los. Ich denke dann: Ich brauche Platz fürs Jetzt. Wenn du wissen willst, wie ich früher war, dann musst du mit meiner Mutter reden.«

Dann schweigen wir eine Weile.

#

AUF DIE FRAGE, warum Igor am Klavier so klingt, wie er klingt, sagt seine Mutter: »Sie hoffen, dass ich diese Frage beantworten kann? Kann ich nicht. Ich gehöre auch zu den Menschen, die sich das fragen.«

Es ist das erste Mal, dass Elena Levit öffentlich über ihren Sohn spricht.

»Es gab schon Anfragen. Was soll das, dass ich süße Sachen über Igorchen erzähle? Er war nie ein süßes Kind. Und ich war nie eine süße Mama. Und Fehler habe ich auch gemacht. Die letzten 33 Jahre in meinem Leben sind für mich eigentlich ein Rätsel.«

Elena Levit studierte Klavier bei Berta Marantz in Gorki, eine Kapazität, die die Klavierklasse zu einer der führenden in Russland macht. Ihrerseits ehemalige Schülerin von Genrich Gustawowitsch Nejgauz, der eingedeutschte Name: Heinrich Neuhaus.

Elena Levit leitete erst die Klavierabteilung an der Musikschule für Kinder und Jugendliche in Gorki und arbeitete als Korrepetitorin und Dozentin in der Dirigierklasse an der Musikhochschule. Heute unterrichtet sie in Hannover.

Sie fragt: »Erinnert er sich an seine Kindheit?«
Nein.
»Dann geht es ihm wie mir«, sagt sie. »Ich erinnere mich – vielleicht ist das auch unbewusst – nur an die Sachen, die ich emotional sehr, sehr, sehr schön erlebt habe. Vieles, was mich unglücklich gemacht hat, ist verschwunden. Wir haben einen schwierigen Weg hinter uns. Aber Sie wissen, wie man sagt:

Jeder Moment, den man als Unglück empfindet, kann sich im Rückblick als Glück erweisen. Ich bin für alles dankbar, was wir erlebt haben. Auch wenn es oft nicht leicht war.«

In Gorki leben Igors Eltern in einer winzigen Wohnung in einem Plattenbau am Stadtrand. Hochhäuser, schnell gebaut, damit die Leute Wohnungen haben.

Ihr Vater schenkt ihr zur Hochzeit ein Klavier. Das Wohnzimmer, 13 Quadratmeter, ist zu klein für einen Flügel, ohnehin wäre dafür nicht genug Geld da. Das Paar bekommt eine Tochter, sechs Jahre später einen Sohn.

Noch während der Schwangerschaft fährt Elena als Korrepetitorin zu Dirigierwettbewerben, niemand darf erfahren, dass sie schwanger ist, sie hätte sonst nicht mitfahren dürfen. Lange gelingt es ihr, Igor zu verheimlichen. Später nimmt sie ihn mit, er schläft im Dirigentenzimmer unter dem Flügel.

#

MIT ZWEI JAHREN läuft Igor zum Klavier, singt die Melodie eines russischen Zeichentrickfilms und versucht sich selbst zu begleiten. Stunde um Stunde, Tag für Tag. Er spielt alles nach, was er hört, mühelos. »Er hat uns wahnsinnig gemacht«, sagt seine Mutter.

Es gab zu Hause nie das Ziel, aus diesem Kind ein Musikgenie zu machen. »Er hat eigentlich uns gezwungen.« Mit dreieinhalb beginnen Mutter und Sohn mit dem Klavierunterricht.

Elena Levit bringt Igor ins Konservatorium zur musikalischen Früherziehung. Eltern anderer Kinder beschweren sich, Igor ist zu ungeduldig, er ruft die Antworten laut in die Klasse, Igors Eltern bekommen einen Brief, Igor fliegt raus.

Elena hört von einer Klasse in der Musikhochschule, in die die Kinder ihrer Kollegen gehen. Die Leiterin ruft Elena Levit ein paar Wochen später zu sich und sagt: »Nimm ihn wieder. Mach das privat, es hat keinen Sinn hier.«

Elena stellt Igor ihrer Freundin Irina Sarafians vor, kaum älter als sie selbst, die an der Musikschule unterrichtet.

»Wir hatten immer Angst, dass man ihn kaputt unterrichtet. Er war so ein eigenwilliges Kind. Ich hatte meine Erfahrungen.«

Irina Sarafians beginnt ihn in der Musikschule zu unterrichten. Elena Levit zu Hause, längst spielt er Stücke, die er in seinem Alter nicht hätte spielen dürfen. Seine Mutter sagt heute: »Eine total lustige Zeit.«

Der Klavierunterricht für Kinder ist damals reglementiert: Welche Stücke sind in der ersten Klasse dran, welche in der zweiten, dazwischen immer wieder Prüfungen, um zu schauen, wie sich die Schüler entwickeln. Wenn ein Kind besonders begabt ist, darf man vom starren Lehrplan abweichen. Aber es gibt einen Rahmen, und man muss in diesem Rahmen bleiben. »Und davor hatte ich Angst – vor diesen strengen Rahmen und Regeln. Ich kann mich anpassen, das weiß ich, ich bin aber älter. Er hätte rebelliert, er hätte nicht mitgemacht.«

In der Musikhochschule darf er sich frei bewegen, seine Mutter steckt ihm ein paar Münzen in die Tasche, er geht in die Mensa und lässt sich bedienen. Er hat die ganze Musikhochschule als Jagdrevier, alle kennen ihn, der Pförtner weiß, Igor darf überall hin, aber nicht raus.

Mit drei Jahren stellt ihn seine Mutter ihrer Professorin vor, Berta Marantz. Igor spielt eine Bach-Invention, seine Mutter bekommt Ärger, weil er einen falschen Fingersatz benutzt. Sie sagt nur: »Frau Marantz, er ist drei! Ich kann nichts tun! Er spielt, solange er Finger hat, und dann dreht er die Hand einfach um.«

Er spielt, wie es ihm passt. Und wenn seine Mutter ihm sagt, halte dich bitte an den Fingersatz, sagt er: Guck nicht!

Ihre Kollegen glaubten viel mehr an ihn als sie selbst. »Ich hatte meine Zweifel, und zwar sehr, sehr lange, ob das Musikerdasein wirklich das Richtige ist.«

Mit sechs Jahren spielt er zum ersten Mal ein Konzert mit Orchester: das Konzert für Orgel und Orchester in F-Dur von Georg Friedrich Händel, Beiname: Der Kuckuck und die Nachtigall. Es ist Winter, seine Mutter hat Angst, dass er sich erkältet. Er trägt unter seinem weißen Hemd einen dicken Pullover, für sein Alter ist er sehr klein und dünn.

Nervös ist nur seine Mutter. Es ist ein wichtiges Konzert, du musst dich konzentrieren, sagt sie. Er sagt: Aber du bist doch da, mach du das doch.

Mit sieben Jahren spielt Igor die Abschlussprüfung an seiner Musikschule. Seine Mutter schickt ihn zu einer alten Dame, die ihm Harmonielehre beibringen soll, damit er nicht nur Noten vom Blatt spielt, sondern versteht, wie Harmonien zusammenhängen. Und sie schickt ihn zur Gehörbildung. »Die brauchte er nicht, er brauchte nur die Begriffe. Er musste wissen, wie das heißt, was er hört.«

Dann wandert, fast von heute auf morgen, Irina Sarafians aus. Ihr Mann ist Pianist, er bekommt eine Stelle in Kroatien. »Das war ein Drama für mich«, sagt Igors Mutter. »Jetzt musste ich auch einmal stark sein. Das war der Punkt, an dem ich aufgehört habe, Mama zu sein im Unterricht.«

#

UND DANN FIEL die Entscheidung, Russland zu verlassen. »Ich wusste, wir müssen für Igor etwas machen.« Die Frage war: nach Moskau? Oder noch weiter?

»Moskau hätten wir nicht geschafft, auch wegen der Mentalität. Dieses sportliche Leistungsdenken – ich hatte immer Angst davor, dass Igor unter diesem Druck steht.«

Was das bedeutet hätte? »Keine Ahnung, ich kann das immer noch nicht definieren. Ich hatte einfach Angst. Vielleicht wäre dieser Weg für uns auch sehr viel einfacher gewesen.«

Die Lage in Russland ist instabil, politisch und wirtschaftlich. An der Musikhochschule wird monatelang kein Gehalt ausgezahlt, niemand kommt auf die Idee, nicht mehr zu unterrichten. Die Kolleginnen arbeiten vier Stunden in der Woche und werden nicht bezahlt, Elena Levit doppelt und dreifach so viel. Igors Vater Simon ist Bauingenieur, arbeitet als Oberbauleiter. Aber es wird wenig gebaut.

»Ohne die Kinder wären wir nicht aufgebrochen. Wir hatten sichere Jobs, wäre es nur um uns gegangen, wären wir geblieben. Aber wir wussten, wir sind jung und kräftig, wir werden es schaffen.«

Igors Mutter schickt eine Aufnahme mit Igors Klavierspiel an Professor Vladimir Krainev, der in Hannover lehrt. Krainev hört sich das Band an und lädt die Familie nach Hannover ein.

Das ist das erhoffte Signal.
Jetzt gibt es kein Zurück mehr.

Elena versucht, einen klaren Kopf zu bewahren, zu sortieren, was wichtig ist und was unwichtig.

Als sie am Abend aus dem Konservatorium nach Hause kommt, ist alles weg.

»Da bin ich meinem Mann dankbar. Er hat einfach alles entsorgt. Damit ich weniger leiden muss. Die Bücher sind geblieben, die Noten auch, die russische Klassik, das, was mir sehr wichtig war. Das haben wir nach und nach auch nach Deutschland gebracht.«

AM 4. DEZEMBER 1995 landen Elena, Simon, Alla und Igor Levit am Flughafen Düsseldorf. Im Landeanflug sieht Igor den Tower, auf dem sich das Radar dreht, und sagt zu seiner Schwester: »Schau mal, hier leben wir jetzt.«

So also beginnt das neue Leben, und es beginnt mit einem Fünf-Mark-Schein. Die Familie steht am Flughafen Düsseldorf und braucht einen Gepäckwagen. Für den Gepäckwagen braucht es ein 1-Mark-Stück.

Aber die Wörter, die nötig sind, um den Schein in Münzen zu wechseln, sind verschwunden. Simon Levit versucht, einer Frau den Schein zu schenken, damit sie ihm ihren Wagen gibt. Sie versteht nicht, was er will, er redet auf sie ein, sie gibt ihm eine Münze, er greift nach dem Wagen, sie fängt an zu schreien. »Bis ich wieder zu mir kam und das Wort ›Change‹ in meinem Kopf gefunden habe, hat es gedauert«, sagt Elena Levit. »Ein sehr lustiger Anfang, sehr schwierig.«

Die Familie reist als jüdische Kontingentflüchtlinge ein.

Sie zieht zu Simons Mutter, die Russland ein Jahr früher verlassen hat und in Dortmund lebt.

»Ich habe ein paar Jahre gebraucht, nicht mehr zurückzuschauen. Wir sind ziemlich schnell angekommen, ich habe es geschafft, nicht nostalgisch zu werden, die Kinder haben uns geholfen, den Blick nach vorn zu richten, dafür bin ich ihnen sehr dankbar. – Aber trotzdem, der Weg ist lang.« Igor besucht die Grundschule, die Lehrerin unterstützt und fördert ihn sehr.
Eine Klassenkameradin, russischsprachig, hilft in den ersten

Wochen beim Übersetzen. »Wir haben unser Leben auf Reset gedrückt.«

Niemand von ihnen kann deutsch, Elena hat sich gründlich vorbereitet und Grammatik gelernt – »aber die praktische Seite, wenn man die Sprache ständig um sich hat: Die ist nicht einfach.«

Im Frühling 1996 geht die Familie nach Hannover. Elena Levit jobbt als Babysitterin, unterrichtet musikalische Früherziehung im Kindergarten, lernt die Sprache von den Kindern. »Bei ihnen hatte ich keine Angst, Fehler zu machen. Mit Erwachsenen schien es mir schwieriger – ich wollte korrekt sein, also habe ich geschwiegen. Mit den Kleinen: kein Problem. Die Kinder sind viel großzügiger.«

Für Igors Vater dauert es lange, bis er beruflich Fuß fassen kann. »Arbeit hatte ich schnell, aber es dauerte lange, bis ich da war, wo ich zufrieden war. Ich habe in der Baubranche bei Null angefangen. In meinem ersten Arbeitsvertrag stand: Arbeitshelfer.«

Igors Schwester Alla ist 13, sie geht sofort aufs Gymnasium.

Nachmittage lang sitzen Mutter und Tochter im Wohnzimmer auf dem Boden, mit dem Wörterbuch und dem Geschichtsbuch, und weinen. Es geht um die napoleonischen Kriege, auf Russisch kennen beide jedes Detail, auf Deutsch verstehen sie kein Wort. Aber die Schule hat einen Musikzweig, außerdem gibt es eine Russisch-Klasse, das hilft. »Man springt ins kalte Wasser, weint ein paar Monate, dann wird es besser.« Nach fünf Jahren macht sie ihr Abitur, Note: 2,0.

Das Klavierspiel gibt sie auf.

»Sie hat sehr gut gespielt. Sie hätte studieren können.«

Aber eines Tages sagt sie ihrer Mutter, sie wolle keine durchschnittliche Pianistin werden.

#

EINES TAGES KOMMT Igor aus der Schule und verkündet, er werde bald besser Deutsch sprechen als alle Klassenkameraden. Der Grund ist Ehrgeiz, aber nicht nur. Er besucht eine gute Schule, trägt aber keine Markenkleidung, seine Klassenkameraden nennen ihn »Pennerkind«.

»Kinder sind manchmal brutal. Bewusst, unbewusst. Das ist normal, heute weiß ich das, damals aber nicht. Ich glaube, Igor war ziemlich oft verletzt.«

Schon im Frühjahr nach ihrem Umzug kann Igor beinahe fehlerfrei Deutsch. Er ist der einzige, der zu Hause ans Telefon geht, mit acht, neun Jahren regelt er alle Angelegenheiten der Familie. »Ich weiß nicht, was er denen gesagt hat«, sagt seine Mutter und lacht, »aber wir leben noch.«

Er begleitet seinen Vater als Dolmetscher in die Schule zum Elternabend. »Herr Levit, wir haben mit Ihrem Sohn alles besprochen, schön, dass Sie einverstanden sind«, sagt die Lehrerin, »hier müssen Sie unterschreiben.« Sie schiebt ihm ein Stück Papier hin. Sein Vater fragt: »Was ist das?« Igor sagt: »Ach, das kannst du unterschreiben, alles gut.« Es ist die Einwilligung, die Meerschweinchen der Klasse über die Sommerferien zu pflegen, in den nächsten Wochen steht in der Küche der Familie ein riesiger Käfig.

Die Zeit in der 5. und 6. Klasse ist unglücklich für Igor. Die Lehrer erkennen nicht, was für ein schneller Kopf er ist, er fühlt sich nicht gesehen – und täuscht sich darin nicht.

»Wir waren noch nicht so weit«, sagt seine Mutter, »nicht mit der Sprache, und auch nicht mit dem Verständnis der Mentalität.«

Man hat ihn abgestempelt. Er hatte schlechte Noten, er hat blockiert, hat einfach nicht mitgemacht. Aber statt zu hinterfragen, warum er blockiert, bekommt er eine Fünf nach der anderen. Schafft es trotzdem aufs Gymnasium. Ist kein erfolgreicher Schüler, sondern der Clown, der schlechte Noten schreibt.

Er hat sich mit der Schule nur wenig beschäftigt. In einigen Fächern hat er jahrelang nur ein einziges Heft. Auf der Vorderseite steht: Igor Levit, sechste Klasse. Dann durchgestrichen, darüber: siebte Klasse. Durchgestrichen: achte Klasse. Seine Mutter findet das Heft später auf dem Dachboden, er sagt: Schau doch, wie sparsam ich bin.

Wenn er einen Aufsatz schreiben soll, hört er nach einem Absatz auf. Er findet, damit sei alles gesagt. Seine Mutter sagt: Du hättest doch einfach noch ein paar Sätze dazu schreiben können, meinetwegen über den blauen Himmel. Er entgegnet: Ich verstehe nicht, was hier noch fehlen soll. Note Fünf.

»Ich habe dank der ganzen Geschichte auch sehr viel gelernt«, sagt seine Mutter. »Ich würde mir nie im Leben erlauben, über einen Schüler zu sagen: Unbegabt, das wird nichts. Nie im Leben. Man musste einfach vertrauen darauf, dass sich die Energie irgendwie materialisiert. Man musste ihn einfach entwickeln lassen. Rückblickend ist das klar, aber währenddessen?«

#

IM FRÜHJAHR 2004 tritt Igor 17-jährig beim Maria Callas Wettbewerb in Athen an, spielt ein gewaltiges Programm aus sieben Klavierkonzerten. Er macht den zweiten Preis. Daheim erfährt er, dass er das Schuljahr nicht schafft.

»Ich weiß nicht, was los war, und ich hatte Angst, hinzugehen: Ich fürchtete, dass man mir Sachen sagt, mit denen ich nichts anfangen konnte. Das war schwierig. Weil ich wusste, dass ich zu Hause nichts ändern konnte.«

Igor hatte seiner Mutter eigentlich versprochen, sich anzustrengen und eine Klasse zu überspringen. Jetzt sagt er: Ich bin doch gesprungen. Nur eben in die falsche Richtung.

»Was hätte ich machen sollen«, sagt Elena Levit. »Schreien? Stress machen? Verbote aussprechen? Wir mussten da einfach durch. Das hat natürlich sehr viel Kraft gekostet. Aber er wusste auch, dass er uns auf seiner Seite hat.«

Er wiederholt die Klasse, nun beginnt eine glückliche Zeit, er lernt neue Leute kennen, einige Freundschaften bestehen bis heute.

Die Entscheidung, die Schule abzubrechen, fällt nicht von einem Tag auf den anderen, eigentlich fällt sie gar nicht. Er geht einfach nicht mehr hin.

#

»ICH HABE DAS Gefühl, dass er nie zufrieden wird, und das ist sein Glück«, sagt seine Mutter. »Er ist immer hungrig, und das ist gut so, auch wenn er sich deshalb eine Weile unruhig und unglücklich fühlt.«

Manchmal sagt Igor seiner Mutter vor einem Konzert: Bitte komm nicht.

»Wir sind nicht verletzt, wenn er das sagt. Es gibt Tage, an denen ich selbst weiß: Wir fahren lieber nicht. Ich bin angespannt, es geht nicht um Igors Spiel, sondern darum, dass wir davor und danach Stress haben werden. Ich werde Stress machen. Also bleiben wir zu Hause.«

Er hat große Selbstzweifel, sagt seine Mutter. »Was für ein Glück. Ich sage ihm, Igor, wie gut, dass du die hast. Von den Leuten, die immer alles schon ganz genau wissen, gibt es genug.«

#

IGORS KARRIERE BRAUCHT auch Selbstüberschätzung. Die Idee, alle Beethoven-Sonaten aufzunehmen, ist dafür ein gutes Beispiel, die Idee ist schon älter als Igors Plattenvertrag. Michael Becker, der Intendant der Tonhalle Düsseldorf, fragte ihn nach einem Konzert im Jahr 2010, ob er das nicht machen wolle. Von den 32 Sonaten konnte Igor da gerade erst fünf.

»Ich habe nur gesagt: Ja klar, ist ja nicht so viel Arbeit.« Er brauche ein Jahr, dann könne er auch die Übrigen.

Er geht zu seinem Lehrer Matti Raekallio, erzählt ihm, er habe gerade sein erstes Angebot bekommen: eine Einspielung aller Beethoven-Sonaten. Raekallio, der den Sonatenzyklus vor Jahrzehnten gleichfalls gespielt hat, springt auf und ruft: »This is amazing!« Igor sagt: »Komm, wie lange kann das schon dauern.«

Es dauert fast fünf Jahre.

Viermal verschiebt Igor den Beginn der Aufnahmen – geplant war ein Termin in der Saison 2011/12, der tatsächliche Beginn liegt in der Saison 2015/16.

Als er 2013 den Platten-Deal mit Sony abschließt, steht das Programm, das er einspielen will, seit Jahren fest.

Igor Levit hat ein Gefühl für gute Gelegenheiten. Und wenn er eine Chance sieht, ist sie wichtiger als alles andere.

Etwa im Spätsommer 2010, als ein Anruf aus Weimar kommt: Der Pianist Boris Beresowski, der beim Kunstfest im Belvedere die »Études d'exécution transcendante« von Franz Liszt spielen soll, falle aus. Ob Igor einspringen könne?
Ja, sagt Igor. Ob er die Etüden könne? Ja.

Er erzählt seiner Mutter davon, dass er als Einspringer angefragt wurde, für Beresowski.
»Aber wenn du einspringst, musst du ein Programm vorschlagen.«
»Ich spiele die Liszt-Etüden.«
»Die kannst du nicht.«
»Ich habe schon zugesagt.«

Etüde Nr. 9 konnte Igor etwa zur Hälfte, Nummer 10 ein bisschen, Nummer 11 und 12 gar nicht.

»Bei mir ist es so: Je verrückter eine Situation wird, desto ruhiger werde ich. Ich meine – hätte ich absagen sollen?«

Der Anruf kam eineinhalb Tage vor dem Konzert, Igor hatte eine Nacht und einen Tag Zeit, die fehlenden vier Stücke zu lernen – es sind nicht die einfachsten in diesem Zyklus.

»Also habe ich mich hingesetzt und sie gelernt. Ich wusste, dass ich das schaffe, ich war mir zu hundert Prozent sicher.«

Und dann?

»Dann bin ich nach Weimar gefahren und habe sie gespielt. Ich erzähle nicht, wo, aber es gab ein paar solcher Konzerte in meinem Leben. Wenn ich das Gefühl habe, es lohnt sich, kann ich auch nicht garantieren, dass ich es nicht wieder tun würde. Der Aufwand ist mir dann egal, dann zählt nur der Moment, auf den ich hinarbeite.«

Igors Mutter, zu Hause in Hannover, ist nach dem Konzert kurz davor, die Polizei zu rufen – sie hat seit dem Tag vor dem Konzert nichts mehr von ihrem Sohn gehört. Sicher lief es nicht gut, sicher hat er sich verspekuliert und übernommen und traut sich jetzt nicht, sie anzurufen.

Am nächsten Tag ruft er an.
»Wie lief es?«
»Oh, brillant. Die Kritik ist auch ganz gut.«
»Aber du konntest die Hälfte der Stücke nicht.«
»Ich hatte ja vor dem Konzert noch ein paar Stunden.«

Auch Igors Debüt im Goldenen Saal des Wiener Musikvereins ist eine solche Geschichte. Montag, 16. Juni 2014, am Morgen des Tages weiß Igor selbst noch nicht, dass er am Abend in Wien auftreten wird. Mittags sitzt er im Café in Hannover, isst ein Stück Aprikosenkuchen, als sein Telefon klingelt: Maurizio Pollini habe soeben für den Abend abgesagt, ob er einspringen könne? Das Konzert beginne um 19.30 Uhr, es gebe einen Flug, er lande um 18.30 Uhr in Wien und werde direkt zum Konzertsaal gebracht. Igor sagt zu, unter zwei Bedingungen: Er brauche eine schwarze Fliege, seine sei verloren gegangen. Und er werde spielen, was er wolle. Dann bricht er auf zum Flughafen. Um 19.30 Uhr betritt er das Podium des Goldenen Saals, spielt die

Beethoven-Sonaten Opus 110 und 111, im zweiten Teil »The People United will never be defeated«, der Intendant bittet das Publikum in seiner Anmoderation, nach der Pause trotzdem da zu bleiben.

#

IGORS ANSPRÜCHE AUF Konzertreisen sind, verglichen mit denen vieler Kolleginnen und Kollegen, eher bescheiden.

»Ich bin total unkompliziert. Ich will keine Obstkörbe hinter der Bühne. Früher wollte ich zwei Bananen, jetzt will ich noch nicht mal die. Wenn ich einen Obstkorb vorfinde, dann muss ich ihn komplett aufessen, damit er weg ist, sonst nervt er mich. Stell mir ein paar Flaschen Wasser hin – und gut.

Nur eines: Ich hätte gerne rund um die Uhr Zugang zu einem Klavier – egal, was für eins, gerne ein Probenklavier hinter der Bühne. Ich will immer arbeiten können. Ich sitze unterwegs viel mehr am Klavier als zu Hause. Was soll ich sonst machen? Ich bin ja allein. Alleine ins Museum gehen finde ich traurig – mit wem soll ich über das reden, was ich da sehe?

Und ich hätte gern ein kleines Hotelzimmer. Bitte kein großes – große Zimmer machen mich nervös, weil ich dann das Gefühl habe, ich verliere ständig was. Auf keinen Fall zwei Zimmer – absoluter Super-Horror. Aber es gibt ja kleine Zimmer, die schönsten Hotels haben die schönsten kleinen Zimmer. Ein Tisch, ein Schrank, ein Bett, fertig. Bitte auch kein viel zu großes Bett, sonst fühle ich mich klein. Ich habe dann das Gefühl, das ist alles nicht für mich, ich habe das nicht verdient.

Wenn mir vor dem Konzert jemand sagt: Tut uns leid, wir haben kein Hotelzimmer für dich, bitte schlaf im Künstlerzimmer auf der Couch – kein Problem. Und wenn nichts zu essen da wäre außer einer Packung Studentenfutter: ist okay. Das einzige, was ich gerne hätte, ist ein guter Kaffee am Morgen.

Das ändert sich erst, wenn andere Menschen dazukommen. Es fällt mir leichter, zu anderen, die ich mag, großzügig zu sein, als zu mir selbst. Da habe ich auch keine Emotion zu Geld. Solange ich welches habe, gebe ich es – mit sehr wenigen Ausnahmen – für andere aus. Ich lade ein, mache, helfe, tue. Mit anderen will ich richtig geil essen und danach in eine super Bar gehen. Aber doch nicht allein. Wenn ich unterwegs bin oder in Hannover unterrichte, dann gehe ich zum Sushi-Mann am Bahnhof oder zum Koreaner daneben, hole mir eine Reispapier-Rolle, esse die schnell und gehe wieder. Ich unterscheide dann auch nicht zwischen Arbeit und Freizeit, es ist alles eins. Ich kann nicht so gut mit Freizeit umgehen, wenn ich alleine bin. Wenn ich mit jemandem bin, dann immer.

Wenn ich mich wirklich geborgen fühle, dann ist mir mein Handy egal. Die Konzerte egal. Die Karriere egal. Ich kann das alles einfach ausschalten wie mit dem Lichtschalter, dann kenne ich gar nichts mehr. Wenn ich alleine bin, schaffe ich das nicht.«

#

IM STUDIUM KONZENTRIERT sich Igor auf die Themen, die ihn interessieren. Er nimmt Klavierunterricht, zu Vorlesungen geht er nur selten. Dafür stürzt er sich auf die Prüfungen. Er versteht sie nicht als Leistungstest, sondern als Gelegenheit, seine Ideen zu präsentieren.

»Ich trete einfach gerne auf. Ich hatte Spaß daran, mir Konzepte auszudenken und zu zeigen, was gerade da ist. Und ich habe mir immer besonders ausgefeilte Sachen ausgedacht.«

Wenn andere Bach spielen, spielt er Frescobaldi, einfach nur, weil er es kann. Er nimmt sich vor, ein Stück von Max Reger zu lernen – »bei Reger halten sich viele Leute die Ohren zu« – und nutzt dann jede Gelegenheit, das Stück zu spielen.

Wenn seine Kommilitonen Klavierkonzerte vorspielen, übernimmt Igor an einem zweiten Flügel den Orchesterpart. Manchmal sechs, sieben Stunden am Stück. Auch in den Klassen anderer Professoren, mit denen er sich gut versteht.

Er will jede Gelegenheit nutzen, vor Publikum zu zeigen, was er kann. »Vor zwei Leuten, vor drei Leuten, das ist im Grunde bis heute genauso. Ich freue mich über eine tolle Akustik, aber am Ende ist sie mir egal. Ich freue mich auch über einen tollen Flügel, aber ich kann auf jeder Karotte spielen. Hauptsache, da sind Menschen im Saal, denen ich etwas zeigen kann.«

Andere Pianisten können stundenlang darüber sprechen, welcher Flügel in welchem Saal für die Stücke welches Komponisten gut klingt – Igor zuckt nur mit den Schultern. Aber nicht aus genereller Gleichgültigkeit. Sein Antrieb ist ein anderer. Es ist nicht der Wunsch, eine perfekte, vorab genau ausgelotete Interpretation des Stücks abzuliefern, das auf dem Programmzettel steht.

»Wenn ich ein Klavierkonzert spiele, interessiert es mich auch nicht, ob vielleicht das Orchester zu laut ist oder die Holzbläser zu leise spielen. Es ist vielleicht eine echt merkwürdige Einstellung, aber – ich gehe nicht meinetwegen auf die Bühne. Sondern wegen der Menschen im Saal. Weil ich Lust darauf habe, ihnen etwas zu zeigen – und etwas mitzugeben. Das alles ist mir zehntausendmal wichtiger als ein perfekter Flügel in einer perfekten Akustik.«

#

GIBT ES IM Leben eines Pianisten für jedes Werk einen idealen Moment? Einen Reifegrad? Und wenn ja, wem steht darüber das Urteil zu? Wäre es manchmal gut, wenn jemand sagte: Warte noch, dieses Stück ist jetzt noch zu früh?

»Was soll das? Für wen? Sag mir, für wen? Wer hat das Recht, einem freien Menschen zu sagen, was dieser freie Mensch darf oder nicht?«

Igor erzählt von seinem Studenten Dong Ping, einem 17-jährigen Chinesen, an der Hochschule in Hannover. »Wenn er Lust hat, jetzt die Hammerklaviersonate zu spielen oder die h-Moll-Sonate von Franz Liszt – bitte! Ich werde ihn nerven damit. Aber er wird daran nur wachsen. Wenn ich auf dem Weg das Gefühl kriege, er ist damit seelisch-mental überfordert, dann werde ich sofort sagen: Okay, Vollbremsung, es ist zu viel. Aber ich werde ihm doch nicht den Eingang verbieten.«

Es sei ihm oft passiert, sagt Igor, dass die Gedanken und vor allem die Gefühle die Hände überholt haben.

»Wenn du eigentlich alles spielen kannst, aber alles ein Kuddelmuddel wird und du in Schnappatmung verfällst, weil du vor Gefühlen überquillst und dich die Emotionen überrennen – das ist das Beste, was dir passieren kann.«

Wie kommt man dagegen an – gegen den Überschwall der Gefühle?

»Frag mich nicht. Ich war immer so. Ich habe keine Barrieren.

Nein, ich sage ihm: Du wirst das jetzt drei Monate lang ganz langsam üben. Ganz langsam. Er wird das natürlich nicht tun. Ich hab's auch nicht getan. Aber ich sag es ihm. Und dann fangen wir an zu arbeiten.

Ich muss ihm nicht Klavierspielen beibringen. Ich muss ihm nur bewusstes Entscheiden beibringen. Das habe ich mit 17 auch noch nicht gekonnt.

Ich gebe ihm Stücke zu hören – ich mache mit ihm im Grunde das, was ich von selbst gemacht habe. Ich sage ihm: In der h-Moll-Messe gibt es diese eine Arie, darin diese eine Phrase, darin dieses eine Wort – das ist genau wie dein Stück. Wie findest du das? Merkst du das? Okay, dann mach damit, was du willst, ich will dich nur darauf aufmerksam machen.«

Das Ziel ist keine originalgetreue Inszenierung des Werks.
Das Ziel ist, dass der Pianist sich das Stück zu eigen macht.
Seine eigene Geschichte erzählt.

Das ist im Klassikbetrieb, der komplett aus Regeln besteht, Konventionen und Traditionen, Richtig und Falsch, etwas völlig Neues.

»Rachmaninow hat so gelitten, als er dieses und jenes gemacht hat – ja, diese Geschichten kennen wir doch alle. Lass gut sein. Sicher, es wird Menschen im Publikum geben, die das nicht wissen. Dafür gibt es dann Wikipedia. Meine Rolle sehe ich als eine andere. Ich erzähle meine Geschichte, meine eigene, die, die mir gerade auf dem Herzen liegt. Die Information, was vor 100, 200 oder 300 Jahren mit diesem Stück war, ist gerade wirklich nicht meine Sache.«

#

FREITAG, 7. FEBRUAR 2020, am Tag nach der Stevenson-Aufnahme. Wir sind im Café Einstein Unter den Linden verabredet. Eine Stunde vor dem verabredeten Termin schreibt Igor: »Ich bin schon da.« Er konnte in der Nacht zuvor kaum schlafen, machte gegen 23 Uhr noch einen Spaziergang zur Buchhandlung Dussmann in der Friedrichstraße, lief mit einem Stapel Bücher zur Kasse, überlegte es sich dann anders und brachte alle Bücher wieder zurück.

Er sitzt unter einer Reihe von Politiker-Porträts:
Helmut Kohl vor dem Kapitol in Washington.
Johannes Rau, wie er Gerhard Schröder umarmt.
Ein nachdenklicher Willy Brandt im Close-up.
Helmut Schmidt beim Schachspielen.
Igor überlegt, ob er hier etwas zu essen bestellen soll oder lieber später anderswo.

Da wäre noch eine Frage.

– Nach allen Gesprächen der vergangenen Wochen, nach allem Zweifeln und Nicht-Weiter-Wissen: Kann es sein, dass du bald aufhörst mit der Solo-Pianisten-Karriere?

Igor lacht.

– Ich glaube nicht. Ich glaube aber, ich werde substanziell weniger spielen.

– Warum hörst du nicht auf?

– Es müsste schon wirklich viel passieren, damit ich aufhöre. Dass ich nicht mehr ruhig schlafen kann. Es müsste politisch etwas passieren, gesellschaftlich etwas passieren, dass ich das nicht mehr kann. Nein, ich werde nicht aufhören. Aber ich werde nicht weiterhin so einen Lebensrhythmus leben, wie ich ihn momentan lebe.

– Geht es dir im Karriere-Teil deines Lebens ein bisschen zu sehr um dich?

– Es geht ja auch um mich. Der Punkt ist ganz einfach: Es macht mich glücklich, nicht allein zu sein. Und ich bin als Pianist aber ständig allein.

– Also, wie geht es weiter?

– Keine Ahnung. Ich hätte mich vor einem Jahr nicht hier gesehen. Und vor einem halben Jahr auch nicht. Aber am liebsten hätte ich morgen alles anders. Ich bin im Kopf zehn Kilometer weiter als mein Konzertkalender es ist. Weil ich mich gerade anders fühle als vor drei Jahren, als wir den Kalender gefüllt haben. Mein Kopf und meine Entwicklung überholen gerade mit Vollgeschwindigkeit meine Lebensrealität. Das ist nicht einfach. Ich bin Profi und kein schlechter Mensch, deshalb werfe ich nicht alles über Bord. In meiner inneren Entwicklung drehe ich mich immer schneller und werde immer klarer, aber diese Realität bleibt als solche stehen, und ich hätte sie gerne jetzt schon anders. Ich wünsche mir etwas von meinem Leben, das mein Leben mir nicht geben kann.

Igor hat genug. Er will nach Hause. Nicht jetzt und hier, sondern generell. Er bemerkt den starken Drang, sich zurückzuziehen. Zeit zu haben, Freunde zu treffen, nicht immer nur zufällig und gehetzt, sondern einfach so. Und endlich, endlich nicht mehr erschöpft zu sein.

»Jetzt hab ich's, jetzt habe ich die Antwort: Ich wünsche mir, dass mein Alltag genauso wandelbar ist wie ich es bin. Dass er sich einfach von Tag zu Tag verändern lässt. Aber im Gegenteil, ich plane meine Konzerte auf drei Jahre im Voraus. Und ich spiele sie ja gerne. Mir machen die Konzerte keine schlechte

Laune, das ist eine andere Ebene. Aber ich verändere mich gerade so stark, schneller als mein Leben das zulässt – denn mein Leben verändert sich überhaupt nicht, und das geht mir total auf die Nerven.«

#

ELENA LEVIT IST umsichtig genug, ihren Sohn von Beginn an in die Hände einer zweiten Pädagogin zu geben. Es ist nie eine gute Idee, zugleich Mama und einzige Lehrerin zu sein.

»Wir haben uns gesagt, wir gehen diesen Weg«, sagt sie, »und wenn der liebe Gott diesen Weg für Igor bestimmt hat, dann wird das. Aber bitte nicht mit Gewalt. Mit Gewalt funktioniert es nicht.«

Aber sie ist immer dabei, bis heute. »Ich spiele ihr nicht mehr vor, aber natürlich tauschen wir uns aus, wir unterhalten uns ununterbrochen«, sagt Igor. »Ich habe mir beim Unterrichten sehr viel von ihr abgeschaut, wir sind ja jetzt Kollegen.«

Seine Mutter lässt ihn in Ruhe. Er darf machen, was er will, aber nicht, wie er es will.

Ihr Prinzip: Du kannst die beste Idee der Welt haben, wie das Stück, das du spielst, klingen soll – sie wird dir nichts helfen, wenn dir das Handwerk fehlt, um sie wahr werden zu lassen.

»Sie hat mich sehr, sehr hart kritisiert, immer wieder. Sie hat nie gesagt: Du darfst dieses Stück nicht spielen, du darfst diesen Weg nicht gehen. Es ging immer darum: Was willst du, und war das, was du da gemacht hast, der richtige Weg?«

Es geht nicht nur um den Unterschied zwischen richtigen und falschen Tönen, sondern um Klang, Technik, Balance. Wie schafft man es, einen Ton so klingen zu lassen, wie man ihn sich vorstellt? Jedes Tempo hat Auswirkungen auf die Balance des Stücks. Um Forte spielen zu können, muss klar sein, wie das Piano klingt.

Das bedeutet stundenlanges, wochenlanges Ausprobieren, Bauen, Testen, wieder Verwerfen.

Das Ziel: technische Überlegenheit, weniger über andere Pianisten, erst einmal über die Tücken der Stücke.

Halte das Handgelenk so, nicht so.
Die Finger mehr beugen.
Noch mehr!

#

VLADIMIR KRAINEV, AUF dessen Einladung Familie Levit 1995 nach Hannover kommt, unterrichtet Igor – mit Ausnahme dreier Privatstunden – nie selbst. Igor ist noch zu klein.

Er schickt ihn zu seiner Kollegin Julia Goldstein, die Kinder und Jugendliche unterrichtet. Ihr Vater war ein berühmter sowjetischer Geiger, ihr damaliger Mann, der Pianist Wolfgang Manz, hat bei Karl-Heinz Kämmerling studiert. Igor ist neun Jahre alt, als der Unterricht bei Julia Goldstein beginnt, drei Jahre lang bleibt er bei ihr.

»Ich weiß nicht mehr, woran wir gearbeitet haben. Aber es waren drei sehr wichtige Jahre. Ich halte sie in allen Ehren.«

1998 tritt Igor beim Internationalen Wettbewerb für junge Pianisten in Ettlingen an. In seinem Jahrgang ist auch seine Kollegin Yuja Wang. Igor bekommt den Zweiten Preis, Yuja Wang den Dritten, Sieger wird der drei Jahre ältere Kollege Boris Giltburg aus Israel.

In der Jury sitzt Hans Leygraf, ein beinahe 80-jähriger Mann mit Bart und freundlichen Augen. Nach seiner aktiven Konzertlaufbahn war er Klavierprofessor in Hannover und in Salzburg. Längst im Ruhestand, leitet er in Salzburg noch eine Klavierklasse für internationale Spitzenbegabungen.

Leygraf lädt Igor zu einem Kurs ein, den er bald in Darmstadt gibt, die Auszeichnung ist fast größer als der zweite Preis im Wettbewerb. Igor und seine Mutter fahren hin, Julia Goldstein, die davon erfährt, ist nicht frei von Eifersucht, eine Eigenschaft, von der die wenigsten Lehrer frei sind. In Darmstadt sagt Leygraf zu Igor, er solle sich doch am Mozarteum in Salzburg als Jungstudent bewerben, er wolle ihn gern in seine Begabtenklasse aufnehmen.

Den Konflikt mit Julia Goldstein trägt seine Mutter für ihn aus.

In Hannover fragt Karl-Heinz Kämmerling bei Elena Levit an, ob sie ihren Sohn nicht zu ihm in den Unterricht geben will. Sie sagt ab.

Dann fährt Igor mit seiner Mutter nach Salzburg, um die Aufnahmeprüfung abzulegen. Fünf Stunden mit dem Zug bis nach München, am nächsten Tag weiter nach Salzburg, in der Nacht schlafen sie bei Bekannten in Neuperlach-Süd auf dem Boden.

Im Wiener Saal des Mozarteums spielt Igor am nächsten Tag die Aufnahmeprüfung, er hat keine Ahnung mehr, welche Stücke.

Die Beratung der Kommission dauert Stunden, Igor und seine Mutter warten draußen vor dem Saal, irgendwann geht die Tür auf und Leygraf sagt nur: Hat geklappt.

Er gibt Igor sofort große Stücke. Das a-Moll-Konzert von Grieg, die Sonate Opus 26 von Ludwig van Beethoven, keine Bearbeitungen oder Transkriptionen – Kernrepertoire.

»Im Grunde war dieser Unterricht psychologisch wichtiger als pianistisch«, sagt Igor. »Leygraf war für mich eine prägende Persönlichkeit. Ein bedeutender, sehr bekannter Lehrer. Ich war zum ersten Mal an einer Universität, zum ersten Mal in Salzburg, am Mozarteum – allein das war sehr wichtig für mich.«

»Das war eine besondere Freundschaft: Igor, damals elf, und Leygraf, 80. Ich weiß nicht, wie Igor sich entwickelt hätte ohne die zwei Jahre mit Leygraf«, sagt Elena Levit. »Er ist einfach ein Künstler, auch ein Lehrer, ja, aber vor allem ein Künstler. Ein Mensch mit unglaublicher Intelligenz. Die haben Billard gespielt, Witze erzählt, Igor war auch alleine unterwegs mit Leygraf, er ist sehr viel selbstbewusster geworden, selbstständiger.«

Es geht wieder um Handwerk und Körperhaltung, aber der Körper verändert sich in den folgenden Jahren ohnehin noch zehnmal, schon mit 14 ist alles anders.

»Ich saß im Raum, im Unterricht, das waren noch Zeiten, in denen ich Klaviermutter gespielt habe. Da hat Leygraf Igor manchmal fünf, sechs Stunden unterrichtet. Und ich wusste, dass Igor nach zwei Stunden nicht mehr konnte. Er hat aus dem Fenster geschaut, er hat irgendwelche blöden Fragen gestellt, und ich dachte: Was machst du, ich bin durch das ganze Land gefahren, und jetzt erzählst du Quatsch. Aber das war genau das richtige in dem Moment. Das war genau das, was Igor damals gebraucht hat: die Freundschaft mit diesem Mann, der jung geblieben war, und der mit sehr viel Respekt mit Igor umgegangen ist. Diese Freundschaft war genau das, was Igor gebraucht hat.«

In den übrigen Wochen ist seine Mutter die Lehrerin. »Ich habe ihn nicht unterrichtet, ich habe ihn begleitet«, sagt sie. »Habe versucht ihm beizubringen, das, was er sieht, zu verstehen. Einfach die Türen zu öffnen zum Text, zu dem, was er da liest. Zu lesen, zu erkennen. Weil es sehr, sehr viele gibt, die wunderbar motorisch ausgebildet sind, aber keine Ahnung haben, was sie da spielen. Das erlebe ich jeden Tag.«

Der Unterricht findet zu Hause statt, mehr als einmal brennt das Mittagessen an, weil es am Klavier ein Problem zu lösen gibt. »Ich war die einzige Person, die ihn professionell begleitet hat, ich hatte aber nie sein Talent, nie. Ich bin den Weg mit Igor zusammen gegangen, ich habe das meiste mit ihm zusammen gelernt. Ich weiß nicht, ob Igor das bewusst ist. Ich bin zusammen mit Igor pianistisch gewachsen.«

Viele Menschen haben versucht, Igor reinzureden, in die Klaviatur zu quatschen. »Er konnte sortieren, er hat es geschafft, ich nicht«, sagt seine Mutter. »Da war er viel, viel stärker als ich.«

Dass er für ein paar Jahre nur fürs Üben lebt, dass er nur noch übt und in die Zukunft investiert und sonst kein Leben hat: Das gab es nicht. »Nein. Aber das sehen Sie, das hören Sie«, sagt Igors Mutter. »Und vielleicht ist das der Grund, warum er so klingt.«

»Er hat so viel geübt, wie er gebraucht hat. Und ich habe Zeit gebraucht, um das zu verstehen. Aber er hat allen Quatsch gemacht. Er hat sich ganz normal entwickelt: mit Computerspielen, mit schlechten Noten in der Schule, alles war da.«

Igor übt im Bett liegend, nur mit dem inneren Gehör. »Am Anfang habe ich mich sehr darüber aufgeregt«, sagt seine Mutter. »Aber das gehört einfach zu seiner Begabung, die ich nicht habe. Er liest die Noten, er arbeitet damit, ich hatte immer das Gefühl, wenn er zum Klavier kommt, kann er das auswendig.«

#

EIN JAHR LANG pendeln Igor und seine Mutter am Wochenende von Hannover nach Salzburg. Das Preisgeld aus Ettlingen ist bald aufgebraucht, die regelmäßigen Fahrten übersteigen die Möglichkeiten der Familie bei Weitem, und bald auch ihre Kräfte. Irgendwie geht es doch. »Das war eine schöne und wahnsinnig schwierige Zeit«, sagt Igor.

Und dann geht es doch nicht mehr.

»Wir brauchten Unterricht hier in Hannover, wir mussten langsam zur Normalität zurückkehren«, sagt seine Mutter. »Ich musste arbeiten, konnte Igor nicht mehr begleiten, und finanziell konnte ich das auch nicht mehr.«

In Hannover gründen Martin Brauß und Bernd Goetzke ein Institut zur Früh-Förderung musikalisch Hochbegabter, Igor tritt in den ersten Jahrgang ein und wird, mit 13 Jahren, doch noch Student von Karl-Heinz Kämmerling.

Kämmerling, nur zehn Jahre jünger als Leygraf, kein Bart, dafür eine weiße Künstlermähne, gehört zu den Koryphäen im Klavierfach, er ist ohne Übertreibung einer der erfolgreichsten Klavierpädagogen der Welt. Er hat über 50 Jahre lang unterrichtet. Und das war auch die Aura, die er um sich herum aufgebaut hat. »Er hat eine Marke aus sich gemacht«, sagt Igor. »Vollkommen zu Recht.«

Kämmerling selbst ist kein Pianist, unter seinen Schülern aber finden sich ein paar große Namen – Wolfgang Manz, Alice Sara Ott, Sophie Pacini, Herbert Schuch, Lars Vogt, auch von späteren Klavierprofessoren.

Und er weiß das auch.

Fünf Jahre lang studiert Igor bei Kämmerling, im Alter von 13 bis 18, es ist eine prägende Zeit, aber keine einfache. »Wir hatten«, sagt Igor, »auch unsere Brüche.«

Von Kämmerling lernt Igor Disziplin und Genauigkeit. »Ein genialer Mann, er hat einfach Ohren, Kopf und Gespür, Talente zu erkennen«, sagt Igors Mutter.

Kämmerling ist ein Pädagoge mit Aura und Machtinstinkt, ungeheuer fürsorglich, aber mit eiserner Hand, unter seinen Schülern gilt er als Diktator, über den es heißt: Manche Dinge lernst du nur bei ihm.

»Er war extrem regel- und prinzipientreu. Er hatte seine Schablonen, seine Grundübungen, seine Tempo-Vorstellungen, haargenaue Metronom-Angaben. Die hat er auf alle übertragen. Hattest du ein Problem mit dem Arpeggio in der linken Hand, gab es genau eine Art, das zu üben – weil man das halt so macht. Er hat sehr unterschiedliche Persönlichkeiten herausgebildet, aber seine Methoden waren immer gleich. Ist ja auch okay. Du bist in dem Alter, da musst du Vokabeln lernen. Und er hat dir Vokabeln beigebracht.«

Kämmerling selbst kann pianistisch mit seinen Schülern nicht mithalten, schafft es aber, dass sie besser spielen, einfach nur, indem er mit seinem Bürostuhl ans Klavier rollt und sich neben sie setzt.

»Er war ein psychologisches Genie. Er hat dich zum Pianisten ausgebildet, ohne wirklich Pianist zu sein. Er hat insistiert. Er hat mir das Arbeiten beigebracht. Und ich habe diese eine Beethoven-Sonate mit ihm gearbeitet, Opus 2 Nr. 2, siebentausendfünfhundertfünfundfünfzig Milliarden Mal die gleichen Stellen, immer und immer und immer und immer wieder. Er hat immer von einem Stempelabdruck im Hirn gesprochen, der wurde gesetzt, und der ist geblieben. Und diese Methode habe ich auf viele andere Stücke angewendet.«

Die Witterung zwischen den beiden ist wechselhaft, heitere Phasen und heftige Niederschläge wechseln sich ab, oft ohne Übergang.

»Er hatte auch seine finsteren Seiten. Er war ungeheuer eifersüchtig, man konnte andere Lehrer nicht mal mit einem halben Auge anschauen. Ich weiß noch, wie er mir mal den Satz gesagt hat: ›Diejenigen, die bei mir was wurden, waren diejenigen, die nur nach meiner Pfeife getanzt haben.‹ Und, sorry, das funktioniert halt nicht mit allen. Mit 16, 17, kamen bei uns die ersten Brüche. Ich kam mit meinen Bruckner-Sinfonien an, er sagte: Aus Ihnen wird ja doch nur ein Dirigent.

Dann kam ich mit irgendwas anderem an, er hat nur die Augen gerollt. Ich wollte die Corelli-Variationen von Rachmaninow spielen, er hat sie mir madig gemacht, es ist ein Stück, das ich nicht mehr anrühren werde. Er hat mich wüst ausgeschimpft, er hat mir vor anderen Leuten gesagt, ich hätte, Zitat, scheiße gespielt. Das macht ja was mit dir als 16-Jährigem. Es gab sehr, sehr harte Auseinandersetzungen, er hat mich immer geschätzt, ohne Frage. Aber er war unglaublich protektionistisch.«

Bei den wichtigsten Wettbewerben der Welt sitzt Kämmerling in der Jury, jeder Pianist weiß: Wer es sich mit ihm verscherzt, kann die Karriere im Prinzip vergessen.

Der Druck, den Kämmerling aufbaut, ist immens hoch, ihm zu entkommen ist schwer. Meisterkurse bei anderen Lehrern gelten als Vertrauensbruch, er profiliert sich über seine Schüler, fokussiert sich auf einzelne, weil er denkt, das wird jetzt der neue Pollini. Sagt anderen Studenten: Du bist sowieso nicht so gut wie die oder der.

»Er war ein Schachspieler, brillant, aber grausam«, sagt Igor. »Ein großer Pädagoge, ein großer Lehrer, jemand, der eine essenzielle Rolle in meinem Leben gespielt hat, aber der wie alle Menschen echt seine finsteren Seiten hatte und unter denen sehr, sehr viele gelitten haben.«

»Igor und Kämmerling passten nicht zusammen«, sagt Igors Mutter. »Und es war sehr wichtig für Igor, zu merken, dass das nicht funktioniert.«

#

IN DIESER ZEIT schleicht sich Frust in Igors Leben.

Das Klavier nervt ihn. Über lange Zeit fühlt er sich unverstanden, er kann nicht ausdrücken, was ihn stört.

Er will mehr als immer nur Klavier spielen. Und ist völlig verängstigt.

»Ich habe das nie gezeigt, aber ich war irre angespannt. Ich wollte etwas anderes und konnte es nicht haben, weil ich nicht wusste, was es ist.«

Er ist unzufrieden mit sich, mit seinem Körper, wiegt 108 Kilo, ist schlecht in der Schule, aber die Krise manifestiert sich am Klavier.

»Ich hatte keine Lust mehr – ich habe immer Klavier gespielt, ich wollte nicht mehr. Ich habe mich unverstanden und nicht gesehen gefühlt.«

Ich hatte das Gefühl, mein ganzes Studium basiert auf dem Wörtchen ›man‹ – und auf Regeln, was *man* alles tun sollte und was *man* nicht tut. Ich wollte wissen, was ich tun wollte. Ich wollte anders sprechen, andere Sachen lernen.

Ich habe das nie jemandem gezeigt, aber im Inneren war ich eigentlich auf dem Absprung.«

Dann beginnt eine Phase, in der Igor wahnsinnig viel Repertoire lernt, nicht nur ureigenes Klavierrepertoire, sondern alles, was er zu fassen bekommt, auch Opern, Wagner, auch Bruckner.

In Salzburg, noch bei einer Sommerakademie von Kämmerling, zeigt ihm sein Kollege Herbert Schuch eine Aufnahme der Symphonie Nr. 8 von Anton Bruckner, mit Sergiu Celibidache und den Münchner Philharmonikern.

Igor verfällt der Musik völlig, hört nur noch diese Symphonie. Entdeckt dann die Symphonie Nr. 7, hört nur noch die.

»Ich habe diese Musik in mich hineingefressen, war unglaublich bewegt davon. Ich habe angefangen, mich zu expandieren. Und Kämmerling konnte damit nichts anfangen. Ich bin einfach in eine andere Richtung gegangen als die, die er für mich gesehen hat.

Dann hatte ich die Max-Reger-Phase, später Hindemith, dann Wagner – das war einfach expansiv, groß, lang. Und größer als das Klavier, mit 88 Tasten nicht fassbar. Das hat mich ungeheuer fasziniert.«

#

MIT 17 GEHT Igor zu Martin Brauß, dem Leiter des Instituts zur Früh-Förderung musikalisch Hochbegabter, und sagt: Lieber Martin, ich hasse mein Instrument. Es geht nicht mehr. Brauß schickt ihn zu Lajos Rovatkay, emeritierter Professor der Hochschule, Experte für frankoflämische Polyphonie des 15. Jahrhunderts.

Zurück an den Anfang der abendländischen Musiktradition. Tabula Rasa.

Lajos Rovatkay wohnt gleich in der Nachbarschaft. Igor besucht ihn, Rovatkay begrüßt ihn mit der Frage: Kennen Sie Josquin?

Igor verneint. Rovatkay redet sich in Rage – wie das sein könne, ob man heute an der Hochschule denn gar nichts mehr lerne, warum alle Pianisten immer nur Bach spielen wollten, immer nur Bach, dabei sei Bach ohne Josquin gar nicht denkbar, warum die Lehrer ihren Schülern gar keine Phrasierung mehr beibrächten, denn Phrasierung könne man am besten bei Josquin lernen. So ungefähr.

Rovatkay floh aus Ungarn, kam über Wien nach Deutschland, studierte in Frankfurt, kam dann nach Hannover.

»Der Mann ist spektakulär. Lajos hat so etwas Beethoveneskes, so etwas Wildes. Aber so klug, so inspiriert und so jung, so wahnsinnig jung.« Er ist der Mann, von dem Igor noch einmal völlig neu Klavier spielen lernt.

Igor beginnt bei Rovatkay Unterricht zu nehmen. »Wir haben irre viel Musik gehört. Er hat eine Art zu unterrichten, durch die ich auch sehr viel über mich gelernt habe.

Ein Beispiel: Ich spiele eine kleine Bach-Invention. Er sagt: ›So wunderbar, so wunderbar, ich meine, wie viele spielen das so wie du? Nur eine kleine Frage habe ich.‹ Und dann vergehen viereinhalb Stunden, und von mir bleibt einfach gar nichts übrig. Und dann sagt er mir: ›So, wunderbar, und jetzt spiel bitte nochmal schlecht, so wie am Anfang.‹ Ich hab's probiert, es ist verdammt schwer, mit Absicht schlecht zu spielen. Aber das ist ein goldener Hinweis: Man muss verstehen, woher man kommt und wohin man gegangen ist. Man geht nicht einfach nach Hause, weil der Unterricht zu Ende ist, sondern man versucht sich ganz klar zu vergegenwärtigen: Wo bin ich gestartet, was ist passiert.«

Und was ist in den viereinhalb Stunden dazwischen passiert?

»Ich spiele die ersten sechs Töne. Da-da-da-da-da-da … Er sagt: ›Wunderbar, wunderbar, aber wie klänge es, wenn ich den Bogen nehme und diese Stelle auf der Violine spiele? Dann hätte der erste Ton einen kleinen Akzent.‹ Ich spiele: Jaa-da-da-da-da-da … ›Ja! Ja! Aber nicht so flach, der erste Ton ist exaltierter, nicht so flach, mehr Leidenschaft, aber nur auf den ersten Ton.‹ Jaaa-da-da-da-da-da … ›Warten Sie, kennen Sie die Stelle in dieser Motette von Schütz, ich zeige Ihnen das kurz‹ – wir verbringen also erstmal eine halbe Stunde damit, den Abstand zwischen dem ersten und dem zweiten Ton genau richtig hinzukriegen. Dann spiele ich: Jaaa-da-da-da-da-da-du-di-di-di, er unterbricht: ›Warum gebunden? Sie spielen Jaaa-da-da-da-da-da-du-di-di-di, in den Noten steht aber Jaaa-da-da-da-da-da du di-di-di, mit zwei kleinen Absetzern.‹ Dann haben wir eine Stunde drüber gesprochen, dass ja Philipp Emanuel Bach in seinem Buch über die Kunst des Klavierspiels über das Absetzen spricht, und Leopold Mozart über das Absetzen auf der Geige. Wir probieren also herum, wie man richtig absetzt, nur mit dem Finger, nicht mit dem Handgelenk – und so hat er mich nicht mehr losgelassen damit. Jeder einzelne Ton wurde angefasst, jeder einzelne Ton! Über Stunden! Und das war nur eine einzige Invention! Frag nicht danach, wie wir vor den Aufnahmen an den Bach-Partiten gearbeitet haben. Oder an den Goldberg-Variationen. Das war das Allertollste. Aber ich habe wirklich gedacht, ich kann nicht mehr.«

Manchmal kommt es vor, dass Igor unmittelbar vor einem Konzert bei Rovatkay anruft. In der Nähe des Herkulessaals in München liegt ein Notengeschäft, einmal rief Igor an, eineinhalb Stunden vor dem Konzert, er hatte Noten von Johann Jakob Schütz entdeckt und konnte sich nicht entscheiden, welche er kaufen solle. Rovatkay war gehemmt, Igor Ratschläge zu geben, so kurz vor einem Abend mit Liszt und Beethoven.

Aber Igor hat nicht nur Phrasierung von Rovatkay gelernt. Sondern auch Unnachgiebigkeit.

#

IM FRÜHJAHR 2004 tritt Igor beim Maria-Callas-Wettbewerb in Athen an, spielt sieben Klavierkonzerte, erringt den zweiten Preis, den er sich mit einem finnischen Kollegen teilt, Henri Sigfridsson, doppelt so alt wie er, ein Schüler von Pavel Gililov, der Name wird später noch wichtig sein. Eine gute Sache, ein schöner und unerwarteter Erfolg. Igor ist nicht weniger verängstigt, aber gewinnt an Selbstbewusstsein.

Wenige Wochen später spielt Igor dem großen Grigori Sokolow vor.

Der Kontakt entsteht über Sokolows Agenten, Igor fährt mit seiner Mutter zu ihm nach Amsterdam, wo Sokolow gerade gastiert. Kämmerling weiß nichts davon. Sokolow bestellt Igor in einen Probensaal im Concertgebouw.

Wenn der Termin gut läuft, wenn Sokolow sein Spiel mag und Potenzial sieht, könnte das Igors Durchbruch bedeuten.

Sokolow mag Igors Spiel nicht.

»Ich hatte meine Nase ganz oben, immerhin hatte ich gerade den zweiten Preis in Athen gemacht. Und dann spiele ich den ersten Satz der Schumann-Fantasie und den ersten Satz der Beethoven-Sonate Opus 2 Nr. 2. Ich spiele, Sokolow hört sich das an, meine Mutter sitzt hinten im Eck, und ich glaube, ich habe den letzten Mist zusammengespielt. Er sagt: Ich habe eine positive und eine negative Sache, die ich Ihnen sagen möchte. Ich sage: Was ist denn die positive? Die positive ist: Man sieht, dass Sie wirklich Musik lieben. Und das sind alle meine positiven Gedanken Ihrem Spiel gegenüber. Und dann hat der große Grigori Sokolow mich mit 17 Jahren aber so was von auseinandergenommen, dass kein Grashalm mehr wuchs. Er hat mich keinen Ton mehr spielen lassen. Ich erinnere mich an vier Dinge, die er gesagt hat.

Hat Ihnen schon mal jemand etwas über Artikulationen erzählt? Ja, sagte ich. Er: Ich glaube nein. Wissen Sie, Sie spielen so etwas wie Legato und Stakkato. Aber in der Musik gibt es Legato, Legatissimo, Sempre Legato, Non Legato, Molto Legato, Staccato, Spiccato, Pizzicato, Non Staccato, Sempre Staccato. Molto Staccato, Staccatissimo, Pizzicatissimo – verstehen Sie? Zweite Frage: Hat Ihnen schon mal jemand etwas über Dynamik erzählt? Ich habe gesagt, wahrscheinlich nein. Er: So denke ich auch. Sie spielen so etwas wie Forte und Piano. Aber es gibt Forte, Mezzoforte, Non Forte, Pocco Forte, Più Forte, Fortissimo, dreifaches Fortissimo, Piano, Mezzopiano, Non Piano, Rinsforzando, Pianissimo, Crescendo, Decrescendo, Sempre Crescendo, Molto Crescendo. Und so weiter. Er schlug mir vor, ein anderes Instrument zu lernen: Wie wäre es mit Flöte? Er sagte auch Sätze wie: So etwas muss man mit 16 können.«
Igor fragt ihn, ob er ihm einen Lehrer empfehlen könne.

Sokolow sagt: Ich kenne nicht viele, aber es gibt Pavel Gililov. Der Professor, bei dem Henri Sigfridsson studiert.

Igor bedankt sich und fährt mit seiner Mutter wieder nach Hause. Zerschmettert.

Und dann, bei der Sommerakademie in Salzburg, verkracht er sich mit Karl-Heinz Kämmerling.

Die anderen Teilnehmer arbeiten mit Kämmerling an verschiedenen Klavierkonzerten, Igor übernimmt am zweiten Flügel wieder einmal die Orchesterparts, über vier, fünf Stunden hin. Am Ende des Abends spielt er dann selbst: die Corelli-Variationen von Rachmaninow, jenes Stück, das Kämmerling nicht mag und Igor nicht kann. Igor setzt es in den Sand. Kämmerling verliert die Fassung, schreit ihn vor den anderen Teilnehmern an: Was das solle, ob er den ganzen Tag nur saufe, es sei immer das Gleiche mit den Russen.

Später entschuldigt er sich.

Aber Igor ist am Ende. »Das hat etwas in mir kaputt gemacht.«

Er ruft Henri Sigfridsson an und sagt ihm: Ich kann nicht mehr, der Mann macht mich fertig, ich kriege keine Luft mehr.

Sigfridsson ruft Gililov an, der gibt gerade einen Kurs in Krems an der Donau, eineinhalb Stunden von Salzburg entfernt. Igor fährt sofort hin.

»Und dann steht da dieser Mann vor mir: blond, tolle italienische Schuhe, wahnsinnig gut gekleidet, super geschmackvoll, Dolce Vita, wirklich beeindruckend. Er fragt: Was wollen Sie vorspielen? Ich sage: den ersten Satz aus der Schumann-Fantasie. Er sagt: Gut. Ich sitze da, völlig verängstigt, und spiele, irgendwann kommt eine Stelle mit einem eingeschobenen As, ich spiele also, er steht hinter mir, und auf einmal greift er von hinten auf die Klaviatur und spielt dieses As. Er hat mich völlig rausgebracht, aber so komisch es klingt: Er hat damit auch eine Blockade gelöst.«

Gililov hat eine Professur in Köln, einige Jahre lang pendelt Igor heimlich dorthin und wird inoffiziell Gililovs Student. Eingeschrieben ist Igor in Hannover, das soll auch so bleiben, aber davon will er sich nicht beschränken lassen.

Gililov zeigt ihm, dass Klavier spielen nicht im Befolgen von Regeln besteht – jedenfalls nicht nur. Der wesentliche Teil ist Freiheit. Leichtigkeit.

»Das waren ungeheuer wichtige Jahre. Gililov hat einfach Sauerstoff in mich hineingepumpt. Ich habe ihm viel zu verdanken, er strahlte eine extreme Entspanntheit und Gelöstheit aus. Er sagte mir nicht: Mach dies nicht, mach das nicht, sei nicht so, sondern so. Er sagte: Hörst du das? Genieß diesen Klang doch mal.«

Der Unterricht bei Gililov ist für Igor eine Form der Rebellion. Er spricht mit niemandem darüber, er bezahlt ihn privat.

Gililov ist der erste Pädagoge, der Igor nicht vorschreibt, wer er zu sein hat, sondern der ihm freistellt und ihn sogar ermutigt, der zu sein, der er sein will.

»Ich weiß noch«, erinnert sich seine Mutter, »Igor ist mit Debussy-Etüden nach Köln gefahren, ruft mich an, ich frage: Wie war die Stunde? – Brillant. – Was hat Gililov gesagt? – Er hat gesagt, es ist ganz schrecklich. Igor hat die Kritik, diese gute positive konstruktive Kritik vermisst. – Ich habe ihn gefragt: Was machst du jetzt? – Ich gehe üben.«

#

EIN GUTES HALBES Jahr später tritt Igor als jüngster Teilnehmer beim Artur-Rubinstein-Wettbewerb in Tel Aviv an, es ist sein größter Wettbewerb, er wird nur alle drei Jahre ausgetragen, fokussiert auf die Werke, mit denen der polnische Weltstarpianist Artur Rubinstein Erfolge feierte.

Igor gewinnt die Silbermedaille, den Sonderpreis für Kammermusik, den Publikumspreis und den Sonderpreis für die beste Aufführung der zeitgenössischen Pflichtstücke.

In der Jury sitzt Matti Raekallio, Klavierprofessor an der Sibelius Akademie in Helsinki, ein halbes Jahr nach dem Wettbewerb wechselt er nach Hannover.

Im Mai 2006 geht Igor zu ihm und fragt: Können wir reden?

Raekallio erinnert sich an ihn. Auf Igors Frage, ob er sein Student werden könne, springt Raekallio von seinem Stuhl auf.

»Ab diesem Moment durfte ich Pianist sein. Ich durfte spielen, was ich wollte, ab 2006 beginnt der Teil meines Lebens, an den ich mich erinnern kann. Mit Matti begann sich mein Leben in das zu formen, was es heute ist.«

Danach geht Igor zu Kämmerling. Er hat niemandem von seinem Plan erzählt, Kämmerlings Klasse zu verlassen. Seine Mutter weiß es, sonst niemand.

Die beiden haben sich lange nicht gesehen. Wir müssen reden, sagt Igor. Sie wollen die Klasse verlassen, sagt Kämmerling, er steht in der entgegengesetzten Ecke des Raums.

Ja, sagt Igor.

Kämmerling fragt: Zu wem wollen Sie?

Das Zweitschlimmste, was ein Student Kämmerling antun kann, ist es, seine Klasse zu verlassen. Das Schlimmste ist, zu gehen, aber an der Hochschule zu bleiben.

Gehen Sie doch nach Köln, sagt Kämmerling, dort ist Pavel Gililov, studieren Sie bei ihm.

Igor sagt: Ich gehe hier zur Schule, meine Familie ist hier, hier ist mein Zuhause, ich werde Sie immer respektvoll behandeln, aber ich bleibe in Hannover.

Dann werde ich die Hochschule verlassen, sagt Kämmerling, und ich werde der ganzen Welt erzählen, dass Igor Levit dafür gesorgt hat.

Wissen Sie was, sagt Igor, wenn Sie das wollen, dann tun Sie's.

Dieses Gespräch ist das letzte, das die beiden für viele Jahre miteinander führen.

Kämmerling hält Kontakt zu Igors Mutter, ist immer sehr respektvoll, von Kollege zu Kollegin. Mit Igor spricht er kein Wort.

»Zwei, drei Jahre später laufe ich ihm zufällig auf dem Gang der Hochschule entgegen. Die ganze Zeit über hat er mich nie gegrüßt, nicht einmal angeschaut. Aber diesmal bleibt er stehen, streckt mir die Hand entgegen und sagt: Sie sind ja doch ein Guter. Und ich weiß noch, wie ich ihm entgegnet habe: Das habe ich Ihnen doch gesagt.
In der Folgezeit haben wir uns noch dreimal auf einen Rotwein getroffen und sehr nett ausgetauscht. Er konnte mit mir nicht wahnsinnig viel anfangen. Aber es hatte etwas Versöhnliches, es wurde dann doch noch warm und persönlich.«

#

»ALS ICH ZU Matti Raekallio kam, war ich vollkommen überspannt – und absolut davon überzeugt, ich könne nicht wirklich gut spielen. Ja, ich hatte bei vielen Wettbewerben gespielt und war auch immer weit gekommen, aber in einem der ganz finsteren Momente hat Kämmerling mir dann eben auch gesagt, dass aus mir eh nur ein Theaterkorrepetitor wird. Und ich habe eine ganze Weile lang geglaubt, ich könne keine schnellen Stücke spielen. Ich dachte, ich hätte nicht die Hände dafür. Ich habe über lange Zeit nur sehr langsame Stücke gespielt, die Corelli-Variationen gingen nicht, das zweite Prokofjew-Konzert auch nicht, Etüden gingen nicht. Was ging, war eine einzige Beethoven-Sonate, immer dieselbe, rauf und runter. Ich war auf eine tiefe Art verängstigt, und weil ich es nicht zugeben wollte, wurde ich nach außen hin ein aggressives Großmaul.«

Raekallio stellt ihm die Noten der Transzendental-Etüden aufs Klavier.
Igor sagt: Mir wurde mal gesagt, ich könne das nicht.
Raekallio sagt: Spinnst du?

In den ersten Wochen sagt Raekallio, in unterschiedlichsten Variationen, fast nur einen einzigen Satz: Fang endlich an, du kannst das doch alles.

Und Igor fängt an. Lernt die Transzendental-Etüden, das Klavierkonzert von Busoni, »Gaspard de la nuit« von Ravel, die Diabelli-Variationen, weitere Beethoven-Sonaten. »Ich durfte endlich Pianist sein«, sagt Igor. »Ich durfte endlich spielen.«

Raekallio ist der erste Lehrer, bei dem Igor nicht in erster Linie Schüler ist, sondern auch Kollege. Der Unterricht besteht nicht darin, dass der eine recht hat und der andere nicht, Raekallios Haltung ist eine andere.

Ich sehe, was du machst, ich sehe, was du willst, probier es doch vielleicht mal so.

»Matti ist ein Freund, ein Partner in Crime. Eine Macht. Er ist eine pianistische Naturgewalt. Überbordend, mit riesiger Neugierde, immer hungrig, unfassbar schnell – und immer klar. Er ist Finne, die reden eh nicht zwischen den Zeilen, aber er verkörpert ›No Bullshit‹ wie kein zweiter. Matti ist für mich Ermöglicher. Matti war für mich Bestärker. Matti war – in einem sehr wichtigen Alter – der mit Abstand wichtigste Lehrer meines Lebens. Ich sage jetzt vier Worte, und ich meine sie in der Größe und Tiefe, wie ich sie nur meinen könnte: Matti ist mein Freund.«

#

DANN BESCHLIESST MATTI Raekallio, nach New York zu gehen. Er geht, Igor und er bleiben in Kontakt. Igor muss die Klasse wechseln.

Wenig später kommt Raekallio zurück nach Hannover. Igor ist selig, stürzt sich sofort in neue Projekte.

Und dann, ein halbes Jahr später, geht Raekallio erneut nach New York.

»Ich habe mich von ihm fallenlassen gefühlt, ganz persönlich«, sagt Igor. »Und das habe ich ihm auch gesagt.«

Sie sitzen einander gegenüber, Igor sagt, was er von Raekallios Entscheidung hält, es sind keine freundlichen Worte. Raekallio entgegnet: »That's what a friendship is like.« Dann sind sie wieder versöhnt.

Aus Lehrer und Schüler werden endgültig Freunde. Und Kollegen.

Regelmäßig schickt Igor ihm Handy-Aufnahmen seiner Stücke und fragt ihn um Rat, Raekallio antwortet manchmal ausführlich und grundsätzlich, mal auch nur: Du musst die Achtel länger halten, in den Noten steht Legato.

»Ich glaube manchmal«, sagt Igor, »Matti ist der einzige in meinem Umfeld, der verstehen würde, wenn ich sage, ich spiele nicht mehr.«

#

NACH MATTI RAEKALLIOS Abschied nach New York wechselt Igor in der Hochschule ein letztes Mal die Klasse: zu Bernd Goetzke, für die letzte Strecke bis zum Konzertexamen.

Goetzke stammt auch aus der Kämmerling-Schule, er unterscheidet sich von Igors bisherigen Professoren fundamental.

Da ist nichts Lautes, Bestimmendes in seinem Wesen. Er ist Minimalist. Extrem präzise und genau in der Arbeit, im Unterrichten und im Denken.

»Wir haben uns irre gut verstanden«, sagt Igor. »Und es gibt noch einen Unterschied: Ich war schon auf meinem Weg. Ich kannte das Ziel noch nicht, aber ich war schon unterwegs.«

Goetzke und Igor kennen sich lange. »Wir mochten uns immer sehr. Aber ich hätte ihn zwei, drei Jahre vorher noch nicht verstanden.«

Igor hat Ehrfurcht vor Goetzke.

»Er ist sehr analytisch, unfassbar genau mit Motiven und mit Klängen. Er arbeitet nicht nur mit den Tönen einer Komposition, sondern auch mit den Molekülen. Ich bin ja eher der ungeduldige Typ. Aber es hat funktioniert.«

Der Unterricht läuft sehr physisch ab, diesmal aber nicht in Bezug auf das Handwerkliche, sondern auf den Inhalt. Wie schlägt man einen Ton in einem bestimmten Kontext an? Wie klingt ein G-Dur-Dreiklang bei Debussy? Was macht der Daumen, was die Oberstimme, wie verhalten sie sich zueinander? Es ist eine sehr erwachsene Art des Unterrichts, man muss sehr viel schon mitbringen, Goetzke geht es darum, Stücke nicht nur zu beherrschen, sondern zu durchdringen.

»Ich weiß noch, wir haben an Beethovens Sonate op. 111 gearbeitet, und das einzige, was er mir dazu sagen wollte, war, dass das Motiv, mit dem der erste Satz beginnt, sich unmerklich durch die ganze Sonate zieht. Er musste mich nur auf diese eine Sache aufmerksam machen – und ich habe auf einmal das ganze Stück anders verstanden. Und wahrscheinlich: überhaupt erst verstanden.«

Zwei Jahre studiert Igor bei Goetzke, dann legt er sein Konzertexamen ab. »Als ich fertig war, hatte ich das Gefühl: Es ist jetzt auch okay. Alles, wovon ich hätte träumen können, habe ich bekommen, ich habe mithilfe sehr vieler Menschen meine Sprache herausgebildet.

Ich habe so viel Platz gehabt und so viel Zeit. Keiner hat mich genervt, die große Karrierewelt hat sich für mich nicht interessiert, ich konnte geschützt in den Mauern der Hochschule meine eigene Sprache lernen – so lange, bis ich sie konnte. Die Tür nach draußen ging im genau richtigen Moment auf, und ich bin selbstbewusst rausgegangen. Das habe ich all diesen Leuten auf ewig zu verdanken.

Das einzige, was jetzt noch fehlte, war das Spielen.«

#

SEIN KONZERTEXAMEN IM Mai 2010 ist für Igor mehr als die Studienabschlussprüfung. »Ich wollte ein Programm hinstellen, das ganz klar sagt: Hier ist nicht nur ein Konzertexamen, sondern hier bin ich. Das war mir wichtig. Das war, im Grunde genommen, mein großes Klavierabend-Debut in Hannover – auch wenn ich strenggenommen vorher schon Klavierabende in Hannover gespielt habe. Ich habe das Ganze weniger zu einer Prüfung gemacht als zu meinem Statement-Konzert.«

Das Programm: die Diabelli-Variationen von Beethoven, Wolfgang Rihms Liedzyklus »Rot« zusammen mit seinem Studienfreund, dem Tenor Simon Bode, dann noch etwas von Schubert, und als Zugabe: Für Elise.

Ein Liederzyklus im Konzertexamen, dazu Für Elise: ein ungewöhnliches Programm.

Igor bekommt die höchste Punktzahl in der Geschichte des Instituts, er erfährt es sofort nach dem Konzert. Gratulation, bestanden, so gut wie noch kein anderer.

»Das hat mich damals schier umgehauen«, sagt Igor. »Das ist eines der wenigen Dinge in meinem Leben, auf die ich stolz bin.«

#

BEI IGORS ABSCHLUSSPRÜFUNG sitzt Thorsten Schmidt im Publikum, der Intendant des Heidelberger Frühlings. Er kennt Igor nicht. Eleonore Büning rief ihn nach ihrer Rückkehr von der China-Reise an und verdonnerte ihn, nach Hannover zu fahren. Direkt nach dem Konzert lädt er Igor zu seinem Festival nach Heidelberg ein, noch am Abend von Igors Konzertdebüt in Heidelberg bietet er ihm die Leitung der Kammermusik-Akademie an.

Einem Pianisten, den niemand kennt. Aus einem Bauchgefühl heraus.

»Thorsten hat etwas in mir gesehen, das ich selbst nicht im Entferntesten gesehen habe – und wenn ich ehrlich bin, auch heute nicht sehe«, sagt Igor. »Aber es hat funktioniert. Er hat mir vertraut, er hat mich machen lassen. Thorsten ist mir heute einer der wichtigsten Ratgeber und Freunde, musikalisch und beruflich, aber auch weit darüber hinaus.«

Zum Debüt 2011 spielt Igor die »Études d'exécution transcendante« von Franz Liszt, ein Jahr später Frederic Rzewskis »The People United will never be defeated«. Rzewski reist an, es ist das erste Mal, dass er Igor spielen hört. Nach dem Konzert kommt er hinter die Bühne und sagt: Warum bleibst du so lange sitzen, wenn das Stück zu Ende ist? Mach das nicht! Das Stück ist vorbei, das Leben geht weiter, steh auf und verschwinde, mach doch nicht so eine Pianisten-Show. Was zählt, ist die Musik, nicht das romantische Geplänkel drumherum.

»Das war ein Erlebnis, das mich für mein Leben geprägt hat. Es war wie ein Schock, ein Impuls, der eine Veränderung in Gang setzt. Von diesem Tag an habe ich angefangen, mich immer weiter zu fokussieren. Und diesen Impuls verdanke ich Thorsten genauso wie Frederic – weil es den Moment ohne Thorstens Zutrauen nie gegeben hätte.«

Später wagt sich Igor in Heidelberg zum ersten Mal mit den Goldberg-Variationen auf die Bühne. Vor dem Konzert nimmt Schmidt ihn beiseite und sagt: Mach dir keine Sorgen, hier hast du ein Sicherheitsnetz.

»Heidelberg war der erste Ort, an dem ich mich auf der Bühne sicher gefühlt habe. Ich weiß natürlich, ich muss liefern – ich muss immer liefern. Aber bei Thorsten weiß ich: Ich darf auch mal stolpern und hinfallen. Ich bin ja auch nur ein Mensch. Dieses Gefühl war von Anfang an da. Und das ist für alles, was danach passierte, von elementarer Bedeutung.«

Im Jahr 2014 sagt Igor, er wolle die Akademie im folgenden Jahr Frederic Rzewski widmen.

Schon wieder: Ein weitgehend unbekannter Künstler, diesmal ein amerikanischer Kommunist, dessen Stücke nicht gerade ein Garant für ausverkaufte Konzerte sind. Auch dieser Plan geht auf.

Es stimmt also nicht, dass in Igors Leben überhaupt nichts los gewesen wäre. »Ich hatte immer gute Leute um mich«, sagt Igor. »Menschen, die an mich geglaubt haben. Ich habe es nur nicht immer gemerkt.«

#

IGORS KARRIERE GLEICHT in dieser Zeit einem Hindernisparcours. Während andere Pianisten, manche noch jünger als er, an ihm vorbeiziehen, kreist Igor weiter um sich selbst. Er spielt, müht sich ab, stolpert, steht wieder auf, stolpert wieder. Was ihn umso mehr frustriert, je klarer es ihm wird.

»Jahrelang durfte ich nicht«, sagt Igor. »Ich durfte viele Stücke jahrelang nicht spielen. Kämmerling hat mir auch immer gesagt, dass ich sie nicht spielen kann.

Ich wollte diese Sachen spielen. Ich habe aber jahrelang gehört: Dies und das machst du jetzt nicht, das ist noch nicht dran, das kannst du nicht, das passt nicht zu dir, und ich habe das natürlich geglaubt, und also habe ich's nicht gemacht.

Ich war als Pianist extrem unfrei. Ich habe gedacht, ich könne keine schnellen Stücke spielen, weil mir jemand gesagt hat, ich hätte nicht die Hände dafür. Und natürlich habe ich auch das geglaubt – und die Stücke, die ich trotzdem probiert habe, gingen schief, aus technischen Gründen und aus psychologischen.

Bilder einer Ausstellung von Modest Mussorgsky: hat nicht funktioniert. Die Corelli-Variationen von Rachmaninow: ein traumatisches Erlebnis. Die zwölf Etüden Opus 8 von Skrjabin: Katastrophe.

Bei allem Respekt, das sind nicht die schwersten Stücke der Welt. Ich bin an allen gescheitert. Und ich bin auch für mich gescheitert, nicht nur, weil jemand anders gesagt hat, ich sei gescheitert.

Dann kam der Rubinstein-Wettbewerb, da habe ich gesehen, was ich kann. Niemand hat sich für mich interessiert, aber ich habe eine Menge toller Leute kennengelernt, ich habe gelernt, mir ein bisschen besser zu vertrauen.

Kurz danach habe ich Sokolow vorgespielt, er sagte mir, du kannst gar nichts – da war alles wieder kaputt. Und dann habe ich begonnen, das Puzzle wieder von Neuem zusammenzusetzen.

Dann kam das Vorspiel bei Barenboim – und wieder war alles kaputt.

Und so ging es dann weiter – es gab in meinem Leben einige Komplettabstürze, aber ich habe daraus gelernt. Ich fange einfach immer wieder an. Wenn ich etwas nicht kann, stört es mich nicht, ich freue mich, dass ich etwas Neues gefunden habe, und fange einfach an zu arbeiten.

Ich sage nie: Scheiße, ich bin abgestürzt. Sondern: Ich will noch höher.«

#

DAS VORSPIEL BEI Daniel Barenboim findet im Dezember 2011 statt. Maren Borchers fädelt den Termin ein, sie kennt die Familie gut, ihre Agentur arbeitet für die Pianistin Elena Baschkirowa, Barenboims Frau, und ihren Sohn Michael. Die Situation ist wie damals bei Sokolow: Würde Barenboim Igor fördern, ab und an einladen, vielleicht als Solist auf eine Konzertreise mitnehmen, gingen sehr viele Türen wie von selbst auf.

Barenboim hat nicht viel Zeit, er dirigiert gerade Don Giovanni an der Mailänder Scala, Igor fliegt zu ihm und spielt auf einem Flügel im Opernhaus vor: einen Teil der Diabelli-Variationen und ein Stück der Bach-Chaconne.

Es läuft eigentlich nicht schlecht.
Aber gut auch nicht.

»Ich hatte meinen Kopf woanders«, sagt Igor, »ich war gerade wahnsinnig verliebt in jemanden.«

Barenboim unterbricht ihn rasch. Schaut ihn an. Und wird dann sehr grundsätzlich.

»Er hat mir auf eine sehr freundliche Art und Weise gesagt, dass ich ein bisschen mehr nachdenken sollte. Das klingt jetzt sehr nett, war aber wirklich steinhart. Wörtlich sagte er: ›Dass Sie gut Klavier spielen können, brauche ich Ihnen nicht zu sagen. Was Sie alles aus dem Bauch heraus können, ist ja schön und gut. Aber das ist alles unbewusst. Werden Sie mal erwachsen.‹ Er war wahnsinnig nett und zuvorkommend. Er hat mir in einem längeren Vortrag, der wirklich wichtig war, anhand verschiedener Beispiele gesagt: Werd erwachsen. Und er hat recht gehabt.«

In der Chaconne gibt es mehrere lange Abschnitte mit großem Crescendo, die Musik beginnt leise und wird immer lauter.

»Er sagte mir damals, ich muss das Crescendo besser planen. Ich kann nicht einfach sagen, naja, ich mache es halt, wie es mir mein Bauch sagt. Ich muss genau wissen, auf welchem Level ich anfange, wie ich mich steigern möchte und wohin ich will. Später dann, wenn ich es komplett verinnerlicht habe, klingt es ganz natürlich – dann stelle ich mir diese Fragen nicht. Aber im Arbeitsprozess muss ich exakt wissen, was ich tue.«

Igor ist tief verunsichert. Barenboim ist, obwohl uneingestanden, seit vielen Jahren ein Vorbild gewesen. Nach dem Vorspiel reißt der Kontakt wieder ab. Obwohl beide in Berlin leben und in derselben Branche tätig sind, kommt es neun Jahre lang zu keiner Begegnung, keinerlei Austausch.

»Ich habe das selten verbalisiert, aber die Tatsache, über Jahre nicht mit ihm zu tun zu haben, hat mich extrem gewurmt. Ich hätte mir das sehr gewünscht, aber wir hatten einfach nichts miteinander zu tun.«

Erst 2019 begegnen sich die beiden erneut. »Ich glaube, er war überrascht darüber, wer da wie vor ihm sitzt. Er sagte nur: Oh, was ist denn mit Ihnen passiert?«

#

DAS CAFÉ EINSTEIN Unter den Linden und das Hauptstadtstudio des ZDF liegen im selben Gebäude, der Weg zum Studioeingang führt einmal um den Block. Aber Igor hat Lust auf einen Apfel, im Einstein gibt es kein Obst, zum Kaufhaus Lafayette in der Friedrichstraße ist es zu weit. Also laufen wir zum Biomarkt im Bahnhof Friedrichstraße, Igor kauft Äpfel und Mandarinen, steckt sie in die Taschen seines Anoraks, dann laufen wir zurück zum Studio.

Jeden Werktag wird hier im Zwei-Wochen-Rhythmus das Morgenmagazin aufgezeichnet, jeden Donnerstag die Talkshow Maybrit Illner, freitags das Kulturmagazin Aspekte, manchmal – so wie heute – mit Publikum.

Wir sind viel zu früh.

Die Sendung ist eine Sonderausgabe zum 250. Geburtstag Ludwig van Beethovens, Jo Schück moderiert und führt zusammen mit Igor durch den Abend.

Eine Gästebetreuerin, die sich als Charlotte vorstellt, schleust uns durch die Schranke und bringt uns in einen Konferenzraum in der ersten Etage, der heute als Garderobe dient.

Igor hat keine Lust.
Wirklich nicht.

Er macht das, weil seine Plattenfirma ihn darum gebeten hat, weil auch Maren Borchers ihn darum gebeten hat, er macht es ein bisschen auch Jo Schück zuliebe. Und natürlich: 45 Minuten klassische Musik im ZDF-Hauptprogramm, am Freitagabend, die Sendung hat etwas mehr als eine Million Zuschauer – es wäre aus einer Menge Gründe sehr unklug, die Gelegenheit auszuschlagen.

Igor ist professionell genug, sich seine Lustlosigkeit nicht anmerken zu lassen.
Tatsächlich will er aber vor allem eines: den Dreh hinter sich bringen. In der Garderobe lässt er sich auf einen Stuhl fallen und drückt auf dem Telefon herum, er sucht eine Aufnahme der Klaviersonate in es-Moll von Paul Dukas.

Er weiß schon, welche Fragen gleich kommen werden.
Was macht Beethovens Musik so besonders?
Worin steckt das Politische in Beethoven?
Und wie verbindet er, Igor, die Musik und den Aktivismus auf Twitter?
Wie immer.

Er ist hier heute natürlich eingeladen, weil ein besserer, bekannterer, reichweitenstärkerer Gast für ein Beethoven-Spezial nicht denkbar wäre.
Aus Igors Sicht ist er aber auch nur hier, weil Beethoven selbst halt nicht kann.

Auf dem Konferenztisch steht eine Schale mit Weintrauben, Äpfeln, Bananen, Mandarinen, den Weg zum Biomarkt hätten wir uns sparen können.

Der Regisseur kommt kurz vorbei, ein engagierter Mann mit ironischem Schnauzer und karierten Stoffhosen, die auf sehr angesagte Art zu kurz sind, und überbringt die Idee der Redaktion: Statt der üblichen Anfangsmusik soll Igor live den Anfang der Waldsteinsonate spielen, dazu werden Bilder gezeigt, wie er das leere Studio betritt und wie das Gipsmodell einer Beethoven-Büste durch das nächtliche Berlin rast. Die Sequenz mit der Büste ist schon gedreht, Igor müsste jetzt aber bitte einmal rasch die Waldsteinsonate spielen, damit alles rechtzeitig passgenau zusammengeschnitten werden könne. Igor nickt.

Dann kommt Jo Schück, der Moderator, glänzend gelaunt, blauer Anzug, weißes Hemd.

»Was wirst du heute Abend anziehen, Igor?«
»Schwarzes T-Shirt, diese Hose, schwarzes Jacket.«
»Ich will nur verhindern, dass wir beide in Blau-Weiß rumlaufen. Du spielst jetzt nur noch in schwarz, oder?«
»Macht das Leben leicht.«

Charlotte, die Gästebetreuerin, informiert Igor, dass nach der Sendung für ihn ein Taxi bestellt sei.

»Sagt mal, habt Ihr WLAN hier drin?« –
»Ja, hier drin funktioniert es leider nicht. Aber unten im Atrium geht es, ich kann Ihnen gleich den Zugang besorgen.«
»Nee, wenn es nur im Atrium geht, brauche ich es nicht.«
Igor deutet auf die Obstschale. »Die sind alle gewaschen, oder?«
»Ja, außer den Bananen«.
Draußen auf dem Gang lacht jemand.
Igor atmet sehr tief ein. Und sehr tief aus.

Jo Schück verlässt den Raum, unterdessen hat Igor die Dukas-Sonate gefunden, die ersten Takte scheppern aus seinem Telefon, ein paar Sekunden lang redet niemand, Igor schaut ins Leere.

Die Tür geht auf, die Maskenbildnerin steckt ihren Kopf ins Zimmer. »Meine Mutter kommt heute extra wegen dir. Weil die so ein Fan ist.« – »Oh vielen Dank, das freut mich, liebe Grüße!«
Wieder ein paar Takte Dukas.

Dann betritt Kai-Uwe Diaz Philipp den Raum, er kümmert sich bei Sony International um Igors PR, auch er lässt sich auf einen Stuhl fallen.

»Willst du eine Mandarine?«, fragt Igor und holt das Obst aus seinem Anorak. »Kannst du fangen? Hier, die kannst du alle essen.«
»Ist was mit denen, dass du sie nicht isst?« –
»Nee, aber ich hatte schon drei. Als würde ich dir vergammelte Mandarinen geben. Is klar!«

Dann muss er runter. Das Studio ist in warm-goldenes Licht getaucht, der Stil: Gemütlichkeit vor unverputztem Backstein. In der Ecke auf einem Podium steht, auf einem Perserteppich, ein Konzertflügel.

Gleich beginnt die Stellprobe, vorher bitte schnell: die Waldsteinsonate. Nur die ersten Takte, das Hauptthema und der Lauf, bis zur G-Dur-Stelle vor der Wiederholung, als Playback für den Vorspann. »Sicher, wieder nur der schwere Teil«, sagt Igor. Er konzentriert sich, spielt, fliegt im Lauf raus.

»Noch mal bitte!«

Wieder Konzentration. Thema, Lauf, vorzeitiges Ende an derselben Stelle.

»Ich kündige«, ruft Igor.

»Nein«, ruft der Regisseur über die Sprechanlage ins Studio, »warte bitte, bis ich sage, du bist gefeuert.«

Gelächter.

Beim dritten Mal klappt die Stelle, wie sie soll.

»Könntest du es für uns noch einmal spielen? Damit wir ein paar Schnittbilder haben.«

Danach die Stellprobe, ein Foto fürs Internet, es ist immer noch nicht vorbei.

»Es ist alles völlig absurd«, sagt Jo Schück, am Rand stehend, leise zu sich selbst. »Unser Beruf hier, das alles, auch dass überhaupt ein Mensch die Waldsteinsonate so spielen kann: Völlig absurd!«

Im Foyer stehen Monitore, auf ihnen läuft die Maybrit-Illner-Sendung des Vorabends, das Thema: die Wahl des Ministerpräsidenten in Thüringen.

Ach richtig, das war ja auch noch.

Zurück in der Garderobe, Jo Schück kommt mit, er will gleich noch ein Handyvideo mit Igor in der Maske aufnehmen.

Igor zieht sein Telefon aus der Tasche: »Kennt ihr dieses Stück? Hört euch mal nur die ersten zwei Minuten an. Nur die ersten zwei Minuten! Das ist der Hammer!« Wieder plärrt Paul Dukas aus dem Lautsprecher, die Tür geht auf, Maren Borchers kommt herein, zieht eine Postmappe aus der Tasche, darin: eine Einladung zur Party des Spiegel-Hauptstadtbüros, eine Einladung zum Matthäi-Mahl in Hamburg, der Umschlag ist versiegelt. »Ich will auch ein Siegel!«, ruft Igor.

Dann noch: ein Brief vom Bundespräsidialamt – der Bundespräsident gratuliert Igor zum Internationalen Beethoven-Preis und zur Auszeichnung des Auschwitz-Komitees.

»Meinen Gruß an Sie möchte ich verbinden mit einem Signal der Solidarität angesichts der lautstarken und aggressiven Anfeindungen, denen Sie seit geraumer Zeit ausgesetzt sind. Es bestürzt mich, wenn Sie, wie viele andere inzwischen auch, zum Ziel von Hass und Herabwürdigung werden. Das sind Angriffe auf unser aller Zusammenleben, Angriffe auf unsere demokratische und freiheitliche Ordnung, denen wir alle uns entgegenstellen müssen. Für Ihren Einsatz und Ihre Courage dabei danke ich Ihnen sehr. Wichtig ist, dass auch die Mehrheit verstehen muss: Dieses Land bleibt nicht dasselbe, wenn das Recht und die Würde von Menschen angegriffen und bedroht werden. Die Zahl derer, die sich – so wie Sie – hörbar und sichtbar gegen Antisemitismus und Rassismus auflehnen, die ihn dort bekämpfen, wo sie leben, lernen, arbeiten und etwas bewirken können, muss größer werden.«

Der Brief ist zwei Seiten lang.
Maren Borchers: »Ich finde das echt berührend.«
Igor: »Was?«
»Dass er dir schreibt – und was er schreibt. Wirklich. Mich kann man mit sowas beeindrucken.«
Igor, der sich in der anderen Ecke des Raumes gerade umzieht: »Von wem kommt der Brief? Vom Bundespräsidenten oder was? Ich schreibe ihm.«
Schück, der die ganze Zeit schweigend dabei stand: »Wir können diese deutsche Obrigkeitshörigkeit nie ganz ablegen, oder? Wir freuen uns, wenn wir vom Präsidenten einen Brief kriegen.«
Igor: »Ich freue mich, dass noch jemand außer mir *Obrigkeitshörigkeit* und *deutsch* in Verbindung bringt, ich sage das immer und mich versteht keiner. So, ich mach jetzt weiter Briefe auf.«

Die Sendung verläuft exakt wie von Igor erwartet.

In der Anmoderation werden die ganz großen Kaliber aufgefahren. »Ein Weltstar hat Geburtstag. Wir feiern 250 Jahre Beethoven. Einer der bedeutendsten Komponisten aller Zeiten. Weltbürger, Visionär, Humanist.« Der Text, eingesprochen von Jo Schück, liegt passgenau über den von Igor eingespielten Takten aus der Waldsteinsonate, dazu rast im Film die Beethoven-Büste durch Berlin. Jo Schück fährt fort, Igor spielt immer noch. »Jetzt die Sondersendung im Jubiläumsjahr des Ausnahmetalents, mit einem Ausnahmetalent der Gegenwart. Er ist einer der besten Pianisten der Welt. Und darüber hinaus mehrfach ausgezeichnet für sein gesellschaftliches Engagement, unter anderem mit dem Internationalen Beethoven-Preis. Meine Damen und Herren: Igor Levit.«

Die letzten Töne gehen über in den Applaus des Studiopublikums, Igor und Jo Schück nehmen auf einem braunen Ledersofa Platz, an die Wand hinter ihnen ist wie ein Autogramm die Unterschrift Beethovens projiziert. Vor der Kamera wechselt Schück zum Sie.

»Wir reden über den Mann, der 250 Jahre alt geworden wäre, der die ganze Welt geprägt hat mit seiner Musik, auch Sie, Herr Levit, Sie haben gesagt, Sie erleben Ihre glücklichsten Momente mit Beethoven. Woran liegt es?«

Igor sieht müde aus, er denkt kurz nach.
Er könnte jetzt irgendwas antworten, eine alte Antwort wiederverwenden, in der Branche sagt man: Sprechen auf Autopilot.

Aber Autopilot ist Igor zu langweilig.

Also eine neue Antwort. »Das liegt einfach daran, dass mich diese Musik von frühester Kindheit nicht nur begleitet, sondern mir auch eine Art Safe Zone gibt. Aus vielen Gründen. Ich bin ein Mensch, ich brauche immer das Unbekannte. Sehe ich eine Tür da vorne und weiß nicht, was sich hinter der Tür befindet, muss ich da durch. Ich suche immer nach dem Neuen. Und diese Neugierde, das Neue, das ständige Risiko, die Gefahr ist etwas, was diese Musik ungemein ausmacht. Und sie inspiriert mich einfach von Tag zu Tag. Sie ist immer neu, immer neu, und hält immer wach. Und in dieser Gefahr, in diesem Unbekannten fühle ich mich einfach sicher.«

Igor hat eine Menge lose Enden in diese Antwort hineingepackt, sie ist ein bisschen zu komplex für das Format, es bräuchte jetzt eine Menge Nachfragen, Schück muss aber zum nächsten Thema springen. Außerdem kommt gleich der erste Einspieler: Das Team hat Passanten im nächtlichen Berlin eine Beethoven-Büste gezeigt und sie raten lassen, wer das ist. Goethe? Schiller?

Gleich darauf die nächste Frage an Igor. Er soll Hör-Tipps für Einsteiger geben. Bei Igor kommt man mit solchen Fragen nicht weit. »Ich würde ja«, sagt er, »gleich alles empfehlen.«

Dann wird er ans Klavier gesetzt und soll erklären, was das Besondere an Beethovens Musik ist.
Okay.
Igor bringt das Mondscheinsonaten-Beispiel: »Beethoven schafft es, mit der Musik erst einmal einen Raum zu öffnen, in die dann ein Mensch hineintritt.« Er spielt die ersten Takte der Mondschein-Sonate, die langsamen Triolen, über das Studio senkt sich sofort eine tiefe Ruhe. Dann das Gis in der rechten Hand, die Stimme, die in den Raum hineinruft. Die Zuschauer in den ersten Reihen lächeln wissend.

Dann zeigt Igor eine Phrase aus der Fuge der Hammerklaviersonate und den Schluss der Appassionata, zwei kleine Momente Hochseilartistik, bei denen Igor jeweils nur knapp nicht ins Netz fällt. Wichtig ist auch hier, vor Millionenpublikum, der Ausdruck. Es sind nicht alle Töne da, wo sie sein müssten, aber er weiß, dass die Zuhörer wissen: Im Konzert, könnte er's. Und das ist es, was zählt. Dass jetzt gerade mehr Menschen zuhören als jemals in einem Konzert – sei's drum.

Nach einem Einspieler zur Rezeptionsgeschichte der 9. Sinfonie und deren Vereinnahmung für verschiedenste Regime und Ideologien – es gibt eine berühmte Aufnahme eines Konzerts mit Wilhelm Furtwängler zu Hitlers Geburtstag, nicht weniger berühmt ist die Aufführung beim G20-Gipfel in Hamburg – kommt Jo Schück zu den Fragen an Igor als politischen Künstler.

»Wie verbinden Sie Ihre Kunst und Ihr politisches Dasein? Haben Künstler eine andere politische Verantwortung als der normale Bürger?« – »Das weiß ich nicht. Ich verbinde auch nicht mein Musikmachen mit dem politischen Aktivismus, da gibt es nichts zu verbinden. Das ist mein Leben, das sind die zwei wichtigsten Säulen meines Lebens. Ich werde nicht aufhören, Musik zu lieben. Und ich werde nicht aufhören, aktiv und aktivistisch zu sein.«

Schück liest einen zwei Tage alten Tweet Igors vor, zur Thüringen-Krise: »Deutsche Politik legitimiert 75 Jahre nach der Befreiung des KZ Auschwitz Björn Höcke und seine Faschistenbande im Jahr 2020. Hier kommt kein erbaulicher Jetzt-erst-recht-Tweet. Es gibt nichts Erbauliches. Ich möchte weinen.« Igor hat den Text während der Aufnahmen der Stevenson-Passacaglia getippt.

»Daran hat sich nichts geändert«, sagt Igor. »Es ist ein absoluter politischer Schock gewesen. Ich meine: Jahrelang wurde diese Bande normalisiert, teils medial, teils politisch, trotz aller Warnungen. Vor zwei Tagen wurde die Partei zur Mehrheitsbeschafferin hochqualifiziert. Und auch wenn wir jetzt Neuwahlen kriegen sollten in Thüringen: Dieser Geist ist aus der Flasche, dieser Dammbruch ist geschehen. Und das Versagen der politisch Konservativen in diesem Land, dazu stehe ich und dabei bleibe ich, wird uns noch sehr, sehr wehtun in Zukunft.«

Das Publikum applaudiert.

Was er denjenigen entgegne, die ihm sagen, er soll doch bitte einfach spielen und sich nicht dauernd politisch äußern, will Schück abschließend wissen.

»Das langweilt mich«, sagt Igor. »Diese Art Aussage, ›Shut up and play‹, das langweilt mich. Und denjenigen, die Mitglieder dieser Zivilgesellschaft, die Politiker und zumeist Frauen bedrohen, ganz ehrlich, pardon my language: Zur Hölle mit denen. Das beschäftigt mich keine Sekunde länger, als es muss.«

75 Jahre nach der Befreiung vom KZ Auschwitz.
Björn Höcke und seine Faschistenbande.
Von den Medien und der Politik normalisiert.
Zur Hölle mit denen.

Es ist nichts Falsches an diesen Worten, im Gegenteil.
Sie wären nicht weiter bemerkenswert, fänden mehr Menschen den Mut, sie auszusprechen, anstatt nur stillschweigend davon überzeugt zu sein.
Weil aber nur wenige den Mut finden, dies im ZDF-Hauptprogramm vor einer Million Zuschauern zu tun, ist es eben doch bemerkenswert.
Nicht wegen Igor oder wegen der Worte.
Sondern weil man, wenn man es sagt, so allein damit steht.

Der Politik-Teil ist genau vier Minuten lang.

Dann leitet Jo Schück zum nächsten Einspieler über: Fidelio, Beethovens einzige Oper. Später muss Igor Zitate raten und noch ein bisschen Klavier spielen: nochmals die Mondscheinsonate und »Für Elise«.

Und dann ist es geschafft. Endlich.
Sie haben leicht überzogen.

»War okay, ja?«, fragt Igor Jo Schück und den Regisseur im Fahrstuhl auf dem Weg in die Redaktionsräume, wo – wie nach jeder Aufzeichnung – noch kurz auf die Sendung angestoßen wird. Der Regisseur biegt vorher in den Schneideraum ab, er muss bis zur Ausstrahlung die Sendung so kürzen, dass sie in den Senderahmen passt. »Wir waren ein bisschen zu lang«, sagt der Regisseur. »Aber wirklich nur minimal«. – Schück: »Naja, sechs, sieben Minuten ist jetzt tatsächlich nicht so super.« – »Sind nur vier«, sagt der Regisseur. »Kriegen wir schon hin.«

Und welche vier Minuten werden es wohl sein.

Beim Umtrunk in der Aspekte-Redaktion erzählt Igor von seinem Auftritt bei Maybrit Illner und von dem Gespräch, das der BILD-Hauptstadtbüroleiter Ralf Schuler, der ihn in der Sendung auf seinen Tweet ansprach, nach der Sendung mit ihm führen wollte.

»Weißt du, was der gemacht hat nach der Sendung? Erstmal in der Sendung stänkern. Und nach der Sendung stehen wir da im Foyer, er kommt auf mich zu und sagt: Herr Levit, was ich Ihnen noch sagen wollte, ich mache ja auch Musik, ich spiele Schlagzeug. Haha! Ja genau.«

Igors Taxi wartet. Er verabschiedet sich und fährt mit Maren Borchers nach unten.

»Ich möchte nicht, dass die rausschneiden, dass ich ›Zur Hölle mit Nazis‹ gesagt habe.« – »Das tun sie aber.« – »Das ist aber gemein.« – »Nein, das ist richtig so.« – »Du bist vielleicht gemein.« – »Wir reden jetzt noch kurz.« – »Nein, ich will nach Hause.«

Igor steigt müde ins Taxi, Maren Borchers und Kai-Uwe Diaz Philipp, der PR-Mann der Plattenfirma, stehen neben der Tür und analysieren den Auftritt. Maren Borchers ruft Igor nach: Schönen Feierabend!

»Was sagst du?« – »Naja, das war schon gut, ich kann keine großen Schwächen finden. Er wird nur immer sehr schnell sehr persönlich, da bin ich nicht sicher, ob das immer so gut ist. Aber er hat gut geantwortet.« – »Ich würde mir ja manchmal eine klarer formulierte Botschaft wünschen.« – »Noch klarer?« – »Ich fand diesen Politik-Block aber auf den Punkt, und das, da stimme ich dir zu, war auch schon mal total anders. Das ging auch schon mal in alle Richtungen gleichzeitig. Schade, dass sie das rausschneiden.«

Zwei Stunden später wird die Sendung im ZDF ausgestrahlt. Die Klavierpassagen klingen runder und voller als im Studio, die Dialoge sind schneller, mit weniger Denkpausen.

Die vier Minuten Politik sind nicht angetastet.

#

HAMBURG, 10. MÄRZ 2020. Am Tag seines 33. Geburtstags gibt Igor ein Konzert in der Elbphilharmonie: die Beethoven-Klavierkonzerte Nr. 3 und Nr. 5, als Solist der Kammerakademie Potsdam mit dem Dirigenten Antonello Manacorda.

Am Vorabend twittert er ein Foto aus dem Großen Saal der Elbphilharmonie, dazu die Zeile: »Wo ich morgen meinen 33. feiern darf.« Der Saal ist leer, auf der Bühne steht ein Flügel.

Am Wochenende hat Bundesgesundheitsminister Jens Spahn geraten, Veranstaltungen über 1000 Teilnehmer nicht mehr zuzulassen.

Die Reihen sind unwesentlich lichter als üblich. Für den darauffolgenden Tag ist eine Wiederholung des Konzerts in Hannover geplant, wenige Tage danach soll Igor in München das Liszt-Klavierkonzert Nr. 1 spielen. Der Termin wackelt erheblich. Niemand hat kommen sehen, was jetzt passiert. Und falls doch, wollte man es nicht glauben.

Als Igor am Abend die Bühne der Elbphilharmonie betritt, ruft ein Mann aus dem Rang herunter: »Happy Birthday!«, Igor wirft ihm eine Kusshand zu.

Der Moderator ist jener Mann, der vor zehn Jahren die Idee hatte, Igor könnte die Beethoven-Sonaten aufnehmen: Michael Becker, Intendant der Tonhalle Düsseldorf.

»Wir kennen uns schon ziemlich lange«, sagt Becker zu Igor und dem Publikum, »seit es Mobiltelefone gibt, hast du eines. Und es ist sehr auffällig, dass du sehr viel schreibst, dich zu vielen Dingen äußerst, und das, wie man sehen kann hinter der Bühne, noch mit der Klinke zur Tür auf die Bühne in der Hand. Wirst du auf der Bühne jemand anders? Oder ist das dieselbe Person, die so schnell umschalten kann?«

»Ich habe noch nie umschalten wollen. Das hat es für mich noch nie gegeben. Für mich ist auf die Bühne gehen und Musik machen im Grunde eine natürliche Fortsetzung meines Lebens, meines Tages. Ich spiele keine Rollen. Ich habe noch nie Rollen gespielt. So sehr, wie ich mich hinter der Bühne auf die Bühne freue, so sehr freue ich mich auf der Bühne auf den Resttag. Das ist einfach mein Leben, das hier stattfindet.«

Das Klavierkonzert Nr. 3 ist das einzige Klavierkonzert Beethovens, das nicht in einer Dur-, sondern einer Moll-Tonart steht. Das Klavierkonzert hat ein ausgedehntes Orchestervorspiel, hundert Takte, etwa dreieinhalb Minuten Musik, erst dann ist der Solist an der Reihe – so waren die Konventionen, das Ensemble bereitet dem Solisten das Entrée, setzt die Themen, die er dann aufnimmt, variiert, weiterführt, gegeneinander ausspielt und zugleich zu verteidigen hat.

Das Klavierkonzert Nr. 5 dagegen beginnt mit einem Raketenstart des Solisten. »Ich glaube, es ist eines der Klavierkonzerte, die gern missverstanden werden«, sagt Igor. »Es ist eines der kammermusikalischsten, feinsten Konzerte, die ich kenne, das Klavier wird sehr häufig zum Begleitinstrument des Orchesters, nicht umgekehrt. Und es ist ein zutiefst würdevolles, menschliches Stück, mit einem zweiten Satz, der mitten ins Herz trifft. Es ist ein wundervolles Stück Musik, das etwas Besseres verdient als den Beinamen ›Emperor‹.«

Igor platzt fast vor Energie und Spielfreude, er kann sich kaum auf der Klavierbank halten, boxt immer wieder in das Polster, spielt scheinbar ohne jede Anstrengung. Alles stimmt, alles gelingt. Er ist in der Form seines Lebens.
Nach dem Konzert hinter der Bühne dann: großes Geburtstagsgratulieren, viele Freunde Igors waren im Konzert und stehen jetzt backstage in der Schlange vor der Garderobe. Igor ist aufgekratzt und glücklich.
Aber nicht restlos.

Was ist los?
»Weiß nicht«, sagt Igor.
Wie war's da draußen?
»Seltsam. Hast du ›Radetzkymarsch‹ gelesen, von Joseph Roth? So fühlte sich das an. Man spürt, dass etwas zu Ende geht.«

Eine Stunde nach Konzertende müssen in der Elbphilharmonie Publikum und Künstler das Haus verlassen haben, sonst wird für den Veranstalter ein Aufschlag auf die Saalmiete fällig. Im Restaurant gegenüber gibt der Konzertveranstalter ein Essen zum Geburtstag, alles ist bereit, aber niemand will aus dem Haus so recht hinaus.

SMS von Igor am nächsten Tag um 11.43 Uhr.
»Traurig alles grad.«
»Spielst du heute in Hannover?«
»Nein.«
»Gerade sprechen Merkel und Spahn in der Bundespressekonferenz. Die Rede ist von einem Epidemie-Verlauf über Monate, vielleicht Jahre.«
»Aber die kommen doch nicht auf die Idee, auf Monate und Jahre alles dicht zu machen?«
»Sieht nicht danach aus.«
»Ok. Sondern?«
»Die wissen es nicht.«
»Und das ist das Schlimme.«

Der Satz aus Radetzkymarsch, den Igor meinte, war:
Er sah eine Welt untergehen, und es war seine Welt.

#

AM TAG NACH dem Konzert in der Elbphilharmonie sollte Igor mit der Kammerakademie Potsdam das gleiche Programm noch einmal in Hannover spielen. Von dort aus hätte Igor nach Köln fahren sollen, um auf der LitCologne mit der Schriftstellerin Carolin Emcke und dem Schauspieler Jerry Hoffmann über James Baldwin zu diskutieren. Beide Termine finden nicht statt, auch keine anderen mehr.

Stattdessen fährt Igor von Hamburg nach Berlin, an den Ort auf der Welt, an dem er sich am wenigsten auskennt: nach Hause.

»Ich lief mit zwei Einkaufstüten in der Hand vom Supermarkt zu mir und dachte über die Frage nach, die ich seit dem Konzert in der Elbphilharmonie im Kopf hatte: Was mache ich jetzt? Es war ja nicht klar, wie lange der Zeitraum ohne Konzerte nun andauern würde – mir war aber sofort klar, dass es länger dauern würde als nur ein, zwei Wochen. Und dann dachte ich: Gut, diesen Zeitraum überbrücke ich jetzt.«

Um 14.42 Uhr schreibt er auf Twitter:

»Die Konzertsäle sind leer, gemeinsames Hören und Erleben von Musik ist nicht möglich. Das ist traurig, jedoch notwendig. Und gut so. Trotzdem möchte ich Musik weiter mit Euch teilen. Hören, erleben. So, wie es halt geht. Also probiere ich mal etwas aus: mein Hauskonzert. Das Publikum, das seid Ihr alle. Ich werde ab heute Abend, 19:00, wann immer ich kann, für Euch von meinem Zuhause aus, spielen. Per Livestream, hier auf Twitter. Was auf dem Programm steht? Das weiß ich noch nicht. Mal gucken. Es ist ein Experiment. Social Media Hauskonzert. Bis wir uns alle wieder gemeinsam, real, nah beinander, versammeln und Kunst erleben können. Also, heute 19:00. Ich freue mich auf Euch. Igor«

»Das geht mir häufig so«, sagt Igor, »ich werfe einen Gedanken in die Luft, und sehe erst dann, was er mit mir macht, wie er sich entwickelt und welche Tragweite er hat.«

Der Tweet geht sofort viral.

Vier Stunden bleiben noch bis zum angekündigten Konzertbeginn.

Er trifft sich mit Georg Diez, der gerade ganz in der Nähe bei einem japanischen Bäcker sitzt, und erzählt ihm von der Idee. Diez versteht ihn zunächst falsch, glaubt, er wolle aus leerstehenden Konzertsälen streamen.
»Nein, aus meinem Wohnzimmer«, sagt Igor.
»Oh. Wow. Go ahead«, sagt Diez.
Er versteht die Ausmaße der Idee noch vor Igor selbst.

Ein Künstler, der direkt mit seinem Publikum in Kontakt tritt, ohne dass es der Maschinerie des Klassik-Betriebs bedarf – keinen Veranstalter und keinen Konzertsaal, weder Kartenverkauf noch Programmabsprachen, und auch keine Medien zur Steuerung der Aufmerksamkeit. Natürlich, es ist erst einmal nur ein gestreamtes Konzert, wenn man die Sache aber zu Ende denkt, bekommt das Hauskonzert ein beinahe revolutionäres Moment: Die Macht zu entscheiden, was geschieht und was nicht, liegt wieder in Händen des Künstlers. Jenes Akteurs, der sonst zwar scheinbar auch im Fokus des Konzertbetriebes steht, aber letztlich nur wenig zu sagen hat.

Weil es sonst immer andere sind, die bestimmen, wer was wann für wen spielen darf, und auch wofür. Kein Problem für etablierte Künstler in guter Verhandlungsposition. Igor aber war die längste Zeit seines Lebens ein nicht etablierter Künstler, der sich der Willkür des Marktes ausgeliefert sah, und er kann sich bis heute nicht davon lösen.

Ihm liegt an diesem Nachmittag ein anderer Aspekt viel näher am Herzen.

»Ich wusste, ich würde es nicht schaffen, Musik für mich allein zu machen. Das hat psychologische und emotional selbsterhaltende Gründe. Ich brauchte Musik, um diese Tage zu überstehen. Ich brauchte aber auch einen Grund, mich ans Klavier zu setzen.«

Allerdings hat er keine Ahnung, wie man das macht: ein Konzert streamen.

Igor fährt mit dem Fahrrad zum Saturn am Alexanderplatz und kauft für 25 Euro ein Stativ für sein Telefon. Fährt wieder nach Hause. Fährt dann noch einmal zurück, weil er bemerkt hat, dass er noch eine Handy-Klammer braucht, um das Telefon auf dem Stativ zu befestigen.

Auf dem Weg ruft er die Journalistin Melissa Chan in Kalifornien an, mit der er befreundet ist, um ein zweites wesentliches Grundproblem zu lösen: Geht das technisch überhaupt, ein Stream auf Twitter, der länger ist als ein paar Minuten? Chan fragt einen Mitarbeiter bei Twitter, kurz darauf ruft sie Igor zurück und kann ihn beruhigen: Ja, kein Problem.

Um 19 Uhr setzt sich Igor in Socken an den Flügel und spielt die Waldsteinsonate, rund 80 000 Menschen hören live zu, insgesamt haben über 300 000 die Aufnahme gesehen.

Die Tonqualität ist bescheiden, laute Stellen pegelt das Programm selbstständig herunter. Der Flügel klingt, als hielte der Toningenieur bei einer Aufnahme statt eines Mikrofons dem Künstler einfach ein Telefon hin – und genau das geschieht auch, nur ohne den Toningenieur. Zudem ist Igor sein Telefon beim Frühstück in Hamburg in die Margarine gefallen.

Aber der Moment hat eine ganz andere Qualität. Über die Kommentarfunktion können die Zuhörer die Anwesenheit der anderen sehen. Obwohl die meisten zu Hause im Wohnzimmer am Handybildschirm sitzen, entsteht ein durchschlagendes Gefühl von Gemeinschaft.

Igor bemerkt davon zunächst nichts. »Ich habe 20 Minuten lang innerlich gebetet, dass Twitter die Übertragung nicht abbricht.«

Nach dem Konzert beschließt er, von jetzt an tatsächlich jeden Abend zu spielen.

#

DANN SOLL ES doch noch ein Konzert geben. In München, auf der Bühne des Nationaltheaters, mit dem Bayerischen Staatsorchester und der Dirigentin Joana Mallwitz. Igor und sie kennen sich aus dem Frühförderprogramm der Hochschule in Hannover. Als Kinder sind sie bei ungezählten Wettbewerben zusammen angetreten, haben hinter der Bühne Gummibärchen gegessen und Witze erzählt, jetzt sind sie beide Weltstars.

Weil die Theater und Opernhäuser in Bayern wegen der Corona-Lage längst geschlossen sind, soll das Konzert ohne Publikum stattfinden, zu sehen im Stream auf der Webseite der Oper.

Auf dem Programm: die Unvollendete von Franz Schubert und das Klavierkonzert Nr. 1 von Franz Liszt, mit Igor als Solist.

Igor reist an, die beiden proben, für Mallwitz ist es ein wichtiger Termin: Im Sommer soll sie bei den Salzburger Festspielen dirigieren, als erste Frau jemals, für die großen Vorab-Porträts in den Zeitungen haben sich die maßgeblichen Musikjournalisten des Landes für das Konzert in München akkreditiert, sie sollen inoffiziell in den Zuschauerraum geschmuggelt werden.

Aber daraus wird nichts.

Am frühen Morgen des Konzerttags wird der Termin überraschend abgesagt, es gibt einen Corona-Verdachtsfall im Orchester. Stattdessen sollen nun mehrere kleine Ensembles ein Ersatzprogramm bestreiten, das am Abend im Internet übertragen wird. Damit Igor nicht unverrichteter Dinge abreisen muss, vereinbart seine Managerin einen Solo-Auftritt für Igor: Er spielt, allein auf der Bühne des leeren Nationaltheaters sitzend, die Diabelli-Variationen.

Das Licht ist heruntergedimmt, er spielt in die Leere, hinein in die Schwärze des Saals. In der Seitenloge, nicht einsehbar für die Kameras, sitzt seine Managerin, andere Zuhörer gibt es nicht.

»Da waren wir alle schon mittendrin im Radetzkymarsch«, sagt Igor ein paar Tage später, »man konnte sozusagen die Kanonen in der Ferne schon hören, man wusste: Es ist zu Ende. Wie auf den letzten drei Seiten der Neunten von Mahler – es ist klar, es ist vorbei, ganz leise und still.«

Wie fühlte sich der leere Saal von der Bühne aus an?

»Es war okay. Ich finde diesen Saal ja wirklich toll. Es war aber auch deswegen okay, weil der Saal eben nicht ganz leer war. Ihr habt ja nur mich gesehen. Ich hatte hier vor mir Kristin sitzen, das reicht mir schon. Am Ende war dieses Konzert auch nur eine Illusion. Ein letztes Zucken. Ich hab danach nur gesagt, Tschüss, Kristin, wir sehen uns jetzt länger nicht mehr. So ist es ja auch gekommen. Dann bin ich zum Flughafen gefahren, das Terminal war fast leer. Und ab dem nächsten Tag war dann alles aus.«

#

EIN TAG IM März oder April, egal welcher. Igor sitzt zu Hause und reist, weil er gerade niemanden treffen und nirgendwo hinfahren kann, in die eigene musikalische Vergangenheit.

»Ich höre jetzt wieder Platten, die ich als Student ständig gehört habe, die ganze Zeit, nonstop. Die höre ich jetzt nach, und ich finde die immer noch wahnsinnig geil.«

Dr. Dre, Snoop Dogg, Eminem, vor allem Eminem.

»Das macht so gute Laune, es ist sensationell gut gemacht, ich drehe jedes Mal komplett durch, wenn ich das höre. Das ist Musik, die mich sehr stark geprägt hat. Ich frage mich die ganze Zeit: Wieso war das so? Und dann höre ich mir das nochmal an, nochmal und nochmal, und dann weiß ich wieder, warum.«

Die Musik holt ihn in einer Phase seines Lebens ab, in der er nicht weiß, wohin mit sich. Er hat bis dahin sehr viel Klavier gespielt und relativ wenig anderes im Leben gemacht, er fühlt sich zu dick, unbeachtet und kompensiert seine Selbstzweifel mit zu viel Ego. Er hat Schwierigkeiten in der Schule, findet nur schwer in das Leben hinein, dass man als Dreizehn-, Vierzehn-, Fünfzehnjähriger in Hannover um die Jahrtausendwende führt.

Ein Teenager, musikalisch hochbegabt, darüber aber eher verzweifelt als froh. Verängstigt, mit zu viel Talent und Mutwillen, um einen normaltemperierten Alltag interessant zu finden, und durch die jahrelange Beschäftigung mit Musik mit zu viel Emotion und zu feinen Rezeptoren, um noch zu wissen, wohin mit sich.

»Und dann kommt ein junger Rapper, der sich Eminem nennt, und dessen Botschaft im Grunde genommen aus einem Wort besteht: Ich. Jedes einzelne Album, das er in den ersten zehn Jahren aufgenommen hat, ist eine einzige große Autobiografie. Ich empfand das als wahnsinnig mutig und toll, dass jemand seinen ganzen Weg auf dem Wort ›Ich‹ aufbaut – und sich nicht darum kümmert, was ›man‹ macht und was nicht. Eminem hat mich genau in der Phase erwischt, in der ich für mich feststellte: Ich will ›Ich‹ sagen dürfen.«

Igor stand als erster vor dem Saturn in Hannover, wenn ein neues Album erschien, und hörte die Platte dann tagelang ohne Pause.

Jahre später sagt er in einem Interview, er habe von Eminem mehr über Beethoven erfahren als von Beethoven. Wenn man Igor spielen hört, erscheint das nachvollziehbar: im Insistieren auf einzelnen Aussagen, in der Perfektion darin, zu wirken wie improvisiert, in der Unbedingtheit, sich selbst zum Thema zu machen.

»Das ist so gut! So gut geschrieben! Diese Texte und dieser Rhythmus! Ich höre das dann auch richtig gründlich und analysiere die Tracks durch: Dieses Wort ist schneller als jenes und langsamer als dieses – ich höre mich da richtig rein. Das ist Teil meiner DNA. Ohne jede Frage! Nur leider klingt Eminems Musik auf dem Klavier einfach fürchterlich.«

#

MATTI RAEKALLIO MACHT Igor auf Ferruccio Busoni aufmerksam. »Für Matti ist Busoni der Held«, sagt Igor. »Er hat über Busoni promoviert, über Busonis Fingersätze. Und dann hat er mir Busoni nahegebracht, und dann wurde er auch mein Held.«

Ein Mann mit vollem, mildem Gesicht, kühlem Blick und Virtuosenmähne, der zu Beginn des vorigen Jahrhunderts zu den größten Pianisten seiner Zeit gehörte. Busoni war Klaviervirtuose, Komponist und Dirigent nicht nur der Klassiker, sondern auch zeitgenössischer Musik, jedoch nicht heute, sondern vor rund einem Jahrhundert: geboren 1866 in Empoli, 30 Kilometer vor Florenz, gestorben 1924 in Berlin. Seine ersten Jahre waren die eines Wunderkinds, die darauffolgenden die eines Virtuosen, Komponisten und Lehrers, seine späten die eines Visionärs. Busoni studierte in Wien, lehrte in Leipzig, Helsinki, Moskau und Boston, zog mit 28 Jahren schließlich nach Berlin, die Jahre um den Ersten Weltkrieg verbrachte er im Exil in Zürich. Er war Zeitgenosse Gustav Mahlers und Richard Strauss', neben deren Pathos Busonis Werke beinahe nüchtern und bescheiden anmuten.

Er komponierte Stücke, die eigentlich zu groß sind fürs Klavier. Etwa ein 80-minütiges Konzert für Klavier, Orchester und Männerchor. Oder die Fantasia Contrappuntistica – ein Versuch, den letzten Teil von Johann Sebastian Bachs Kunst der Fuge zu vollenden. Dazu kommen verschiedene Bearbeitungen und Transkriptionen von Orgelwerken Johann Sebastian Bachs für Klavier, darunter zehn Choralvorspiele. Einige klingen jetzt, als stammten sie von amerikanischen Jazz-Pianisten.

Er blickte mit den Mitteln der späten Romantik auf das Werk Bachs, betreute für den Musikverlag Breitkopf & Härtel eine Bach-Gesamtausgabe und ist Autor eines 54-seitigen Aufsatzes, das der Musikkritiker Hans Heinz Stuckenschmidt »ein Stück echte Utopie« nennt. »Heller, phantastischer und dichterischer hatte noch niemand den Ruf nach neuen Ordnungen formuliert.« Ein Buch voller Optimismus, unsystematisch und nicht operationalisierbar, kein Lehrbuch, auch keine wissenschaftliche Arbeit, sondern ein Manifest. Der Titel: Entwurf einer neuen Ästhetik der Tonkunst.

Man versteht Igor besser, wenn man dieses Buch gelesen hat.

Es sind die Aufzeichnungen eines Welterklärers. Busoni betrachtet Musik nicht als altehrwürdige Kunstform, die so alt ist wie Tag und Nacht, und deren Traditionen und Konventionen unanfechtbar sind. Er betrachtet die Musik mit frischem Blick, er sieht an der Musik vor allem das, was sie sein könnte, aber noch nicht sein darf.

»Die Musik als Kunst, die sogenannte abendländische Musik ist kaum vierhundert Jahre alt, sie lebt im Zustande der Entwicklung; vielleicht im allerersten Stadium einer noch unabsehbaren Entwicklung, und wir sprechen von Klassikern und geheiligten Traditionen.«

Musik ist schwebend und schwerelos, durchsichtig und fast körperlos, bestehend aus nichts als tönender Luft. Noch präziser: Musik ist frei. »Frei ist die Tonkunst geboren«, schreibt Busoni, »und frei zu werden ist ihre Bestimmung.«

Am wichtigsten ist Igor der Abschnitt, in dem Busoni sich mit dem Notentext auseinandersetzt. »Die Notation, die Aufschreibung von Musikstücken ist zuerst ein ingeniöser Behelf, eine Improvisation festzuhalten, um sie wiedererstehen zu lassen.«

Der Vortragende habe die Starrheit der Zeichen wieder aufzulösen und in Bewegung zu bringen, schreibt Busoni. »Die Gesetzgeber aber verlangen, dass der Vortragende die Starrheit der Zeichen wiedergebe, und erachten die Wiedergabe für um so vollkommener, je mehr sie sich an die Zeichen hält.« Ihnen seien die Zeichen selbst das Wichtigste. »Läge es nun in der Macht der Gesetzgeber, so müsste ein und dasselbe Tonstück stets in ein und demselben Zeitmaß erklingen, sooft, von wem und unter welchen Bedingungen es auch gespielt würde. Es ist aber nicht möglich, die schwebende expansive Natur des göttlichen Kindes widersetzt sich; sie fordert das Gegenteil. Jeder Tag beginnt anders als der vorige und doch immer mit einer Morgenröte.«

Große Künstler spielten ihre eigenen Werke immer wieder verschieden, »gestalten sie im Augenblicke um, beschleunigen und halten zurück – wie sie es nicht in Zeichen umsetzen konnten – und immer nach den gegebenen Verhältnissen jener ewigen Harmonie«. Einer der Schlüsselsätze: »Was der Tonsetzer notgedrungen von seiner Inspiration durch die Zeichen einbüßt, das soll der Vortragende durch seine eigene wiederherstellen.«

Das hat Folgen für jedes Konzert.

»Der Schaffende sollte kein überliefertes Gesetz auf Treu und Glauben hinnehmen«, schreibt Busoni. »Die Aufgabe des Schaffenden besteht darin, Gesetze aufzustellen und nicht Gesetzen zu folgen. Wer gegebenen Gesetzen folgt, hört auf, ein Schaffender zu sein.«

Eine Beethoven-Sonate zu spielen bedeutet also nicht: allen Vorschriften zu folgen – jeden Ton an die Stelle zu platzieren, an der er laut Notentext zu stehen hat, in genau der vorgeschriebenen Intensität, und sich darauf zu verlassen, dass alle korrekt platzierten Töne die Sonate ergeben. Sondern Musik als Ausdrucksmittel zu begreifen, im besten Sinn: als Sprache, mit der sich eine ganze Welt erzählen lässt, eine Wahrheit, die hinter den Tönen liegt – und die sich von Mal zu Mal unterscheiden kann, sich streng genommen sogar unterscheiden muss, um nicht in Routine zu verfallen.

»Die Routine wandelt den Tempel der Kunst um in eine Fabrik«, schreibt Busoni. »Sie zerstört das Schaffen. Denn Schaffen heißt: aus Nichts erzeugen. Man möchte rufen: meidet die Routine, beginnt jedesmal, als ob ihr nie begonnen hättet, wisset nichts, sondern denkt und fühlet!«

»Das ist für mich die Essenz«, sagt Igor. »Die utopische Vorstellung des ganz Freien. So unerreichbar dies ist, so wichtig ist es mir.«

Wenn Igor sich also an den Flügel setzt und die Hammerklaviersonate spielt: Klingt dann Beethoven oder Igor? »Natürlich Beethoven«, sagt Igor. »Aber von mir gespielt.«

#

NEBEN EMINEM UND Busoni gibt es für Igor ein drittes musikalisches Idol, das ihn – beginnend in seiner Teenager-Zeit – nachhaltig geprägt hat: den Jazz-Pianisten Thelonious Monk.

»Innerhalb des 20. Jahrhunderts ist Thelonious Monk wahrscheinlich für mich der größte Held neben Ferruccio Busoni. Monk ist für mich die wahr gewordene Freiheit, er ist einer der bedeutendsten Komponisten des 20. Jahrhunderts. Der Ton ist bei ihm sofort da, ohne Anlauf, ohne Schnörkel, ganz schlicht, aber mit voller Kraft. So sperrig diese Musik ist, so eckig und auch eng – es gibt für mich niemanden, der ihm gleichkommt.

Es gibt eine Szene aus Blood Sport, einem wahnsinnig schlechten Film, wo Jean-Claude van Damme einen Stapel Zementsteine kaputt hauen muss. Und dann sagt ihm einer: Du darfst nur den untersten kaputt machen, alle anderen müssen heil bleiben. Und er holt nicht Schwung, sondern übt einfach nur Druck aus, und so geht tatsächlich nur der unterste kaputt. Diese Art der Tonausführung meine ich. Radikal, schnell, frei und ohne Angst.

Du musst angstfrei sein, um dich zu trauen, ohne langen Anfahrtsweg einen Ton zu produzieren. Du musst ungeheures Vertrauen haben, in dich, deine Nerven, und in deinen Körper. Dafür steht Monk für mich: für Freiheit, Angstfreiheit, Geschwindigkeit, Tiefe, Schmerz.

Er hat einen sehr berühmten Satz gesagt, der mir, als ich ihn verstanden hatte, eine unfassbar große Stütze war: The Piano ain't got no wrong notes. Es gibt keine falschen Töne auf dem Klavier. Es gibt nur deine Töne.

Natürlich, das heißt nicht, dass ich statt fis immer gis spielen kann, das zu glauben wäre dumm.

Aber es bedeutet, dass es im Grunde keine falsche Art gibt, ein Stück zu spielen – weil es umgekehrt auch nicht die eine richtige gibt.

Wie auch immer ich ein Stück spiele – es hat seine Berechtigung, denn es ist meine Art. Natürlich ist niemand verpflichtet, das Resultat zu mögen, aber niemand darf sagen, sie ist falsch. Sie hat ihren Anspruch auf Gültigkeit.

Denn ohne mich als Vortragenden würde die Musik in diesem Moment gar nicht existieren.

Die Art, wie Monk spricht, wie er spielt, und die Art, wie er am Klavier sitzt und sich nicht darum schert, ob ein Ton nun schön ist oder nicht, solange er einfach da ist, denn es ist in jedem Fall sein Ton – diese Art hat mich sehr fasziniert.

Als Student dachte ich, Monk sei ein viel bedeutenderer, vielleicht nicht besserer, aber doch größerer Komponist als Arnold Schönberg. Auf dieser Stufe steht er für mich, ganz eindeutig.

Ich wollte immer werden wie Monk. Er ist mein Held. Ein Fixstern.

The piano ain't got no wrong notes heißt für mich: Hab Mut, Igor. Hab Mut, dir selbst zu vertrauen. Mach dich nicht kleiner, als du bist.«

#

EINE KARRIERE DEFINIERT sich durch drei Faktoren: die Stücke, die du spielst. Die Orte, an denen du sie spielst. Und die Zusammenarbeit mit bestimmten anderen Musikern.

Sehr viele Karrieren sind behauptet und mit großen Erzählungen überformt, im Blick auf Igors Karriere kommt einem das auch so vor, sagt sein Kommilitone Simon Bode. »Wenn man auf die Biografie schaut, sieht es aus, als wäre es ein Durchmarsch gewesen, alles ging mühelos, rasant und schnell. Wenn man den Weg verfolgt, ist das überhaupt nicht so. Dahinter stecken viele Jahre Ochsentour. Die Gründe für Igors Erfolg sind Instinkt, Talent und Glück. Er hat es mir selbst immer wieder gesagt: Es hätte auch anders ausgehen können.«

Bode gehört zu seinen ältesten Freunden. Die beiden lernen sich 2002 bei Jugend Musiziert kennen, der Wettbewerb wird auf Regional-, Landes- und Bundesebene ausgetragen, Igor und Simon bekommen danach ein Stipendium der Jürgen-Ponto-Stiftung, treten in Frankfurt vor Spitzenbankern auf, danach im Schlosstheater in Schwetzingen. Simons Professorin und Kämmerling kennen einander aus Hannover, Simon beginnt Jura zu studieren, wechselt dann an die Hochschule und studiert Gesang, heute ist er ein gefragter lyrischer Tenor. Er kennt Igor nicht nur so gut, sondern auch so lange wie wenige andere.
»Igor hatte immer den Ton, bei dem man nach drei Takten weiß: Da spielt Igor«, sagt er. »Ein großzügiger, großer Ton, ohne wabbelig und bauchig zu sein. Unglaublich präzise und hell im Anschlag, aber ohne Härte. Es stellt auch nie eine Sache aus, um sie zu zeigen. Nichts ist behauptet, was er spielt, ist einfach da. Eine Kombination aus Großzügigkeit und Präzision.«

Hatte Igor immer den Kompass zu wissen, ich will das und ich werde es schaffen? »Den Kompass hatte er«, sagt Simon Bode. »Aber ich weiß nicht, ob er sich selbst immer sicher war. Das heißt, nein: Ich weiß, dass er es nicht war.«

Eine Karriere, sagt Simon Bode, ist immer erkämpft.

Entscheidend sind oft auch Dinge und Momente, deren Bedeutung nicht sofort ersichtlich ist, sondern die sich erst viel später auszahlen. Und manchmal auch gar nicht.

#

NACH DEM RUBINSTEIN-WETTBEWERB 2005 kehrt Igor nach Hannover zurück und macht weiter wie zuvor.

»Kein Arsch hat sich für mich interessiert. Ich bin nicht groß ins Konzertleben eingestiegen, habe keine Tourneen gespielt, es gab keine berühmten Dirigenten, die mich protegiert hätten, auch keine Agenturen. Es ist nicht so, dass ich niemanden um mich gehabt hätte – es gab zu jeder Zeit fantastische Menschen, die an mich geglaubt haben, auch wenn ich es gerade nicht tat. Aber die Scheinwerfer, auf die ich gehofft habe, blieben aus. Aus heutiger Sicht war das eines der größten Geschenke meines Lebens.«

Karrieren, die mit dem Gewinn eines großen Wettbewerbs beginnen, sind in der Branche der Normalfall. Sie laufen meist nach demselben Schema ab: Repertoire lernen, ein Album aufnehmen, zwei Jahre lang auf Tour gehen. Dann das nächste Programm, die nächste CD, die nächste Tour.

Ein paar Konzerte gibt es tatsächlich. Igor reist durch Israel, bestreitet einen Abend nach dem anderen. Aber niemand entdeckt ihn. Er bleibt in seiner Liga, spielt bei kleinen und mittleren Festivals, nicht an großen Häusern. Er bekommt Zeit, Repertoire zu lernen.

»Aus der damaligen Perspektive habe ich mich darüber natürlich aufgeregt bis zum Mond. Du bist ein 17-, 18-jähriger Typ, du bist nicht reich, du hast keine Perspektive. Du willst einfach Karriere machen und auf einer Liste einer großen Agentur stehen, wenn du Ehrgeiz hast, und den hatte ich. Ich habe mich mit diesem Ehrgeiz nie gelangweilt, deshalb hat der Ärger nie überhandgenommen.«

Das liegt daran, dass er Menschen um sich hat, die sein Talent erkennen und ihn füttern. Martin Brauß, der Leiter des Instituts für musikalische Frühförderung in Hannover. Frederic Rzewski. Lajos Rovatkay. »Aber das meiste habe ich mir selbst zusammengesucht.«

»Das war die Zeit, in der er gelitten hat«, sagt seine Mutter. »Und ich auch, sehr. Er hat gelitten, weil es nicht vorwärts geht. Und wenn es nicht vorwärts geht, wird es sehr schwer für einen Künstler. Weil die Luft fehlt.«

»Ich habe damals natürlich ein, zwei Gespräche mit Agenten geführt«, sagt Igor, »weil ich glaubte, ich sei ganz gut im Über-mich-selbst-Reden. Ich habe mich einfach hinten angestellt.«

Eine bessere Ausgangsbasis als Hannover ist kaum vorstellbar. Die Hochschule hat eine der weltbesten Klavierabteilungen, dazu haben Karl-Heinz Kämmerling, Hans Leygraf, Bernd Goetzke über Jahrzehnte beigetragen. »In unserer Klasse war ein Top-Pianist neben dem anderen. Es waren wirklich fantastische Typen am Klavier, die sich dort die Klinke in die Hand gegeben haben.« In der Stadt sitzen einige der wichtigsten Musikagenturen.

Das erste Gespräch mit einem Agenten geht schief.

»Er saß mir gegenüber, schaute mich an, dann wollte er mich spielen hören. Wir sind in die Hochschule gegangen, ich habe ihm ein paar Takte des ersten Brahms-Klavierkonzerts vorgespielt. Das fand er nicht gut, er gab mir Ratschläge, was ich anders machen soll, er versuchte mir Unterricht zu geben. Und dann kam die Frage, mit welchen ›großen Dirigenten‹ ich schon gespielt hätte. Ich habe gesagt: Wenn ich schon mit ganz vielen großen Dirigenten gespielt hätte, wozu bräuchte ich Sie dann? Dann hat er mir einen langen Vortrag gehalten, die Agentur, für die er arbeite, habe keine Zeit und keine Kapazitäten, um Karrieren aufzubauen. Gottseidank hat der mich nicht genommen.«

Das Gespräch bleibt für Igor nicht das einzige, das mit dieser Frage endet.

Mit wem haben Sie schon gespielt?
Mit niemandem so wirklich.
Okay, danke.

»Jedes einzelne dieser Gespräche hat mich sehr geärgert. Ich war in einem schwierigen Alter, ein unerfahrener 18-Jähriger, alles kam da zusammen.«

Es gibt nur einzelne Kollegen, die ihn füttern und fördern.

Der Pianist Hans-Christian Wille, ein ehemaliger Kämmerling-Schüler, holt ihn zu seinem Festival nach Braunschweig, lässt ihn spielen.
Kari Kahl-Wolffsjäger holt ihn Jahr um Jahr zum Kissinger Sommer.
Gerrit Glaner von Steinway wird zu einem wichtigen Wegbegleiter, Ratgeber und Freund. Martin Brauß, der Gründer des Instituts zur Früh-Förderung musikalisch Hochbegabter in Hannover, setzt sich sehr für ihn ein. Die Jürgen-Ponto-Stiftung vermittelt Konzerte in Mecklenburg-Vorpommern, der Geiger Maxim Vengerov engagiert ihn als Begleiter auf Konzertreisen. Es ist nicht so, dass nichts los wäre, nur eben viel zu wenig.

Dann ergibt sich doch die Zusammenarbeit mit einem Agenten. Und zerschlägt sich wieder.

Es ist schwer zu sagen, wie sich Igor entwickelt hätte, wären die ersten Gespräche mit Agenturen erfolgreicher verlaufen. »Ich wäre leichter manipulierbar gewesen, hundertprozentig. Irgendwann habe ich auch einfach aus einer inneren Wut heraus gesagt: Okay, wenn es sowieso egal ist, mache ich eben, was ich will.«

#

IM JAHR 2006 gibt Igor sein Debüt im Kleinen Sendesaal in Hannover, in der Reihe »Pro Musica«. Eine große Konzertdirektion will ihn unter Vertrag nehmen, die Unterlagen sind fertig zur Unterschrift.

Alle sind da. Alle wissen, das ist jetzt der nächste von der Hochschule, der es schafft. Sein Programm, relativ mutig: Robert Schumanns C-Dur-Fantasie, dazu zwei Mozart-Sonaten: KV 457 in c-Moll und KV 282 in Es-Dur, die Duport-Variationen und Prokofjews Klaviersonate Nr. 7. Mutig deshalb, weil die Stücke nicht so sehr virtuoses Geschick verlangen als innere Reife und nicht nur technische, sondern auch gestalterische Vollendung. 19 Jahre ist er jetzt alt, seit sechs Jahren studiert er in Hannover.

»Ich weiß noch, er ist in der Mozart-Sonate ein bisschen weggeeilt«, sagt Simon Bode, »ich dachte, ja, vielleicht nicht ganz wie einstudiert, aber auch wieder schön, wie er sich im Moment verlieren kann.« Es entspricht nicht dem Ideal, wie Mozart nach der herrschenden akademischen Meinung zu klingen hat.
»Er wiegt sich, er legt die Stirn in Falten oder lächelt genießend in sich hinein. Es scheint, als würde eine musikalische Vision Igor Levits ganzen Körper durchfluten, ehe sie sich in seinen Fingern verdichtet und in den Steinway entlädt«, schreibt der diensthabende Musikkritiker der Hannoverschen Allgemeinen Zeitung. »Sein Spiel besticht durch seinen Einfallsreichtum, seine Musikalität und seine Fähigkeit zu träumerischer Versenkung«, Igor Levit kam »besonders im Stillen, Versonnenen und Gesanglichen ganz zu sich selbst«.
Dann wird es unfreundlicher.

Die Es-Dur-Sonate sei reichlich effekthascherisch, so als ziere er sich, zweimal dasselbe zu sagen, dekoriere Levit sämtliche Wiederholungen mit Verzierungen und verzettele sich in prätentiös herausgefingerten Einzelheiten, die den melodischen Fluss ins Stocken und das Tempo ins Schwanken brächten.

So spiele man Mozart nicht.

Seine Interpretationen seien »nicht von Glätte, sondern von kreativem Übermut, von ungezügelter Detailversessenheit bedroht« – der Mozart sei überpointiert, Prokofjews Klaviersonate nicht zielstrebig genug. Der Schlusssatz: »Noch fehlt Levit die unbedingte Entschlossenheit, um restlos gefangen zu nehmen.«

Am nächsten Tag geht Igor zur Vertragsunterzeichnung, aber es gibt keinen Vertrag mehr. Die Konzertdirektion zieht ihr Angebot zurück. Wer so Mozart spiele, den könne man nicht verkaufen.

#

IM JAHR 2007 ist Igor zum ersten Mal auf einem Kreuzfahrtschiff engagiert, als Solist des English Chamber Orchestra, der Geiger Maxim Vengerov hat ihm den Job verschafft. An Bord ist auch der Solo-Oboist François Leleux. Der ruft ihn ein Jahr später an, weil das Chamber Orchestra of Europe eine Tour mit dem Dirigenten Vladimir Jurowski plant, auf dem Programm: Richard Strauss' Orchestersuite »Der Bürger als Edelmann«. Darin gibt es einen exponierten Orchesterklavierpart – ob Igor den spielen wolle? Igor sagt zu – und lernt auf der Tour Hélène Grimaud kennen, die im ersten Teil des Programms das Klavierkonzert in G-Dur von Maurice Ravel spielt.

Igor spricht sie an, fragt, ob er ihr vorspielen dürfe. Ja gern, sagt sie, aber wo? In der Alten Oper in Frankfurt sind 20 Minuten Zeit, bevor das Orchester zur Probe die Bühne betritt. Igor spielt die Diabelli-Variationen, nach zwei Dritteln des Stücks muss er abbrechen, weil die ersten Musiker den Saal betreten, sie kommt zu ihm auf die Bühne und sagt: »I am mesmerized.«

»Hélène war wahrscheinlich die erste berühmte Musikerin, die mir sagte: Du bist besonders. Sie sagte, sie habe mir während dieser Tour beim Üben zugehört und gehofft, dass sich ihr Eindruck bewahrheitet. Sie hat mich auf eine Art gesehen, in der ich mich nicht einmal ansatzweise sah – in einer Phase, in der in meiner Karriere einfach gar nichts passierte.«

Sie fragt ihn: Wer arbeitet für dich? Er sagt: Niemand so wirklich. Sie fragt: Hast du eine Plattenfirma? Er sagt: Nein, aber ein Angebot eines kleinen Labels. Sie sagt: Bist du verrückt? In fünf Jahren wirst du ganz oben sein, unterschreib jetzt nicht einfach irgendwas.

Sie empfiehlt ihn ihrem Agenten, Jasper Parrott.

#

IM JAHR 2009 lernt Igor Jasper Parrott kennen, Impresario und Mitbegründer der englischen Agentur Harrison Parrott.

Igor ist wieder auf einem Kreuzfahrtschiff mit dem English Chamber Orchestra unterwegs.

Parrott hört ihn die Diabelli-Variationen spielen, beobachtet ihn über einige Zeit, auf der Kreuzfahrt unterhalten sie sich. Wenige Monate später nimmt er ihn unter Vertrag.

Die Zusammenarbeit beginnt ein Jahr vor dem großen Porträt in der Frankfurter Allgemeinen Sonntagszeitung.

Doch die Rakete zündet trotzdem nicht. Igor bekommt mehr Auftritte, größtenteils auch besser dotiert, das schon. Der Stempel Harrison Parrott hilft. Aber Igor fühlt sich nicht gesehen und verstanden, das Management setzt auf Quantität. »Auf einmal«, sagt Igor, »war es wahnsinnig viel.« Statt zwanzig Konzerten im Jahr spielt Igor bald an die hundert.

In dieser Zeit begegnet ihm ein Problem aus Studientagen wieder. »Ich habe in dieser Zeit sehr häufig das Wort ›man‹ gehört. Man muss dies tun, man darf jenes nicht tun, Igor, hab Geduld, bevor du diesen Schritt gehen kannst, musst du erst einen anderen Schritt gehen. Die hatten eine Schablone, wie man Künstler aufbaut und wie Karrieren zu verlaufen haben. Aber diese Schablone hat in meinem Fall nicht funktioniert. Das Wort ›man‹ interessiert mich nicht, ich will nicht hören: Sei geduldig! In meinem Kopf passieren 16 000 Sachen auf einmal, das war nicht ihre Sprache.«

Vier Jahre macht Igor mit. Um die Sachen, die ihm wichtig sind, kümmert er sich selbst, was die Arbeit mit der Agentur nicht einfacher macht.

Er spielt sein Debüt im Brahms-Saal des Wiener Musikvereins, allein.

Er übernimmt die Leitung der Kammermusik-Akademie beim Heidelberger Frühling, von der Agentur fährt niemand hin. Igor fühlt sich im Stich gelassen.

#

VON ANDEREN BEKOMMT Igor immer wieder zu hören, er könne ja gut Klavier spielen, aber leider sei er ein langweiliger, komischer, unverkäuflicher Nerd. »Es lag nicht daran, dass ich keine Kontakte gehabt hätte. Sondern dass mich Leute tatsächlich im Gespräch abgelehnt haben.«

Igor gilt als Riesentalent, wird aber nur partiell ernst genommen. »Ein Irrwisch, der dauernd seltsame Witze erzählt, und bei dem nicht richtig sicher ist, ob er das alles überhaupt richtig gekettet kriegt, weil er so viel redet«, sagt ein Freund. Ein Riesen-Potenzial mit Riesen-Ego, um die Unsicherheit zu übertünchen.

Dann interessiert sich ein namhaftes Klassik-Label für ihn. Im Kennenlerngespräch heißt es, man brauche eine Geschichte, über die man Igor als Person verkaufen könne – er sei nicht vielleicht arm aufgewachsen oder so?

»Ich bin wahnsinnig sauer geworden. Ich habe damals gesagt: Wissen Sie, wenn ich Ihnen heute erzähle, dass wir am 4. Dezember 1995 am Düsseldorfer Flughafen standen, ein Kofferwägelchen brauchten und meine Eltern beide über Stunden kein Wort herausbrachten, um dafür Geld zu wechseln: Dann klingt das heute wie eine nette Anekdote. Es ist aber keine, das war ein dramatischer Moment, meine Eltern hatten gerade ihr Leben aufgegeben! Was glauben Sie eigentlich, wer Sie sind?«

Das Gespräch dauert nicht länger als nötig. Danach bricht der Kontakt ab.

#

AN EINEM DONNERSTAG im Mai 2011 gibt Igor ein Konzert im Berliner Radialsystem. Der Saal liegt direkt an der Spree, in einem alten Pumpwerk aus der Gründerzeit – Stahl, Glas und nackter Backstein. Igor spielt eine kleine Reihe mit Variationswerken. Diesmal die Diabelli-Variationen, ein Konzert von 50 Minuten Länge.

Im Publikum sitzt Anselm Cybinski. Er kennt Igor bis dahin nur aus dem Porträt aus der Frankfurter Allgemeinen Sonntagszeitung. Als der Text erschien, war Cybinski gerade dabei, als Executive Producer vom Plattenlabel ECM zu Sony zu wechseln. Nach den ersten Takten macht seine Skepsis einer großen Faszination Platz. »Wie der Typ da saß, wie er die Energie im Raum konzentrierte, wie der Klänge formte, Tempo-Relationen herstellte, wie der einfach jede einzelne Variation mit einer Dringlichkeit und energetischen Ladung versehen hat – das war wirklich unglaublich.«

Er beginnt seinen Kollegen und dem Label-Chef Bogdan Roščić von Igor zu erzählen, von der ungewöhnlich intensiven Interpretation, von der Konzentration im Raum, von der Art, wie Igor am Klavier sitzt, wie er Zugang zum Publikum findet. Eine Transmission, wie man sie in Konzerten nicht alle Tage hat.

Cybinski beginnt über Igor zu recherchieren, bleibt ihm auf den Fersen, geht auch in das nächste Konzert, diesmal im Kleinen Saal des Konzerthauses am Gendarmenmarkt: im Oktober 2011, mit einem Programm aus Stücken, die sämtlich in d-Moll stehen. Eine Passacaglia von Johann Caspar von Kerll, die Bach-Chaconne in der Bearbeitung von Brahms für die linke Hand, die Sturm-Sonate von Beethoven, im zweiten Teil einiges von Liszt, als Zugabe die Transkription »Isoldens Liebestod« aus Tristan und Isolde von Richard Wagner.

Der Termin liegt günstig. Cybinski besorgt Karten für sich und zwei höherrangige Kollegen der Sony und fädelt ein Treffen ein: für den Mittag des Konzerttags, auf der Terrasse eines Restaurants vis-à-vis zum Konzerthaus. Igor kommt pünktlich, aber er ist angespannt, wirkt verschlossen und skeptisch. Cybinski und Igor kennen sich flüchtig, nun führen Cybinskis Kollegen das Gespräch.

Was ihn denn musikalisch interessiere?

Er stehe in Kontakt mit einem zeitgenössischen amerikanischen Komponisten, ein Kommunist namens Frederic Rzewski, eines Tages wolle er seinen Variationssatz »The People United will never be defeated« spielen – und am liebsten auch einspielen. Und natürlich die großen klassischen Pfeiler des Repertoires, Beethoven, Bach.

Chopin?
Nein, bitte nicht.

Mozart?

Warum nicht das Programm von heute Abend – Kerll, Bach, Busoni, Liszt, alles in d-Moll?
Tja, also. Ja, warum nicht.

Was ihn denn sonst so interessiere?
Es ist die Frage nach den Nebenthemen, mit denen – sollte es zu einem Vertrag kommen – das Marketing den Künstler zusätzlich aufwerten und interessant machen könnte.

Er begreife sich als einen sehr politischen, sehr engagierten Menschen, sagt Igor. Er wolle sich äußern, wolle Standpunkte beziehen, all die Fragen, die gerade politisch-gesellschaftlich auf der Agenda stünden, gingen ihn unmittelbar an. Die Finanzkrise, die Griechenlandkrise, die Klimakatastrophe. Darum werde er nicht leise sein, sondern laut, er werde seine Stimme erheben.

Nach dem Treffen steht Cybinski mit den Kollegen im U-Bahnhof Französische Straße, einer der Kollegen sagt nur: »Der Typ ist nicht vermarktbar.«

Abends kommt Cybinski allein zum Konzert.

#

IGOR PASST NICHT in das Schema, das die Plattenfirma sucht. Die Pianisten, die gut verkaufen, sind juvenile Typen, weiblich wie männlich, die auch die pop-affinen Schichten ansprechen und gut zu fotografieren sind. Und eher nicht jene, die offensichtlich vergrübelt wirken, zwar interessant aussehen, aber kein klassischer Beau sind, verrückte Ideen haben, sehr viel und schnell reden.

Völlig unabhängig davon, was auf dem Klavier passiert.

Das Ziel ist: Welchen klassischen Musiker kriegt man am ehesten zu Carmen Nebel ins Samstagabend-Programm, in die Brigitte, in die Massenmedien, über die eine konsumfreudige nicht-akademische Mittelschicht erreichbar ist. Das Schema: Ein Typus, der schon mal Erfolg hatte, soll repliziert werden.

Igor scheint nichts für die breite Masse zu sein.
Aber jemand, der zunächst die Kernzielgruppe erreicht – Menschen, die sich der Musik halber für Musik interessieren.

»Ich war immer sicher: Als Pianist werden die Leute den Mann wahnsinnig faszinierend finden«, sagt Cybinski. Jeder, der sich für maßstabsetzende Interpretation der kanonischen Meisterwerke und darüber hinaus interessiert, wird Igors Einspielungen nicht ignorieren können, im Hinblick darauf, was dieser Typ zu sagen hat: ein Pianist, von dem sich alle gemeint fühlen werden.

Bei den Besprechungen der Sony, bei denen es darum geht, welche neuen Künstler unter Vertrag genommen werden, redet sich Anselm Cybinski mehr und mehr in Begeisterung.

Immer wieder fliegt Igor von der Liste.

Immer wieder setzt Cybinski neu an. Begründet, warum er unbedingt ins Programm gehört, schwärmt von dem Konzert im Oktober im Konzerthaus, nach dem gemeinsamen Mittagessen.

Von der Art, wie Igor Klänge formt und Werke beim Spielen regelrecht instrumentiert, sodass man beispielsweise in der Liszt-Transkription eine Klarinette zu hören glaubt, nicht metaphorisch, sondern wirklich eine Klarinette – weil durch Igors Spiel der Orchesterklang so präsent wird, dass an dieser Stelle die Klarinette nur folgerichtig ist. Von Igors Talent, Klangfarben aufzufächern, ohne dass die Komposition ihre Fassung, die Energie und die rhythmische Kompaktheit verliert.

Er sagt das einmal, zweimal, dreimal, viermal, fünfmal.

Einige Kollegen verdrehten schon die Augen, der Chef der Abteilung lacht, die Hartnäckigkeit beeindruckt ihn dann doch. Aber der Pianist?

»Es war klar, dass Igor überhaupt nicht der Typ ist, mit dem man erst mal ein gut durchhörbares Zugaben-Album würde machen können oder der in diesen Fragen sonderlich kompromissbereit wäre.«

Wenn ein Major-Label darüber nachdenkt, was ein Pianist aufnehmen kann – dann geht es um Bach, Chopin, vielleicht noch Mozart, Beethoven. Liszt? Bestenfalls die h-Moll-Sonate, das erste Klavierkonzert, natürlich der »Liebestraum«, aber alles andere? Schon die Transzendental-Etüden sind zu sperrig. Wenn jetzt jemand bestimmte Komponisten schon von vornherein ausschließt, ist das schwierig.

Aber bedeutet »schwierig« auch unmöglich?

Am Ende sagt Cybinski: Wenn wir den jetzt nicht zumindest in Augenschein nehmen, dann hätten heute auch ein Alfred Brendel, ein Murray Perahia, ein Grigori Sokolow oder ein Andras Schiff keine Chance. Das ist die Fallhöhe, von der wir hier reden.

#

IM FRÜHJAHR 2012 fahren Bogdan Roščić und Per Hauber aus der Direktion der Sony zum Klavierfestival Ruhr nach Essen, wo Igor in der Aula der Folkwang Hochschule spielt: zuerst die zwölf Etüden von Claude Debussy, dann die Grandes Études Trancendentales von Liszt, ein typisches Igor-Programm.

Danach treffen sie sich an der Bar des Sheraton-Hotels. Etwa zwanzig Minuten lang sprechen die drei über Repertoire-Fragen. Dann zwei Stunden über Wein, über den Schriftsteller Friedrich Torberg, über Christian Wulff, der gerade kurz vor dem Rücktritt als Bundespräsident stand. »Ich habe die ganze Zeit gespürt: Die sehen mich als der, der ich bin«, sagt Igor.

Noch an diesem Abend fällt die Entscheidung: Das Debüt werden die letzten fünf Beethoven-Sonaten, irgendwann nimmt Igor alle auf.

Cybinski ist nicht dabei, nachts schickt ihm Roščić eine Nachricht auf den Blackberry: Haben den ganzen Abend über Rotwein und Friedrich Torberg gesprochen. Als erstes werden wir die fünf späten Beethoven-Klaviersonaten aufnehmen.

#

AN EINEM MORGEN im November 2012 holt Cybinski Igor in seinem Hotel ab, er hat am Vorabend ein Konzert gespielt, danach gab es noch eine Party. Die beiden laufen am Lützow-Ufer entlang zum Steinway-Haus, um einen Flügel für die Aufnahmen des ersten Albums auszusuchen.

Igor setzt sich morgens um neun ans Klavier und spielt den ersten Satz der Sonate Opus 101, ohne einen einzigen Ton vorweg. Die Wirkung entfaltet sich sofort, Satzbezeichnung: Etwas lebhaft und mit der innigsten Empfindung.
Nach viereinhalb Minuten hat Igor seinen Flügel gefunden.

»Anselm wurde mein Produzent, und Anselm war für mich natürlich viel mehr als ein Produzent. Wir haben jeden Tag dreimal telefoniert, ich habe ihn ständig bei der Arbeit gestört. Und dann haben wir zusammen diese Beethoven-Sonaten aufgenommen. Das war eine echt geile Zeit.«

Die letzten fünf Klaviersonaten Beethovens – ein Debütalbum mit diesem Programm ist nicht nur ein Risiko, es ist vor allem eine Frechheit. Es ist die Gegenthese zu der »Das macht man nicht«-Haltung, mit der Igor sonst häufig konfrontiert ist. Eine Provokation Igors, aber noch mehr eine Provokation des Labels in die Branche.

Diese Stücke spielen sonst Pianisten, die doppelt so alt sind wie Igor, am Ende einer erfüllten Karriere.

Wie jedes Debütalbum ist es aber auch eine Wette, die vorher schon auf andere Pianisten abgeschlossen wurde und die nicht immer aufgeht. Wenn der Pianist liefert, wenn er – so geht die

Formulierung – gut verkauft, geht es weiter, wenn nicht, gilt er als nicht stark genug. Noch weiter oben kann man ein Debüt programmatisch beinahe nicht ansetzen, noch tiefer kann man also auch nicht fallen. Volles Risiko.

Die Aufnahmen laufen gut, und sie laufen schnell. Als Igor die Sonate op. 111 aufnimmt, die letzte der 32, hat er sie vorher erst ein einziges Mal im Konzert gespielt. »Aber es fühlte sich richtig an. Es war meins.«

Es hätte unheimlich schiefgehen können. Aber es geht nicht schief.

#

EIN NEUER TAG, irgendwann im April, Igors Laune ist aufgeräumt, am nächsten Tag darf er ein Konzert in Hannover geben. Die NDR-Radiophilharmonie hat Geburtstag, er spielt ein Mozart-Klavierkonzert als Ständchen. Ohne Publikum.

Aber noch ist es nicht so weit, ein paar Stunden bleiben noch.

– Nachdem wir zuletzt über die Vergangenheit gesprochen haben, lass uns jetzt über die Gegenwart reden.

Igors Laune verdüstert sich.

– Auf wie viele Jahre hin habt ihr jetzt Termine absagen müssen?

– So kannst du nicht fragen! Richtig abgesagt ist bis jetzt nur der Mai. Also: alles im Mai, fast alles im Juni, sehr vieles im Juli. Salzburg im August ist die große Unbekannte. Der Rest hängt in der Luft, wir wissen gar nichts.

– Wäre dir lieber, es wäre jetzt schon mehr abgesagt, damit du weißt, woran du bist?

– Ja und nein. Ich wünsche mir klare Ansagen, natürlich. Aber ein totalitäres System will ich auch nicht. Ganz ehrlich: Ich schwanke. Jeden Tag sehe ich die Lage ein bisschen anders. Ich hab das noch nie im Leben gehabt – von einem Tag auf den anderen darf ich nicht mehr sein, wer ich sein will.

Igor legt sich aufs Sofa, balanciert das iPad auf den Knien, wir reden per Videokonferenz.

– Vor einem Jahr habe ich in einem Interview gesagt, Klavier spielen reicht mir nicht, ich will nicht nur der Mann sein, der die Tasten drückt. So formuliert würde ich den Satz jetzt gerade nicht mehr sagen. Jetzt, wo ich das alles nicht leben und meine Musik mit anderen Menschen teilen darf …

– Du hast mir ja auch erzählt, als wir vor Wochen im Einstein saßen, dass du glaubst, Musik allein könne nichts.

– Politisch gesehen kann sie nichts, ja.

– Und gesellschaftlich? Du siehst doch, was mit deinen Wohnzimmerkonzerten passiert.

– Das habe ich nie bestritten. Dass du Menschen emotional bewegen kannst, ein Klima verändern kannst, dessen war ich mir immer bewusst. Aber ich lerne jetzt gerade dazu. Für mich ist das alles auch neu. Ich hab's noch nie vermissen müssen, Konzerte zu spielen. Jetzt vermisse ich's.

– An deinem Geburtstag in der Elbphilharmonie hast du gesagt, du spürst, dass gerade etwas zu Ende geht. Wir haben seitdem über vieles gesprochen, aber nicht mehr über die Gegenwart: Kannst du erzählen, was seither passiert ist?

– Das kann ich dir in einem Satz sagen: Mein gesamter Lebensentwurf hat sich vaporisiert.

– Was heißt das?

– Ich definiere mich – und ich reguliere mich – über andere. Ich bin nicht so gut mit mir alleine. Ich gehe auch gerne eher von mir weg als zu mir hin, wenn es mir nicht gut geht. Ich weiß dann: Für solche Fälle gibt es Orte, an die ich gehen kann. Wenn es mir zu Hause zu eng wird, was sehr oft passiert, dann weiß ich: Es gibt ein Café, in das ich mich setzen kann. Ich kann Freunde besuchen, ich kann zum Bahnhof fahren und den Zug in eine andere Stadt nehmen, all so was. Ich habe bestimmte Strategien – nenn es Ablenkung, für mich ist es keine Ablenkung. Das gehört zu mir. Und das geht gerade alles nicht. Ich versuche das zu kompensieren und mir irgendwie die Zeit zu vertreiben. Ein paar Wochen lang habe ich jetzt allen Leuten erzählt, okay, gut, jetzt lerne ich kochen. Aber ich kann mir nicht selbst weismachen, dass mich das wirklich interessiert. Ich kann auch die ganze Zeit Rohkost essen und wäre genauso froh damit. Ich brauche andere Dinge im Leben als das. Aber all diese anderen Dinge sind gerade weg.

– Wann, glaubst du, werden sie wiederkommen? Meinst du, sie kommen überhaupt wieder?

– Ich bin mir sicher, dass es eine Zeit nach Corona geben wird. Aber in welchem Zustand wir da ankommen, welche Strukturen noch übrig sind – ich bin kein Zukunftsforscher.

– War dieses Gefühl, dieser Mangel auch dein Beweggrund, die Hauskonzerte zu starten?

– Ja – das Gefühl von Dringlichkeit, das Gefühl von Notwendigkeit. Die Tatsache, dass ich alleine nicht am Klavier sitzen kann. Nachmittags im Konzertsaal bin ich auch allein, aber da weiß ich, dass zwei Stockwerke über mir Menschen im Büro sitzen, und ich kann in Ruhe fünf Stunden arbeiten. Aber allein zu Hause arbeiten kann ich nicht. Ich wusste, wenn ich keine Perspektive habe, für andere zu spielen, höre ich auf zu üben. Die Hauskonzerte sind für mich von existenzieller Bedeutung, die retten mir gerade wirklich meine Psyche.

– Sind die Hauskonzerte anstrengender als andere Konzerte – oder weniger anstrengend?

– Ich mache da keinen Unterschied. Ich betrachte sie wie jedes andere Konzert, ich spiele sie auch genauso. Die Anstrengung ist mir wirklich egal. Der Kaffeeröster aus dem Café von unten, der zurzeit gefühlt fünfzehn Prozent dessen einnimmt, was er normalerweise hat – der darf immer noch Kaffeeröster sein.

Mein Freund Georg kann arbeiten. Du kannst arbeiten. Viele Menschen gehen in Kurzarbeit und sind trotzdem irgendwo eingebunden in eine Struktur.
Ein Pianist, der keine Klavierkonzerte geben und seine Musik mit anderen Menschen teilen darf, ist eigentlich kein Pianist mehr. Ich will mich jetzt nicht ärmer machen, als ich bin. Mir geht's okay, ich habe ein finanzielles Polster, habe zu essen, kann meine Miete bezahlen. Aber emotional kann ich nicht unbegrenzt weiterpaddeln. Entschuldige, heute bin ich kraftlos.

– Hast du eine Antwort auf deine Frage gefunden, was dein nächstes Großprojekt wird?

– Wiederaufbau.

– Was heißt das?

– Ehrliche Antwort: Ich weiß es nicht. Aber: Ich spiele lieber für fünf Personen als für niemanden. Und wenn wir durch die Pandemie in eine Rezession rutschen, dann wird die unsere Branche genauso betreffen wie jede andere. Ich bin mir leider sicher, es werden einige Orte verschwinden, die ich sehr liebe, und ich werde dabei mithelfen, sie wieder aufzubauen, wenn es denn geht. Und bevor du jetzt fragst: Ich habe überhaupt keine Ahnung, was das bedeutet.

#

IM FRÜHJAHR 2013 nimmt Igor seinen Mut zusammen und beschließt, die Zusammenarbeit mit seiner Agentur Harrison Parrott zu beenden.

»Wir haben uns nicht mehr verstanden. Wir haben nicht die gleiche Sprache gesprochen. Ich bin irre dankbar dafür, dass die da waren, vier Jahre lang. Da sind gute Sachen passiert. Aber am Ende wollte ich etwas anderes als sie.«

Er quält sich lange mit der Entscheidung. Bespricht sich mit Kollegen, ruft Freunde aus der Branche an, fragt: Wen gibt es, wo soll ich hin? Schließlich fällt der Name Jack Mastroianni, ein Impresario aus New York, er arbeitet vor allem mit Opernsängern, hat vor Jahren eine junge Frau unter seine Fittiche genommen, die ein Ausnahmetalent sein soll. Ihr Name: Kristin Schuster.

#

IM SOMMER 2013 lernt Igor bei den Festspielen Mecklenburg-Vorpommern die Geigerin Julia Fischer kennen.

Sie ist unwesentlich älter als er, hat aber schon 25 Jahre Bühnenerfahrung, und dies, anders als Igor, höchst erfolgreich.

Das Treffen ist für Igor von großer Bedeutung – vor allem, weil sie ihm, ohne lange darüber nachzudenken, einige sehr schmerzhafte Fragen stellt.

Eine dieser Fragen: Wie arbeitest du eigentlich mit deiner Agentur?

»Ich hatte darauf keine Antwort«, sagt Igor. »Ohne diese Frage hätte ich wahrscheinlich keine Kraft gehabt, mich zu lösen.«

Ihr gelingt es, ihn mit wenigen Worten aus dem Konzept zu bringen – mit einer realistischen Einschätzung seiner Lage.

»Es gibt sehr viele Menschen, die sagen, ich könne gut Klavier spielen. Ich bin absolut nie in der Lage gewesen, von außen auf mich selbst zu schauen. Wenn mir jemand sagt, ich mache Riesenkarriere, dann sage ich ›Okay, vielen Dank‹, aber ich selbst fühle mich nicht so. Und auf einmal kommt Julia an und sagt: ›In drei, vier Jahren bist du ganz oben.‹ Ich hatte gerade für relativ wenig Geld viele Konzerte in sehr vielen kleinen Städten gespielt – und dachte nur: Wie zur Hölle kommst du darauf?«

Igor weiß, was er kann. Er weiß aber auch, was er nicht kann. Und die Erlebnisse der vergangenen fünf Jahre haben Eindruck hinterlassen.

»Klar, ich wollte Karriere machen, ich wollte aber viel mehr als das. Ich wollte das machen, was mir wichtig ist. Ich habe immer einen Alltag für fünf, sechs Personen gleichzeitig leben wollen. Ich war Pianist. Ich wurde langsam Aktivist. Ich wollte das Internet kapieren. Ich wollte Sport machen. Ich wollte abnehmen, gut angezogen sein, so viele Twitter-Follower haben wie möglich – alles auf einmal. Und ich will ja immer noch alles auf einmal. Ich bin kein Pianist, der nur Karriere macht und sonst nichts.«

Julia Fischer erzählt ihm von ihrer Managerin, Kristin Schuster. Und sie arrangiert ein Treffen.

Kurze Zeit später treffen sich die drei in einem kleinen Konzertsaal in München-Grünwald, Fischer spielt dort gerade eine CD ein, Schuster, die in New York lebt, ist gerade zufällig in München.

In einer Aufnahmepause setzt sich Igor ans Klavier und spielt, ohne auch nur einen Ton Vorbereitung, die Hammerklaviersonate.

»Weil ich konnte«, sagt Igor. »Und auch, weil ich Bock hatte und weil ich ein Großmaul bin. Ich dachte einfach: Bring it on!«

Beim Spielen zerschlägt er versehentlich seinen Weißgold-Ring, in den er sich das Motto der Missa Solemnis hat eingravieren lassen: Von Herzen möge es wieder zu Herzen gehen. Er bleibt damit an einer Taste hängen.

»Ich hatte an dem Nachmittag mit vielem gerechnet«, sagt Kristin Schuster, »aber nicht mit einem der schwierigsten Werke der Klavierliteratur, ohne Ankündigung oder Vorbereitung, interpretiert mit einer solchen Präsenz, Dringlichkeit und Kompromisslosigkeit, für ein Publikum von zwei. Für mich war die Sache sehr schnell klar. Noch bevor der Ring entzwei ging.«

Nach dem Konzert gehen beide in ein Straßencafé in Grünwald, mit Plastikstühlen und Klebetischdecken, in dem es Cappuccino mit Schlagsahne und Kakaopulver gibt und auf der Karte Toast Hawaii.

Es ist die Phase, in der Igor Anzüge mit Einstecktuch trägt, Hut und Stockregenschirm. »Igor war eindeutig Nichtstandard«, sagt Kristin Schuster. »Ein Glücksfall, dass jemand so Klavier spielen kann und dann auch noch ein Mensch ist, mit dem man etwas anfangen kann.«

Einen Monat nach dem Erscheinungstermin von Igors Debüt-Album beginnen die beiden ihre Zusammenarbeit.

»Es gibt kein Schema für Igors Karriere«, sagt Kristin Schuster, »es gibt für keinen Künstler ein Schema. Und bei Igor schon dreimal nicht.«

Sie schaut sich Igors Kalender an, stellt fest, dass auf seiner Karte die USA nicht vorkommen, arrangiert ihm innerhalb eines Jahres sein Debüt in New York, während Igor eine Reihe schon vereinbarter Konzerte in Mecklenburg-Vorpommern ableistet. Auch Asien fehlt, obwohl Igor dort immer wieder aufgetreten ist. »Er war«, sagt Kristin, »einige Zeit unter seinem Niveau unterwegs.«

Sie beginnt, strategisch mit Igor zu arbeiten, zu planen und Ziele zu formulieren. Sie bringt ihn mit Veranstaltern zusammen, die verstehen, wie er tickt und worum es ihm geht.

Anders als in vielen großen Agenturen geht es ihr nicht darum, Igor in möglichst kurzer Zeit so oft wie möglich in die Zirkusmanege zu schicken. Im Gegenteil: Ab sofort werden Anfragen für Konzerte, die Igor keine Mühe kosten, die ihn aber weder inhaltlich reizen noch künstlerisch weiterbringen, abgelehnt.

»Das Treffen mit Kristin war eine der wichtigsten Glücksbegegnungen meines Lebens«, sagt Igor. »Wir sind in vielen Dingen ziemlich symbiotisch.«

Die Art und Weise ihrer Zusammenarbeit entspricht nicht dem üblichen Arbeitsmodus zwischen Künstler und Management, in dem ein Mensch hauptberuflich dafür sorgt, dass ein anderer von Konzert zu Konzert reist, Erfolge auf sein eigenes Konto bucht und die Fehlschläge den anderen ankreidet.

»Kristin ist unfassbar klug und tausendmal gebildeter als ich«, sagt Igor. »Klar, ich bin es, der am Ende auf der Bühne am Klavier sitzt. Aber künstlerisch arbeiten wir auf Augenhöhe.«

Einmal ruft er sie an, völlig entflammt von der Idee, beim Komponisten Steve Reich ein Werk in Auftrag zu geben. Sie hört sich seine Begeisterung an, dann nimmt sie die Idee eine Viertelstunde lang so säuberlich auseinander, dass Igor von der Zertrümmerung des Plans fast noch begeisterter ist als von der Idee selbst.

Igor duldet ihren Widerspruch nicht nur. Er verlässt sich darauf, mehr noch: Er hofft sogar darauf.

Bei vielen Konzerten sitzt sie im Publikum, in Deutschland, in den USA, egal in welchem Land. Sie nutzt die Reisen natürlich, um Kontakte zu pflegen, Verträge zu verhandeln, neue Konzerte anzusetzen. In erster Linie aber kommt sie des Konzertes wegen. Um Igor willen.

»Jede Tür, die ich für Igor öffnen konnte, jedes Einspringen, jedes Debüt – jede einzelne dieser Chancen hat er ohne Zögern und mit Bravour genutzt. Ich konnte darauf zu hundert Prozent vertrauen. Das ist für einen Manager das größte Geschenk: zu wissen, dass der Künstler hungrig ist und mitzieht – dass er ein Partner ist, der einem voll vertraut und dem man voll vertrauen kann.«

»Ich kann nicht ohne Kristin«, sagt Igor. »Und ich will auch nicht. Und wenn sie mir nächste Woche sagt, sie baut jetzt auf dem Mond für Burger King ein Klassikprogramm auf – okay, dann wechsle ich zu Burger King.«

#

DIE NAHELIEGENDE IDEE für das USA-Debüt eines europäischen Pianisten wäre ein Auftritt im Kleinen Saal der Carnegie Hall.

Kristin Schuster macht Alex Poots auf Igor aufmerksam, seinerzeit Leiter der Park Avenue Armory. Poots versteht sofort, wen er vor sich hat. Er lädt Igor in den Kleinen Saal der Armory Hall ein, für ein Konzert vor 120 Zuhörern. Im Saal sitzen Kritiker aller wichtigen Zeitungen und Magazine, darunter der New York Times und des New Yorker. Nach dem Konzert kommt Poots in Igors Garderobe, gratuliert und fragt: »Was wolltest du schon immer einmal spielen?«
»›Mantra‹ von Stockhausen«, sagt Igor.
»Ist das dein Ernst?«, fragt Poots. »Wusstest du, dass Stockhausen und ich befreundet waren?«

Aus dem Plan, das Werk zu spielen, wird nichts. Aber erneut hat Igor einen Menschen gefunden, der vom ersten Moment an mehr in ihm sieht als er in sich selbst.

Poots stellt Igor der Performance-Künstlerin Marina Abramovic vor, Igor fliegt zu ihr nach London, sie nötigt ihn, weit nach Mitternacht in einer gut besuchten Bar die Hammerklaviersonate zu spielen. Dann beschließen sie, zusammenzuarbeiten. Das Resultat ist eine Performance, bei der das Publikum eine Weile in Dunkelheit und absoluter Stille sitzt, bevor Igor auf einem Flügel in der Mitte des Saals die Goldberg-Variationen spielt. Die Performance läuft drei Wochen lang, beinahe jeden Abend, es ist Igors zweites Projekt in New York, es verschafft ihm internationale Aufmerksamkeit.

Zur Premiere reist Thorsten Schmidt aus Heidelberg an. Ein paar Tage später Igors bester Freund Hannes Malte Mahler, der in Braunschweig bei Abramovic studiert hatte und sie seit Jahren nicht gesehen hat.

»Hier haben sich viele Kreise geschlossen«, sagt Igor, »und einige weitere haben auch erst begonnen. Im Übrigen könnte ich solche Geschichten wie über Alex Poots auch über John Gilhooly aus London erzählen, der mich mit Ende 20 mit einem kompletten Beethoven-Zyklus in die Wigmore Hall eingeladen hat. Oder über Markus Hinterhäuser, der mich zwei Jahre vor seinem Start als Intendant zu den Salzburger Festspielen eingeladen hat, und zwar mit der Frage: Igor, sag ganz ehrlich – was willst du spielen?«

#

WIEDER EIN ANDERER Tag. Igor sitzt in seiner Wohnung auf dem Sofa und ertrinkt in Langweile, zugleich kann er vor Tatendrang kaum stillhalten. Er weiß nicht, wohin mit sich, es gibt nichts zu tun, wozu sich auf Konzerte vorbereiten, die ja doch nicht stattfinden. Er ist sich selbst zu wenig und zu viel zugleich.

Vielleicht zum ersten Mal in seiner Karriere steht er machtlos vor einem Hindernis, Auge in Auge mit einem Problem, das größer ist als er selbst.

Er ist viele Male gescheitert in seinem Leben, an Menschen und Umständen, aus seiner Sicht aber immer: auch an sich.

Egal, was es war, das nicht funktionierte, es ließ sich – jedenfalls in schwachen Momenten – so lesen, dass es an ihm lag. Dass er nicht genügte.

Diesmal kann er nun wirklich nichts dafür. Und das macht es eher schwerer als leichter zu ertragen. Mit eigenem Versagen weiß er umzugehen.

Niemand kann etwas dafür. Und zu allem Überfluss weiß auch niemand damit umzugehen. Kein Kollege, kein Politiker, kein Freund, es gibt keine richtige Art, damit umzugehen, nur sehr viele falsche.

Igor stellt das iPad auf den Tisch.

– Wie geht's dir heute, Igor?

– Weiß nicht.

– Worüber reden wir?

– Weiß nicht. Sag du.

– Vielleicht, zur Ablenkung, über Beethoven.

– Schöne Ablenkung.

– Das Stück, mit dem du dich einer breiten Öffentlichkeit vorgestellt hast, war die erste der letzten fünf Klaviersonaten, Nr. 28. Die Spielanweisung des ersten Satzes lautet: Etwas lebhaft und mit der innigsten Empfindung. Beim Hören ist schon nach wenigen Takten klar: Das hier klingt anders als bei anderen Pianisten. Direkter, geradliniger, persönlicher. War das dein Vorsatz? Hast du dir die Einspielungen von Kollegen angehört und dich gefragt: Wie kann ich mich unterscheiden – hier ein bisschen schneller, dort ein bisschen lauter? Wie hast du herausgefunden, was du mit dem Stück ausdrücken möchtest?

Igor atmet aus.
– Habe ich nicht.

– Wie?

– So denke ich nicht. Ich habe noch nie in meinem Leben eine Interpretation erarbeitet.

Er setzt sich auf.

– Eine Interpretation – ich meine, was zur Hölle soll das sein. Ich spiele Musik so intuitiv, wie ich nur kann, ich gehe dahin und dorthin, verändere die ganze Zeit die Routen und versuche dabei ehrlich, durchlässig und authentisch zu bleiben.
Ich kann doch nicht eine Version erarbeiten, die dann meine Interpretation ist und bleibt – ich wüsste gar nicht, wie das geht. Ich habe tausend Gedanken im Kopf, wenn ich spiele, und denke an eine Milliarde Dinge gleichzeitig. Und ich lasse neue Impulse und Ideen zu.
Ein Stück, das ich heute spiele, ist ganz anders als vor einem Monat. Sobald ich ein Stück spiele, ist es automatisch meine Interpretation von heute. Und morgen ist es die von morgen, und übermorgen die von übermorgen.
Ich habe Schichten abgetragen. Das ist mein Arbeiten. Ich versuche immer weiter zum Kern vorzudringen. Am Anfang ist es leicht, dann wird es schwerer, weil die Schichten immer feiner werden.
Mich interessiert allein, wie ich es hinkriege, nach mir selbst zu klingen.
Früher habe ich einen Panzer gebraucht. Ich habe das Haus ohne Anzug, Krawatte und Einstecktuch nicht verlassen. Das ist alles weg. Ich muss nicht viel besitzen, muss nicht horten. Ich brauche keine Diskussionen über Konzertsaalakustik.
Ich versuche so lange Schichten abzutragen, bis ich nur noch selbst übrig bleibe.
Jeden Tag aufs Neue. Das ist für mich Arbeiten. Ich will mich so leicht wie möglich machen und so durchlässig wie möglich sein. Ich will das Hier und Jetzt zulassen. Wenn das eine totale Gedankenleere bedeutet: Dann ist es eben so. Wenn mir eine Milliarde Gedanken im Kopf sind: Auch okay.
Und genau in dem Moment, in dem ich das Gefühl habe, ich

bin so durchlässig, wie ich es nur irgend sein kann, darf ich nicht spielen. Ich habe mich noch nie so gut am Klavier gefühlt wie jetzt.
Ich gehe ans Klavier in der Verfassung, in der ich gerade bin, und egal, was passiert: Es ist richtig. Schichten abzutragen bedeutet auch, dass ich nicht versuche, etwas anderes darzustellen, als ich bin. Ich versuche nicht gegen mich selbst anzuspielen, um eine Interpretation zu erreichen, die immer wieder gültig ist. Ich spiele, was ich spiele, und vertraue dem. Ich lasse einfach meinen Zustand zu.
Das bedeutet natürlich nicht, dass ich mich nicht an die Vorschriften halten würde, die in den Noten stehen – selbstverständlich halte ich mich daran, mal mehr, mal weniger. Aber wenn ich im Konzert an einer Stelle ein anderes Tempo nehme oder ein Sforzato weglasse – na und? Stirbt deshalb jemand? Nein. Muss jemand Insolvenz anmelden? Nein. Bemerkt es jemand? Vielleicht – wenn er die Sonate spielt, darf er das Sforzato ja gern machen.
Um dir diese Haltung erlauben zu können, musst du das Stück natürlich richtig gut kennen. Denn wenn du mich darauf festnagelst, wüsste ich genau, wo welches Forte steht. Aber noch einmal: Es ist mein Stück. Und wenn ich mich an alles halte, was der Komponist geschrieben hat, ist es trotzdem mein Stück. Kann ich dir beweisen. Schau mal.

Er macht mit dem iPad einen Kameraschwenk durch die Wohnung: die Küchentür, die Wand mit dem Bild von Hannes Malte Mahler, der Flügel, die Fenster.

– Siehst du da jemanden?

– Nein.

– Ja, eben. Pech gehabt, hier ist niemand. Es ist allein mein Stück. Ich frage mich manchmal, warum wir überhaupt darüber reden, es ist doch klar. Weißt du, ich mag es, wenn die Dinge einfach sind. Leicht, unkompliziert, auf den Punkt.

– Können alle Stücke deine Stücke werden oder gibt es Ausnahmen?

– Klar, ich habe auch Stücke gespielt, die sich als Fehler erwiesen haben. Aber immer nur einmal. Danach war ich tierisch unglücklich, und das war's dann auch.

– Woran merkst du, dass ein Stück nicht dein Stück ist?

– Gegenfrage: Woran merkst du, dass du jemanden nicht magst?

– Hast du ein Beispiel?

– Das Skrjabin-Klavierkonzert. Ich glaube nicht, dass ich das Stück generell nicht mag. Aber ich sollte es nicht spielen. Es sagt mir nichts, es hat nichts mit mir zu tun. L'art pour l'art. Ich kann das nicht, das ist nicht meins.

– Was gibt es noch?

– Gar nicht so viel. Das Messiaen-Quartett. Da macht es mir nicht einmal Freude, die Töne zu lernen. Ich merke, das geht nicht.

Und mir geht es sehr häufig mit Chopin so. Den liebe ich ja nun wirklich. Aber wenn ich mich ans Klavier setze und anfange zu spielen, fühle ich mich bescheuert. Das mag sich irgendwann mal ändern, noch bin ich nicht soweit.

– Aber was stört dich bei Chopin?

– Mich stört gar nichts. Ich störe mich. Ich kriege das nicht so hin, wie ich es will, und ich verstehe nicht, warum. Vielleicht ist das eine Illusion, vielleicht ist es besser, als ich denke. Aber solange ich es nicht so hinkriege, wie ich es will, geht es mir auf die Nerven.

#

DAS LEBEN, DAS Igor bis zum Erscheinen seiner Debüt-CD führt, lässt sich in einem Satz zusammenfassen: Er macht, was er will.

Zunächst, weil sein Umfeld – Eltern, Lehrer, Freunde – es ihm ermöglicht. Später, weil sich über Eltern, Lehrer und Freunde hinaus niemand weiter für ihn zu interessieren scheint. Als sich das ändert, lässt er sich von seinem Kurs, lieber dem eigenen Instinkt zu folgen als den Anforderungen anderer, nicht mehr abbringen. Und als sich endlich die ersten Erfolge einstellen, sieht er sich bestätigt: Offenbar war es richtig, nicht um des Erfolges Willen Zugeständnisse zu machen.

Von außen sieht das nicht unbedingt sympathisch aus.

»Verantwortung für andere zu übernehmen war nicht so mein Thema. Über eine sehr lange Zeit hin habe ich einfach gemacht, was ich wollte. Für andere war ich der Typ, der Klavier gespielt hat, fertig.«

Das ändert sich im Jahr 2014 von einem Tag auf den anderen. Ein Jahr nach der Veröffentlichung von Igors erstem Album mit den fünf letzten Beethoven-Klaviersonaten wird Igors Mutter krank. Krebs.

Igor beschließt, sich um sie zu kümmern. Nur wenige Menschen erfahren davon, aber die, die es wissen, sind von Igors Reaktion überrascht.

»Ich weiß noch, wie eine Freundin mir gesagt hat: ›Dass ausgerechnet du so eine Verantwortungsrolle nicht nur siehst, sondern auch ausfüllst, von allen Leuten: ausgerechnet du?‹ Ich habe von einer Sekunde auf die andere eine Haut abgeworfen und eine neue aufgezogen.«

Eineinhalb Jahre lang, fast zwei, begleitet Igor seine Mutter zur Chemotherapie, besucht sie im Krankenhaus, kehrt – wenn es irgendwie geht – nach jedem Konzert zu seiner Familie nach Hannover zurück.

»Nach außen hin hat das keiner bemerkt, ich habe es kaum je erzählt. Das waren zwei intensive, sehr schwere Jahre. Ich habe mir eine extreme Härte antrainiert. Ich wusste, ich muss funktionieren. Ich habe irre viele Konzerte gespielt in diesem Jahr, habe kaum mehr geschlafen.«

Die Krankheit seiner Mutter fällt zusammen mit dem Moment, in dem seine Karriere endlich losrollt, er spielt 108 Konzerte in einem Jahr, die Last ist größer, als er tragen kann.

Er übernimmt sich.
Bemerkt das selbst.
Und macht einfach weiter.

»Diese Zeit hat für mich alles verändert. Ich habe meinen Schlaf verloren. Ich hatte kein Gefühl mehr dafür: Was ist eigentlich mein Raum? Das spüre ich jetzt erst im Nachhinein. Ich hatte hier eine wunderschöne Wohnung, toller Altbau, mit einem kleinen Balkon. In der Wohnung standen: mein Flügel, unausgepackte Umzugskisten, ein Bett und ein Schrank. Ich bin nicht ein einziges Mal auf den Balkon gegangen. Halt, nein, das stimmt nicht, einmal schon – mit Hannes, meinem besten Freund. Wir haben eine halbe Flasche Champagner getrunken, das war ein wunderbarer Abend.«

Sein bester Freund Hannes fängt ihn auf, so gut es geht. Ein paar gute andere Freunde auch, »sonst hätte ich das nicht geschafft«, sagt er. »Nach außen war ich damals der Typ, der Karriere macht – und nach innen war gar nichts, nur Härte, leider. Aber was heißt ›leider‹, ich bereue das nicht. Mein Leben ist so gewesen. Aber jetzt will ich das nicht mehr.«

Als sich abzeichnet, dass seine Mutter wieder gesund werden würde und sich relativ schnell erholt, entschließt Igor sich von heute auf morgen, nach Berlin zu gehen.

#

AM NEUJAHRSTAG 2016 zieht er um.

Es wird Frühling, es wird Sommer, allmählich bekommt Igor das Gefühl, wieder freier atmen zu können. Da klingelt eines Morgens sein Telefon, Igor probt gerade mit Simon Bode für einen Auftritt in Ludwigsburg.

Hannes ist tot.
Ein Fahrradunfall.
Igor bricht zusammen.

Es dauert erneut zweieinhalb Jahre, bis er damit fertig wird.

»Nach außen hin habe ich weiter funktioniert. Ich wurde nochmal eine Schippe härter zu mir. Habe jeden Tag Sport gemacht, habe ständig neues Repertoire gelernt, habe ein Konzert nach dem anderen gespielt, habe mir nicht gegönnt, mich mal hinzulegen, wenn ich müde war.«

Die Monate nach Hannes' Tod sind die Phase, in der sich Igor immer stärker politisiert.

Es sind die Monate nach dem Tag, an dem in Großbritannien eine Mehrheit dafür stimmt, aus der EU auszutreten.

Es ist der Herbst, in dem Donald Trump die US-Präsidentschaftswahl gewinnt.

Im Frühjahr war Igor mit Georg Diez in Idomeni gewesen, in dem Flüchtlingslager an der griechisch-mazedonischen Grenze. Die Eindrücke sind noch frisch.

»Ich bin immer, immer in Aktion gegangen, habe mir selbst keinen Raum gelassen. Diese Momente prägen mein ganzes Leben. Ich will immer mehr! Mehr leben, sehen, erleben, tun, lernen. Und da ist natürlich die Gefahr sehr groß, andere Menschen, die dir wichtig sind, einfach zu überholen. Ich war sehr lange nicht besonders gut darin, mich auch mal zu anderen umzudrehen und zu fragen: Kommst du eigentlich mit?«

#

»SIE ERKENNEN ES mühelos, ich bin nicht Igor Levit, der kommt gleich«, sagt Bundespräsident Frank-Walter Steinmeier am 2. April 2020 in Igors Telefon, die Stative stehen an diesem Tag nicht in seiner Wohnung, sondern im Schloss Bellevue. Steinmeier hat Igor eingeladen, das Hauskonzert heute aus seinem Wohnzimmer zu spielen – als Anerkennung.

»Ich bin einer der Vielen, die seine Hauskonzerte lieben, die er seit vielen Tagen seit Beginn der Corona-Krise gibt«, sagt Steinmeier, er sitzt auf der Klavierbank am Flügel. »Igor Levit, ein großer Künstler, der uns etwas über die Kraft der Musik vermittelt. Der uns etwas sagt, wie wichtig Kunst ist, und der uns zeigt, dass Musik trösten kann. Aber das ist nicht alles, denn er erinnert uns auch daran, dass die Lage vieler Künstler zurzeit nicht einfach ist, viele Künstler in Not sind, keine Auftrittsmöglichkeiten, keine Konzerte, keine Produktionen. Und weil viele in Not sind, auch unsere Unterstützung brauchen. Daran erinnert er uns in seinen Hauskonzerten, aber heute nicht von zu Hause aus, sondern hier, aus dem Inneren von Schloss Bellevue. Ich werde das Konzert gleich, wie Sie, im Livestream verfolgen, ich wünsche Ihnen eine Entspannung in dieser angestrengten Zeit.«

Dann kommt Igor ins Bild, setzt sich auf die nun freigewordene Klavierbank, räuspert sich.

»Ich freue mich sehr, ich danke dem Bundespräsidenten Frank-Walter Steinmeier für diese Einladung, das ist eine große Ehre. Ich bin einfach sehr dankbar, hier zu sein, im Schloss Bellevue.«

Er spielt das Programm des ersten Hauskonzerts, die Klaviersonate op. 53 in C-Dur, die Waldsteinsonate.

»Ich will nur zwei, drei Stichworte sagen«, fährt Igor fort. »Weshalb dieses Stück? Dieses Stück ist für mich das lebensbejahendste, das erbauendste, das beglückendste, inspirierendste, was es an Klaviermusik gibt. Das ist ein Stück, das Inspiration schenkt, das Glück schenkt. Das umarmt. Dieses Werk ist ein großes Geschenk. Der Herzschlag des ersten Satzes, die Intimität, die Umarmung des zweiten, und die Lebenshymne des dritten Satzes, die ihresgleichen sucht – mit dieser Lebenshymne und mit diesem Werk möchte ich heute gerne mit euch sein.«

Dann spielt er. Nicht ganz so strahlend und überlegen wie vor einem halben Jahr in der Elbphilharmonie. Aber auch nicht ganz so unbedingt und getrieben wie vor drei Wochen in seinem Wohnzimmer – und mit besserem Ton.

Er spielt, auch hier, vor allem für sich.
Noch vor ein paar Tagen hätte er selbst es für undenkbar erachtet, heute hier zu sein und nicht zu Hause.

Auch wenn er, ginge es allein nach ihm, gerade ganz woanders wäre.

#

WÄHREND DER HAUSKONZERTE twittert Igor:

»Ich habe in dieser für mich so existenziellen Dimension vielleicht noch nie die tatsächlich lebenserhaltende Bedeutung von Musik und Tönen gespürt wie jetzt. Alles fühlt sich neu an. Danke, dass ich das mit euch teilen darf. Das hält gerade wirklich das innere Leuchten. Bis morgen.«

#

DER FLÜGEL, AUF dem Igor zu Hause spielt, hat einst dem Schweizer Pianisten Edwin Fischer gehört, ein gefeierter Beethoven-Interpret. Igor nennt das Instrument »Edwin«, es ist Baujahr 1923. Thomas Hübsch, der ihm als Klavierstimmer vor Konzerten die Instrumente vorbereitet, hat ihn aufgearbeitet, es ist einer von drei Flügeln in Igors Fuhrpark.

Vor »Edwin« stand »Lulu« in seinem Wohnzimmer. Ein amerikanisches Ehepaar hat sie ihm geschenkt, auf einer der Kreuzfahrten. Igor spielt, beim Dinner unterhält er sich mit seinen Sitznachbarn. Die fragen ihn: Was braucht ein Pianist eigentlich, um Karriere zu machen? Igor sagt: gute Lehrer, ein gutes Umfeld, ein gutes Klavier. – So eines wie da vorne auf der Bühne? – Ja, so eines wie da vorne auf der Bühne. Ein paar Tage später sagen sie ihm: Wir haben beschlossen, Ihnen einen Flügel zur Verfügung zu stellen. Erst war es eine Leihgabe einer Stiftung, inzwischen gehört er Igor – der Name Lulu ist eine Anspielung auf die Oper von Alban Berg, auf die Eigenwilligkeit des Instruments.

Igor wohnt noch bei seinen Eltern, er weiß nicht, wohin damit, schließlich stellt er sie in einem Altenheim in der Nachbarschaft unter, sie altert nicht gut, weil mehr als einmal die Raumtemperatur nicht stimmt. »Lulu« zieht mit ihm in die erste Wohnung in Hannover, ein Kran hievt sie über den Balkon. Sie zieht mit nach Berlin, wieder mit dem Kran. Und als Igor seine erste Berliner Wohnung in der Strassburger Straße verlassen muss, weil der Vermieter Eigenbedarf anmeldet, lässt er sie im Steinway-Flügellager in Berlin einstellen. Die Lagerkapazitäten sind begrenzt. Als der Kollege Andras Schiff Bedarf anmeldet, muss Lulu aus dem Flügellager ausziehen – und kommt in ein Tonstudio nach Französisch-Buchholz.

Unterdessen hat Igor einen dritten Flügel gekauft, »Monk«, benannt nach Thelonious Monk, den Igor für die Klarheit und Direktheit seiner Töne bewundert. Auf ihm spielt er die Beethoven-Sonaten in Hamburg, Salzburg und Berlin, dazwischen ist »Monk« in Hamburg eingelagert, auch hier kann er nicht für immer bleiben.

Mehrere Freunde haben angeboten, Igor könne ein Instrument bei ihnen zwischenlagern. Er ist noch nicht entschieden.

#

ERST VIEL SPÄTER, in Salzburg, wird sich Igor klar über die wahre Dimension der Hauskonzerte.

Ihre Besonderheit liegt in einem Faktor, der so offensichtlich ist, dass man ihn nicht ohne Weiteres als Besonderheit erkennt: ihre Einfachheit.

Igor braucht dazu zwei Smartphones mit Stativ, Zugang zu den Plattformen Twitter und Instagram, ein Instrument – und Publikum, das er via Social Media auf direktem Weg erreicht. Was er nicht braucht, sind die üblichen Werkzeuge und Hilfsmittel des Klassikbetriebs – Programmplanung, Vermarktung, Inszenierung, Erzeugung von Aufmerksamkeit, in anderen Worten: Was er nicht braucht, ist der Klassikbetrieb. Die Routinen und Rituale, die Rollenverteilung. Die Instanzen. Die Machtstrukturen.

All die, die sonst darüber entscheiden, ob ein Stück jetzt gerade hörenswert ist und warum, ob ein Künstler interessant ist, ob sich die Aufmerksamkeit für ein bestimmtes Programm lohnt, ob ein Musiker sein Geld wert oder vielfach überschätzt ist, ob ein Konzert gut war oder nicht – sie sind bei den Hauskonzerten nur Zuschauer unter vielen.

Die Entscheidung, ob ein Programm interessant ist oder nicht, treffen jetzt allein Igor und das Publikum, jeder für sich.

Igor spielt, worauf er Lust hat, ohne um Erlaubnis zu fragen.
Wer will, hört zu.
Die Deutungshoheit behält er bei sich.

Der einzige Unterschied zu konventionellen Konzerten: Niemand verdient daran Geld, auch Igor selbst nicht. Aber auch hierfür gäbe es Mittel und Wege – ein klassischer Eintrittskartenverkauf würde nicht funktionieren, andere Modelle aber ohne Weiteres.

Für den Klassikbetrieb, vor allem für die Instanzen, die nun irrelevant geworden sind, bedeutet dieser Erfolg eine Kränkung – eine größere, als es die Krise der Plattenindustrie gewesen ist. Damals löste sich nur die Musik vom verkäuflichen Trägermedium, jetzt drohen sich der Künstler und sein Publikum vollends zu emanzipieren.

Das Feuilleton lässt Igor diese Kränkung im weiteren Jahresverlauf noch deutlich spüren.

Für Igor selbst hingegen bringt der Schritt einen enormen Zuwachs an Selbstbewusstsein – im buchstäblichen Sinne. Denn was ihm bewusst wird, ist nichts anderes als seine eigene Unabhängigkeit von der Beurteilung von außen.
Und er merkt erst dadurch, wie abhängig er bis dahin gewesen war.

Als wir beim Mittagessen in Salzburg über die Hauskonzerte reden, lässt Igor als Reaktion auf die Frage, was er in dieser Zeit über sich gelernt habe, das Besteck sinken.

»Ich sage dir jetzt was – nimm es einfach so hin. Wenn du es schreiben solltest, weiß ich nicht, ob es mir jemand glaubt, aber das ist mir egal.

Ich habe in dieser Zeit – vielleicht zum ersten Mal überhaupt – gespürt, dass ich kein Fake bin. Dass ich nicht nur so tue, als ob. Ich habe mir zum ersten Mal selbst geglaubt, dass ich Pianist bin.«

Das muss man für einen Moment sacken lassen.

»Ich habe mich zum ersten Mal auf der Bühne nicht klein gefühlt, sondern gut und stark.

Und ich habe etwas, was ich eigentlich längst wusste, zum ersten Mal emotional verstanden: Ich kann nicht kontrollieren, wie die Musik bei meinen Zuhörern ankommt – und was sie auslöst.

Kontrollieren kann ich die Töne nur im Moment ihres Entstehens, daran habe ich jahrzehntelang gearbeitet, ich kann eine Taste so anschlagen, dass der Ton für mich traurig klingt, fröhlich, mutig oder verloren. Aber wie er in deinen Ohren klingt: Darüber habe ich überhaupt keine Kontrolle. Und dann muss ich auch nicht so tun, als hätte ich sie. Mag sein, dass das merkwürdig klingt, aber daraus erwächst eine ungeheure Freiheit. Das einzige, was ich sicher wusste, war: Es entsteht etwas Gutes. Und dafür ist niemand anderes verantwortlich als ich.

Es hängt nicht an der Aura des Saals, an der Aura des Werks, des Instruments. Sondern einfach an mir. Außer mir gab es da nichts. Auch kein Rahmen, keine Rituale, keinen Moment, in dem das Saallicht sich verdunkelt und ich im Anzug auf die Bühne komme und mich verbeuge. Alles, was sonst darauf hindeutet, dass ein Konzert etwas Besonderes ist – der Pianist muss ja gut sein, sonst säße er nicht auf der Bühne – fällt weg.

Ich habe mich nicht entblößt, nicht die Hosen heruntergelassen, gar nicht. Aber ich war in diesen Hauskonzerten ganz einfach ich. Ich war zu Hause, so gekleidet, wie ich wollte, ich habe gesagt, was ich wollte, so offen, so transparent, so ehrlich und so entspannt, wie ich wollte. Und ohne jeden Deut von Hintergedanken.

Ich habe mir diesen Platz zum ersten Mal genommen – und ich habe ihn auch bekommen. Ich hatte das Gespür zu erkennen: Genau das ist jetzt zu tun.

Ich habe gesagt: Ihr seht jetzt, wer ich bin. Das hat menschlich, politisch und künstlerisch eine tausendmal tiefere Spur hinterlassen als alle Statements und Programme zusammen. Das war für mich eine große, schöne Lehre.

Zum ersten Mal war mir klar, warum ich das mache, rational und emotional. Ich habe zum ersten Mal nicht das Gefühl, ich müsse liefern – ich hatte etwas zu geben.

Es gab am Ende nur mich. Das zu spüren, war für mich das allerschönste. Ich hatte zum ersten Mal das Gefühl, ich bin kein Zufall.

Ich habe alle Regeln ausgehebelt, die es gibt. Ich habe mich einfach gezeigt. Auch mir selbst gegenüber. Und dass das dann so ankam, das war das allerschönste.

Ich habe gemacht, was ich wollte. Das habe ich vorher auch schon getan, aber jetzt habe ich's gespürt und verstanden.

Ich hoffe sehr, dass mir dieses Gefühl bleibt.«

#

ZU DEN DINGEN, die man erst versteht, wenn man Igor eine ganze Weile begleitet und beobachtet, gehört auch die Sache mit den Selbstzweifeln.

Denn Igor weiß natürlich, dass er Klavier spielen kann. Er glaubt es den Leuten, weil sie es ihm seit zehn, fünfzehn, zwanzig Jahren immer wieder sagen.
Aber überzeugt ist er nicht.

»Ich bin zutiefst empfindlich. Ich gehe mit der gleichen inhaltlichen Begeisterung an Dinge ran wie früher, und ich reagiere genauso verunsichert wie früher, wenn mir jemand mit erhobenem Zeigefinger gegenübertritt und sagt, was alles nicht geht. Alles, was ich im Leben will von anderen, ist gesehen werden. Einfach gesehen werden.«
Dies ist nicht zu verwechseln mit dem produktiven Wahn, den alle guten Pianisten haben und der ihren Motor am Laufen hält: die ewige Angst, nicht gut genug zu sein, einem Ideal nachzujagen und es doch nie zu erreichen.

Igor treibt etwas anderes. Ein Zweifel, der längst kein Zweifel mehr ist. Es ist eine Überzeugung, versehen mit dem Adjektiv, das allen guten Überzeugungen voransteht: felsenfest. Ein Punkt, über den er nicht hinwegkommt.

Er glaubt, er könne es nicht. Es reiche nicht.

Und auch das gehört zur Erklärung, warum er klingt, wie er klingt: Er spielt gegen den Zweifel an.

Und er spielt nicht nur, er lebt auch gegen ihn an. Deshalb der Eindruck, Igor macht sich vieles schwerer, als er müsste.

Es ist nicht leicht.

Und es wird nicht leichter dadurch, dass Igor weiß, er kann sich all das, was er macht, nur leisten, solange er am Klavier über alle Zweifel erhaben ist.

#

WIEDER EIN ANDERER Tag. Igor sieht müde aus. Die USA-Tournee, die Igor im Mai hätte absolvieren sollen, war lange gefährdet, jetzt wird deutlich, dass sie vollkommen unmöglich ist.

Die Tage gleichen sich. Igor spielt Hauskonzert um Hauskonzert, verbringt die übrige Zeit am Tag damit, eine Struktur zu finden, die ohne die wesentlichen Eckpfeiler seines bisherigen Lebens – berufliche Reisen, private Reisen, spontane Treffen mit Freunden im Café, Konzerte – auskommt. Währenddessen ist Kristin Schuster damit beschäftigt, Konzerttermine zu verschieben, erst einmal, dann erneut. Bezahlt werden Manager von Musikern üblicherweise nur für die Konzerte, die stattfinden. Musiker selbst auch.

– Wie geht's dir, Igor?

– Weiß nicht.

– Hast du das Interview mit dem österreichischen Bundespräsidenten im ORF gehört?

– Nee. War das gut? Warte mal.

Er öffnet Twitter, sucht eine Weile, dann beginnt aus seinem iPhone-Lautsprecher Alexander van der Bellen zu reden.

»Die Kunst- und Kulturschaffenden wollen nicht nur Zuspruch, sondern eine finanzielle Absicherung. Das finde ich vollkommen in Ordnung, es ist richtig, aber warum ist es richtig? Kunst und Kultur haben, und darauf bestehe ich, das ist mir wichtig, einen Wert an sich, jenseits aller kommerziellen Verwertbarkeit. Ob das in der Literatur, in der Musik, in der darstellenden Kunst ist oder sonst in irgendeinem Bereich. Das ist das eine. Und das andere ist: Wir, die Nicht-Kulturschaffenden, erleben Kunst doch wesentlich durch Interaktion. Egal ob wir in eine Gemäldegalerie gehen, ob wir ein Musikstück hören, sei es zu Hause, sei es in einer größeren Veranstaltung, im Konzerthaus zum Beispiel, sei's, dass wir in die Oper gehen. Also, mir ist zum Beispiel unvergesslich, dass ich die Gelegenheit hatte, bei den Salzburger Festspielen eine Aufführung der Salomé zu sehen. Und ich bin überhaupt kein Opernfan. Aber das hat mich einfach hingerissen. Das ist der zweite Punkt, und der dritte Punkt ist: Kunst und Kultur haben auch eine kommerzielle Bedeutung, nämlich für die anderen. Der Städtetourismus, namentlich in Wien und Salzburg, aber auch in anderen Regionen, lebt auch von Kunst und Kultur. Die Leute kommen nicht nur, um den Stephansdom zu schauen, so schön er ist, sondern sie gehen in die Museen. Sie hören Musik, sie gehen in die Oper.«

»Sie sehen Kultur also auch als Wirtschaftsfaktor«, fragt die Moderatorin dazwischen.

»Ja, sicher auch. Aber die Betonung liegt auf *auch*, und daher muss man vielleicht auch besonders argumentieren, wie wichtig es ist. Aber mir ist es wichtig, auch die Kunst und Kultur als Wert an sich zu betonen und als Wert für uns, für das Publikum. Die, die zuhören, zuschauen, mit Begeisterung und Verwunderung dabei sind, sei es im Kino oder im Theater oder wo.« – »Dankeschön, Herr Bundespräsident.«

Igor atmet aus, reibt sich lange die Augen.

– Und was war daran jetzt so toll?

– Naja, von einem deutschen Politiker habe ich solche Sätze seit vielen Wochen nicht gehört.

– Ach, weißt du. Keine Ahnung, ich habe keinen Bock auf ›Endlich sagt's mal einer‹-Diskussionen. Kunst und Kultur ist dieses und jenes – das haben hier auch schon Leute gesagt. Und Kunst und Kultur als Wirtschaftsfaktor – das haben Leute hier auch gesagt. Das sind aber zwei völlig verschiedene Diskussionen. Die Frage nach dem finanziellen Erhalt dieser Welt, nach ihrer Rettung, die wird hier auch geführt. Es gibt Soforthilfen, sie sind klein und kommen zu spät, aber so gerne ich Politiker sonst auch kritisiere: Die machen das schon in der ein oder anderen Form.

Das ändert aber nichts daran, dass etwas anderes gerade nicht passiert – und dafür kann ich noch nicht mal jemanden zur Rechenschaft ziehen.

Ich kann gerade kein Musiker sein. Ich kann nicht auftreten und spielen, in einem Raum mit anderen Menschen, ohne Angst.

Das ist kein politisches Problem. Der kleine Teil, der sich politisch lösen lässt, wird ja schon gelöst. Der weitaus größere Teil ist aber nicht lösbar: Mein Leben wurde beendet. Das Leben, das ich bis März 2020 geführt habe, ist vorbei.

Natürlich, es wird wieder Konzerte geben, aber wie? Ich finde es grotesk, so zu tun, als wäre die Atmosphäre egal. Sie ist nicht egal! Es ist nicht egal, ob zwischen den Musikern im Orchester ein halber Meter oder vier Meter Abstand liegt. Hauptsache, wir spielen, egal wie – das ist grotesk! Alles, worum es gerade zu gehen scheint, ist die finanzielle Rettung dieser Welt, koste es, was es wolle. Es gibt aber kein ›Koste es, was es wolle‹. Es gibt Kosten, die sich mit Geld nicht decken lassen. Ich will auch keinen Trost – es gibt nichts zu trösten. Wir alle, die wir von der Musik leben, wurden unserer Existenz beraubt. Und nochmal: Daran ist kein Politiker schuld, daran ist niemand schuld, nur die Zeit selbst.

Und wenn du mich jetzt fragst: Was möchtest du, dann kann ich dir das ganz klar sagen. Ich will das Klima vom 10. März zurück. Ich möchte Menschen, die frei darin sind, Bravo zu schreien oder Buh, die sich umarmen, die eng beieinander sind, die sich anschauen, die sich zueinander umdrehen. Die in der Pause einen Drink nehmen, die anstoßen, den Moment feiern. Das ist gerade nicht möglich. Und was bin ich in einer Welt, in der das nicht möglich ist? Ich weiß es nicht. Vielleicht sage ich nach dem ersten Mal, es war toll, weil mich die Musik trägt. Wenn sie mich nicht trägt, dann mache ich das nicht mehr. Aber das Drama ist ja: Wenn wir es nicht machen, können wir gleich zusperren. Und eines sage ich dir: Ich kündige, wenn ich den ersten Anruf kriege, im Autokino zu spielen. Ich trete mit sofortiger Wirkung zurück. Ich habe nicht 30 Jahre meines Lebens gearbeitet an dieser Sache, um vor Autos zu spielen.

Am 2. Mai spielt Igor das 50. Hauskonzert, er sitzt in schwarzem Pullover und schwarzen Jeans auf der Klavierbank, trägt Brille, und richtet ein paar Worte an sein Publikum.

»Ich habe am 12. März angefangen diese Konzerte zu spielen, aus einer Dringlichkeit heraus. Es war die Dringlichkeit, zu teilen. Ich kann Musik nicht machen, ohne zu teilen. Das funktioniert für mich nicht, ich kann es nicht nur für mich machen. Ich muss wissen: Menschen hören zu.

Und seit diesem 12. März gibt es das offensichtlich nicht mehr, so wie wir das über Jahre, Jahrzehnte gewohnt waren: Orte sind zu, Säle sind zu, Festivals sind abgesagt. Wir wissen nicht, für wie lange. Wir wissen auch nicht, welche Orte noch da sein werden, wenn wir denn wieder dürfen. Wir wissen gar nichts. Was wir aber wissen: was Töne, was Klänge, was Musik mit uns machen kann. Sie kann heilen. Sie kann helfen. Sie muss nicht. Aber sie kann.

Für mich waren diese Abende hier so heilend und so existenziell wie weniges in meinem bisherigen Leben. Und ich mache Musik seit meinem dritten Lebensjahr. Bis vor acht Wochen habe ich gedacht, ich habe einiges schon erlebt. Und einen Abstand zur Musik habe ich nie gehabt. Aber so spürbar, körperlich spürbar, dass mir einfach nur so ein Ton wirklich hilft, in der Qualität war es für mich auch neu.

Und hier für euch jeden Abend zu spielen und zu wissen, Menschen hören zu, ihr seid da, gibt mir in diesen Wochen auch ganz persönlich einen Halt, Kraft und ein gutes warmes Gefühl, wie ich es gar nicht beschreiben kann.

Mein Dank an euch ist unendlich, und das meine ich buchstäblich: unendlich.

Ich weiß nicht, wie lange das hier dauern soll, und was es mit mir und mit uns machen wird, und ich werde auch nicht so tun, als wäre es leicht. Aber für diese vergangenen zwei Monate kann ich sagen: Solange ich klar denken kann, solange ich lebe, werde ich diese zwei Monate nie vergessen.«

Dann spielt er die Goldberg-Variationen von Johann Sebastian Bach, »knapp 80 Minuten heiligster, unglaublichster, unbeschreiblichster Musik. Das Werk beginnt exakt genau so, wie es endet, mit der Aria, zwischen diesen beiden Polen erleben wir gemeinsam eine Reise. Oberflächlich gesprochen: Wir kommen dahin zurück, wo wir herkamen, aber als andere Menschen. Die Eindrücke sind andere, die Gefühle sind andere, das Normal ist ein neues Normal.«

Zwei Tage später beendet Igor die Hauskonzerte.

»Ich vermisse sie«, sagt er ein paar Wochen später. »Ich vermisse das Klima, die Freiheit, die Intimität, den Rhythmus, die Freude dran. Ich konnte eine halbe Stunde vorher entscheiden, was ich spiele. Aber das ist nicht der einzige Grund. Ich wünschte mir, ich hätte die Konzerte noch mehr genossen. Denn das Bewusstsein für diese immense Freiheit kam erst später. Ich wünschte mir, es wäre von Anfang an da gewesen.

Mir ging es während dieser Zeit nicht besonders gut, weil ich mit dem Kopf woanders war. Ich habe um mein altes Leben getrauert, und beim Trauern haben mir die Konzerte sehr geholfen. Aber ich habe darüber gar nicht gemerkt, wie gut diese Zeit eigentlich gewesen ist. Ich habe mich sehr verändert in dieser Zeit, und ich konnte mir beinahe selbst beim Verändern zuschauen.

Ich vermisse das. Aber es kommt halt nicht wieder.

Auf dem Weg dachte ich kurz, ich hätte zu wenig Repertoire. Aber dann kam es, dann entstand etwas. Ich habe einmal durchgerechnet: Ich hätte hundert Konzerte spielen können, ohne mich wesentlich zu wiederholen.

Und die Resonanz war überwältigend. Es gab nur ein paar Spießer-Meldungen von Kollegen, die sich über die Klangqualität beschwert und einen perfekten Flügel mit perfekter Intonation verlangt haben. Aber darum ging es mir nicht – für mich war wichtig zu wissen, dass auf der anderen Seite der Handy-Kamera Menschen sitzen und zuhören. Und natürlich war der Klang nicht gut, aber was wäre die Alternative gewesen? Ich habe mich ja nicht absichtlich gegen den perfekten Flügel entschieden, ich stand vor der Wahl: so oder gar nicht.«

#

IM MAI, AM Tag nach seinem geplatzten Debüt in der Carnegie Hall sitzt Igor in einem alten Tanzsaal in Französisch-Buchholz, im Norden von Berlin-Pankow. Am Morgen hat der bayerische Ministerpräsident Markus Söder in München wieder einmal in einer Corona-Pressekonferenz über Großveranstaltungen gesprochen, ohne zu sagen, ob Klavierkonzerte damit gemeint sind oder nicht, alle sind müde, mürbe und vorsichtig.

Es ist der Abend nach dem letzten Hauskonzert.

Igor hat damit aufgehört, weil Kristin Schuster und er kurzfristig eine Aufnahme ansetzten: ein Album mit Choralvorspielen von Bach und Brahms, bearbeitet von Ferruccio Busoni – die Aufnahmen und die Hauskonzerte parallel wären zu viel.

Im Tanzsaal in Französisch-Buchholz befindet sich das Tonstudio, in dem seit ein paar Wochen sein Flügel Lulu steht. Igor spielt hier gleich drei Beethoven-Sonaten, darunter die letzte mit der Opus-Nummer 111. Die Aufnahme wird auf der Webseite des Gilmore Festivals übertragen.

Igor, eine Stunde vor der Aufnahme, versucht die trübe Stimmung irgendwie aus dem Raum zu bekommen.

»He, ich hab einen Witz für dich, pass auf.
Nach der Ermordung von Zar Alexander II. ruft der Bürgermeister von Kiew den Großrabbiner zu sich und sagt: Brauchst mir gar nicht mit einer Entschuldigung zu kommen, ich weiß genau, dass das einer von euch war.
Sagt der Rabbiner: Ach, es ist doch immer das gleiche. Immer das gleiche. Es ist doch völlig egal, was ich jetzt sage. Für euch waren es immer entweder die Schornsteinfeger oder die Juden.
Sagt der Bürgermeister: Nanu, warum denn die Schornsteinfeger?
Sagt der Rabbiner: Nu, und warum immer die Juden?«

Die Witze sind Igors Mittel, jede Stimmung sofort radikal zu drehen, jeder Zuhörer reagiert anders, aber alle reagieren: Die einen überlegen, ob es okay ist, über einen jüdischen Witz zu lachen. Andere lachen einfach. Und wieder andere müssen erst mühsam versuchen, ihn zu verstehen.

Igor setzt sich an den Flügel, spielt sich ein, dann beginnt die Aufnahme. Für jeden im Raum sind es die ersten Klaviertöne seit mindestens zwei Monaten.

Das Debüt in der großen Carnegie Hall ist jetzt für Januar 2022 angesetzt.

Danach setzt sich Igor auf ein rotes Sofa, das in der Ecke steht, und sagt feierlich: »Kommt mal, ich verrate euch jetzt was.«

Er habe etwas vor. Einen Stream, hier in diesem Studio, 20 Stunden, vielleicht mehr – er wolle die Vexations spielen, eine Komposition von Erik Satie, bestehend aus einem Thema und zwei Variationen, die 840 Mal wiederholt werden. »Das Stück ist im Grunde genommen mein Soundtrack gerade«, sagt Igor. »Es geht um gar nichts.«

Er wird einen Tag und eine Nacht lang spielen. »Das«, sagt Igor, »wird mein künstlerischer Hungerstreik.«

#

EINE WOCHE VOR dem Termin beschleichen Igor Zweifel, ob seine Idee, die Vexations zu spielen, wirklich so brillant war.

»Jetzt gerade könnte ich mich in den Arsch beißen, ich habe ja sonst nichts zu tun als 21 Stunden am Klavier zu sitzen. Das ist wieder mal eine typische Igor-Aktion: Ich habe eine Idee, haue sie raus und denke erst dann darüber nach, was sie eigentlich bedeutet. Keine Ahnung, wie das sein wird. Vielleicht habe ich nach einer Stunde keine Geduld mehr.«

Jetzt gerade hat er allerdings wirklich sonst nichts zu tun.

Die Vexations sind eine Komposition des Franzosen Erik Satie, für den Igor schon deshalb große Sympathien hat, weil sich sein Werk keiner klaren Stil-Epoche zuschreiben lässt – es ist nicht einmal klar, ob alle Werke wirklich ernst gemeint sind.

Dieses Stück ist das beste Beispiel. Ein Thema, bestehend aus 18 Tönen, zwei Variationen aus jeweils 18 Harmonien, dies alles 840 Mal, »sehr viele Wiederholungen von sehr wenig Tönen«, sagt Igor. »Wirklich nicht schwer. Pipi-einfach. Das kannst du auch, wenn ich es dir zeige.«

Über den Noten steht, auf Französisch, die mehrdeutige Spielanweisung:
»Um dieses Motiv achthundertvierzigmal zu spielen, wird es gut sein, sich darauf vorzubereiten, und zwar in größter Stille, mit ernster Regungslosigkeit.«

Heißt das nun, der Komponist schreibt vor, das Thema habe 840 Mal gespielt zu werden? Oder ist es ein Scherz, als Karikatur einer Spielanweisung, die nur sagt: wenn jemand so verrückt ist, das 840 Mal zu spielen, dann nicht unvorbereitet? Wahrscheinlich hätte es nicht einmal geholfen, Erik Satie selbst zu fragen, als er noch lebte.

Die Kunst ist frei und sie ist nicht zu fassen. Wäre sie zu fassen, wäre sie nicht mehr frei.

Die Melodie klingt wie eine beiläufige Klimperei, ein paar Töne, die wie zufällig aneinandergehängt sind, nicht richtig schön, auch nicht eingängig. In den Variationen sitzt auf jedem Ton ein Akkord, auch hier könnte jeder Ton Zufall sein. Die Reihe ergibt harmonisch keinen Sinn, und vor allem: Die Spannung, die zwischen den Tönen liegt, löst sich nicht auf. Das Stück hat keine Tonart und keine Takte, es ist wie eine mäandernde Verspannung, wie die seltsamen Knoten im Telefonkabel, die aus dem Nichts auftauchen und nicht mehr verschwinden. Schon nach dem ersten Durchgang bekommt man Lust auf einen schönen klaren C-Dur-Akkord.

Igor will das Stück schon lange spielen. Er sprach zum ersten Mal darüber, als er 2015 in der Armory Hall in New York Teil der Performance von Marina Abramovic war, später beschloss er, das Werk vor Live-Publikum aufzuführen, Kristin Schuster redete es ihm aus, sie fand die Idee zu selbstreferenziell. Warum eine sinnlose Melodie und zwei Variationen einen ganzen Tag und eine Nacht lang wiederholen, ohne nennenswerte Pause, außer um zu zeigen, dass man es durchhält? Igor verwarf den Plan, vergaß ihn aber nicht.

Jetzt steht die Sache in einem anderen Licht, seit zweieinhalb Monaten sind die Konzertsäle geschlossen, noch immer spüren viele Künstlerinnen und Künstler keinen Boden unter den Füßen. Nachdem in guten Zeiten die Bedeutung der Kunst für die Gesellschaft keine Frage schien, scheint sie jetzt auf einmal in Zweifel zu stehen. Um Geld geht es dabei auch, vor allem aber: um Lebensinhalte. Denn niemand wird ja Künstler, wenn er nicht überzeugt wäre, dass Kunst es wert wäre, sein Leben restlos damit zu verbringen. Die Schließung der Säle selbst ist dabei gar nicht das vordergründige Problem, sondern die Gleichgültigkeit, mit denen die zuständigen Politiker sie vollziehen. Der Gestus: Das ist jetzt mal nicht so wichtig.

Die so entstandene Leere will Igor nun – anders als bei den Hauskonzerten – ausdrücklich nicht füllen. Er will die Leere hörbar machen. Als Schmerzensschrei der Kunst, das ist die Idee.

In jedem Fall muss er pro Durchgang unter zwei Minuten bleiben. Wenn ein Durchgang zwei Minuten dauert, dann dauern 840 Wiederholungen 28 Stunden, die Toilettenpausen nicht mitgerechnet.

Angepeilt sind 24 Stunden.
Besser wären 20.

Berlin-Pankow, wieder im alten Tanzsaal, 30. Mai, Pfingstsamstag. Der Saal ist verdunkelt, die Luft vor der Tür ist mild, es ist ein verschwenderisch schöner Tag, die Vögel singen, immerhin die.

Im Saal glühen die Lampen der Scheinwerfer schon einmal vor, im hinteren Teil steht der Flügel, umringt von Stellwänden, die Szenerie ist in honigfarbenes Licht getaucht.

Das Parkett knarzt bei jedem Schritt.

Vor dem Flügel im Halbdunkel: das Lichtmischpult, in der Ecke ein rotes Sofa, am hinteren Ende ein Tresen mit einer kleinen Lampe, damit Igor im Schwarz der Bühne die Orientierung nicht verliert – und damit keiner der Helfer über ein Kabel stolpert. Dahinter eine Tür zur Technik, sie wird später gesperrt sein, die Treppe knarrt zu laut. Vor dem Flügel stehen drei Kameras, eine vierte hängt an der Decke. Knapp außerhalb des Bildes: zwei Toiletten mit abgeklebten Oberlichtern, eine ist für Igor. Hört man die Toilettenspülung während der Aufnahme? Kurze Aufregung, nein, sobald Igor das Bild verlässt, ist der Ton aus.

Ein halbes Dutzend Kameraleute, Lichtassistenten, Toningenieure sind da, die Bildregie ist in Schichten besetzt, die Kameras auch. In einem Nebenraum kümmert sich jemand um die Streams. Letzte Vorbereitungen, gespannte Erwartung, nervöse Vorfreude.

Der Produktionsleiter hat an der rechten Seitenwand ein kleines Lager aufgeschlagen, wenn es wirklich 28 Stunden dauern sollte, wird es ganz ohne Schlaf nicht gehen.
Dann kommt Igor, mit Sonnenbrille, in der Hand einen Designerstuhl aus seiner Küche. »Ich dachte, ein Stuhl mit Lehne ist vielleicht nicht die schlechteste Idee.«

Er hat sich eine Methode überlegt, der kleinen Unendlichkeit, die er vor sich hat, Herr zu werden. Maren Borchers trägt einen hellgrauen Karton zum Flügel. »Schau mal, ich hab was für dich.« In der Kiste sind 840 Din-A-4-Blätter Papier, einseitig bedruckt. Jede Wiederholung ein Bogen.

Der Stapel liegt auf dem Flügel, rechts neben dem Notenpult, Kamera 2 kann Igor jetzt nicht mehr sehen, er verschwindet hinter dem Stapel.
»Was, nur so viel?«, fragt Igor. Er setzt sich auf den Küchenstuhl, klimpert den Marsch der Gladiatoren, eine alte Zirkusmelodie, nach ein paar Takten bricht er ab. »So, jetzt bin ich eingespielt.«

Maren Borchers hatte darauf bestanden, dass ein Arzt anwesend ist, Igor fragte daraufhin seinen alten Freund Olli Rohde, ob er nicht vorbeikommen könne. Die beiden kennen sich über Hannes, ab und an fahren sie zum Männerurlaub in die Berge. Olli, ein gutgelaunter Bartträger mit buntem T-Shirt und Schiebermütze, ist eigentlich Kinderarzt, aber was soll es, Arzt ist Arzt. Jetzt gerade holt er den Proviant aus dem Auto: Trockenobst und Bio-Schokolade, Thunfischsalat.

»Haben wir Bananen?«
»Ja, die liegt neben dem Flügel.«
»Wie, nur eine?«
»Sind die Datteln eigentlich entkernt?«
»Nee, die Kerne kannst du einfach ins Klavier spucken. Klar sind die entkernt.«

Die Lautsprecher knacken, eine Stimme aus der Regie sagt: »Igor, ich weiß, du hast eine Menge Programm vor dir, aber könntest du so zwei, drei Durchgänge für uns spielen?«

Maren Borchers steht nervös auf einer kleinen Veranda vor dem Verpflegungsraum und tippt in ihr Handy. Sie macht sich Sorgen. Mehrere Pianisten haben bei dem Versuch, die Vexations zu spielen, Halluzinationen entwickelt, einer sah Drachen aus den Noten kommen.

Noch eine halbe Stunde.

Der Produktionsleiter kommt auf die Terrasse,
»Ist euch auch so übel?«
»Ist dir übel?«, fragt Maren Borchers, »bist du aufgeregt?«
»Pfui Teufel. Jedes Mal.«
»Echt jetzt? Hör auf! Warum?«
»Furchtbar. Wegen der Technik.«
Igor, im Hintergrund: »Wieso bist DU denn jetzt aufgeregt?«

13.48 Uhr. Igor ruft vom Flügel: »Können wir jetzt anfangen?«

»Willst du lieber auf der Klavierbank spielen oder auf deinem Stuhl?«, fragt Olli, der Kinderarzt.
»Auf der Bank.«
»Gut.«
»Ne, doch auf dem Stuhl.«

13.51 Uhr: »Können wir jetzt loslegen?«
13.52 Uhr: »Mann, können wir jetzt loslegen?«
Igor steht im Halbdunkel, dehnt seine Schultern, massiert sich mit der linken Hand den Nacken.

13.53 Uhr: »Hallo, ich will anfangen!«
13.55 Uhr. Maren Borchers verabschiedet sich. »So, mein Lieber, ich wünsche dir eine gute Reise.« Igor winkt, schaut ernst.

Dann ist es für einen kurzen Moment still.

13 Uhr und 58 Sekunden. »Und Auftritt bitte.«
Der Produktionsleiter haut Igor vorsichtig auf die Schuler.

Igor läuft ins honigfarbene Licht, setzt sich neben den Notenstapel, rückt das Notenpult zurecht, konzentriert sich kurz, fängt an.

Er lässt sich Zeit.
Ton für Ton. Für Ton. Für Ton.
Erste Variation.
Wieder das Thema.
Zweite Variation.

Eine Minute 40. Genau 100 Sekunden. Macht hochgerechnet 23 Stunden.

Die Notenblätter sind nummeriert, nach jedem Durchgang lässt Igor ein Blatt auf den Boden fallen. Er spielt ohne Anstrengung, ohne Mimik, ohne Ausdruck, erst einmal muss das Thema ins Bewusstsein sickern.

Merkwürdig, dass die Melodie gar nicht im Kopf bleibt, nicht einmal das scheint sie zu wollen.

14.22 Uhr. Igor seufzt.
14.56 Uhr: Ein Triller im Hauptthema.

Sonst passiert nichts. Igor spielt, die Maschinen laufen, die Zeit vergeht.
Aber merkwürdig, dass es nicht langweilig ist.

16.46 Uhr: Blatt 111. Igor steht auf, läuft aus dem Bild. Pause, fünf Minuten.

Dann, ganz langsam zieht er das Tempo an.

So wird das jetzt einige Stunden weitergehen, eigentlich könnte man spazieren gehen, sich aufs Ohr hauen, arbeiten. Aber es geht nicht, man hätte das Gefühl, etwas zu verpassen.

Zweite Pause bei Blatt 219. Igor läuft aus dem Licht, winkt Olli heran: »Du, der Thunfischsalat, wo ist der?«

Dann weiter, die Notenblätter fallen krachend auf den Boden, das Tempo steigt weiter, die Intensität auch, ein Durchgang dauert jetzt weniger als eine Minute.

Blatt 299, es ist Viertel vor neun.
Igor steht auf, schaut in die Kamera, spielt ein paarmal im Stehen.
Blatt 300, er setzt sich wieder hin.
Das sind nun die Ereignisse, die die Unendlichkeit gliedern. Igor, der seufzt. Die Beine übereinanderschlägt. Datteln isst, Wasser trinkt, er spielt die Melodie nur mit der linken Hand, das verschafft ihm ein paar Sekunden, um zu trinken oder Noten nachzulegen.

Gleich 22 Uhr, und noch nicht einmal die Hälfte.
Aber seltsam: Es ist immer noch nicht langweilig.
Igor spult die Musik nicht einfach ab, er phrasiert und moduliert, er nimmt die Musik als das, was sie ist: ein ausufernd langer Variationssatz.

Die Kameraleute wechseln in Zwei-Stunden-Schichten, die Kollegen in der Bildregie auch, der Regisseur, der gerade an den Hebeln sitzt, erzählt, er habe seiner Mutter zu Weihnachten die Beethoven-Sonatenbox geschenkt, er hatte vorher noch nie von Igor gehört.

22.10 Uhr: Igor steht wieder, spielt im Stehen, stampft, singt mit.
22.18 Uhr: Er sinkt ermattet in den Stuhl, wischt sich die Augen.
Um 22.24 Uhr lässt er einfach das Pedal offen, jetzt laufen die Töne nicht nacheinander ab, sondern kumulieren sich zu einer großen Wolke.

Keine zwei Varianten gleichen sich.

22.33 Uhr. Blatt 420. Die Hälfte ist geschafft, viel schneller als geplant.

Igor läuft aus dem Bild ins Halbdunkel und sagt. »Das macht total Bock.«
»Wir sind viel schneller als geplant«, sagt der Produktionsleiter.
»Freu dich nicht zu früh! Jetzt kommt der langsame Satz.«

Der Produktionsleiter schickt einen der Kameraleute nach oben in die Küche, wo das Catering fürs Team steht: »Hol doch mal zwei Stücke Lasagne, Kohlehydrate.«
Als die Lasagne da ist, spielt Igor schon wieder.
Der Boden ist längst mit Notenblättern übersät.

Kurz vor der nächsten Pause betritt Georg Diez den Raum, er hat Igor versprochen, vorbeizukommen: Zwei andere Freunde sind auch da, sitzen auf dem Sofa, unterhalten sich leise, aber nicht leise genug. Igor wirft eisige Blicke von der Bühne.

Sein Spiel wird flächiger, die Konturen verschwimmen, die Musik klingt verlorener, die Entschlossenheit, die Igor durch die letzten Stunden getragen hat, ist versickert.

0.56 Uhr. »Also, ich muss sagen, jetzt geht mir der Satie allmählich auf den Sack.«
Der Stapel der Notenblätter ist erheblich geschrumpft, noch 240 Wiederholungen.
»Ich würde sagen, in vier Stunden sind wir fertig«, sagt der Produktionsleiter.

2.12 Uhr. Igor geht auf die Toilette, nimmt sein Handy mit. »Irgendjemand behauptet auf Twitter, ich hätte mich verzählt, ich würde nur 838 Wiederholungen spielen, oh Mann.«

2.18 Uhr. Die Phrasen werden fragmentierter, Igor isoliert jetzt die Töne, ihr Zusammenhang ist ja ohnehin nicht organisch, sondern nur behauptet. Das Stück, das am Anfang ein langer ruhiger Fluss war, zerfällt erst in größere Trümmer, dann in kleinere Brocken.

2.45 Uhr, »Seid ihr noch okay?», fragt Igor die Kameraleute. »Ich beeile mich.«

Noch 140. »Mein Kopf fängt langsam an zu schwimmen.«

3.13 Uhr. »Entschuldigt, Leute, ich nehme mir jetzt mal zehn Minuten. Ich würde mich gern kurz auf das Sofa hier legen.«
»Alles okay? Geht's dir gut?«
»Warum fragst du mich das? Klingt es scheiße?«
Igor schließt die Augen.

»Ich glaube, ich hab zu viele Ananas gegessen, mir ist schlecht.«
»Das kann sein«, sagt Olli. »Brauchst du was?« – »Ich hab Hunger auf paniertes Hühnchen.«

Weiter, die nächsten Brocken, der Stapel ist fast verschwunden, Igor erhöht das Tempo wieder.

»Wie lange brauchst du noch?«, fragt, der Produktionsleiter.
»Nicht mehr lang. Wieso?«

»Dann sage ich die letzten beiden Techniker-Schichten ab.«
»Ich hätte so gern paniertes Hühnchen!«

3.51 Uhr. Die letzten 100.
»Wie viele Leute sind noch da?«
»Auf Youtube 177 000.«
»Echt?«
»Keine Ahnung.«

»Wie wäre es, wenn ich am Ende sage, ich habe als Zugabe ein posthumes Satie-Stück entdeckt, 1440 Wiederholungen?« Draußen wird es langsam hell, man kann die Dämmerung durch das Toilettenfenster sehen.

Die letzten 30. Fortissimo, molto espressivo. Dann vom Forte ins Decrescendo, mit viel Pedal, ins Nichts oder ins Kaum-noch-etwas.

Die letzten 20.
15.
Er nimmt das Tempo aus der Musik, die Töne haben kaum mehr Körper und Kontur, die Melodie klingt sphärisch und entrückt.

Igor schaut in die Kamera, leer und erschöpft, dann wieder nach vorn. Trinkt. Gähnt. Trinkt.
Vor sich auf dem Stapel liegen jetzt höchstens noch fünf Blätter.

Spielt noch eine Wiederholung.
Noch eine.
Noch eine.
Und noch eine.

Wirft das Blatt auf den Boden, das müsste jetzt das vorletzte gewesen sein, es ist aus dem Saal schlecht zu erkennen.
Spielt.
Es ist 5.23 Uhr.
Spielt.
Nein, es war doch noch nicht das vorletzte.
Spielt noch eine Wiederholung.
Prüft das letzte Blatt, ob es wirklich das letzte ist.
Spielt.
Es ist 5.26 Uhr.
Es ist doch noch nicht das letzte Blatt gewesen.
Die Musik hat kein Tempo mehr.
Alles zerfasert, jetzt sind nur noch Reste da.
5.27 Uhr. Zum letzten Mal das Thema.
Die Töne sacken weg.
5.28 Uhr. Es ist aus.
Igor atmet, schließt den Deckel über den Tasten.
Steht auf. Und geht.

Und hat sofort wieder gute Laune. »Danke euch! Das war schön. Das machen wir nächste Woche wieder!«
»So, und jetzt der zweite Satz.«
»Shit, Noten vergessen.«

Kristin Schuster ruft an, er fragt sie lachend: »Okay, so, what's next?«

Während die Kameraleute mit dem übrigen Team nach und nach mit dem Abbau beginnen, geht Igor ans Klavier und spielt ein paar Takte aus Richard Wagners Oper »Götterdämmerung«, jemand öffnet die große Flügeltür, draußen singen die Vögel,

Morgenluft strömt herein. Alle sind völlig überdreht, Igor hat blendende Laune.

»Also, nach zwei, drei Stunden oder so hatte ich wirklich keinen Bock mehr. Aber jetzt könnte ich auch nochmal. Was machen wir jetzt?«

Olli fährt Igor nach Hause, es ist Pfingstsonntag, halb sieben Uhr morgens, Berlin scheint unbevölkert, fast fahren sie über eine rote Ampel.

In seiner Wohnung setzt Igor Kaffee auf und serviert Leberwurstbrote, dann googelt er »World's longest Piano Pieces«, niemand redet.

Igor könnte, wenn er wollte, mit den Vexations ziemlich reich werden. Er müsste sie zweimal im Jahr in einer Berliner Galerie spielen, als Kunstperformance, Oder nicht? »Mach's doch selber. Come on, das interessiert mich wirklich nicht.«

Dann läuft er zum Flügel und kommt mit Noten wieder. 24 Präludien und Fugen von Wsewolod Zaderadski, »das ist«, sagt Igor, »wirklich ein Jahrtausendjuwel«. Zaderadski schrieb die Stücke im Gulag, notiert auf allem, was gerade da war, nur Notenpapier gab es keins. »Man hört das und denkt, da hat ein Komponist von Schostakowitsch abgeschrieben. Aber Fakt ist, die Stücke sind 20 Jahre älter als die von Schostakowitsch. Keine Dynamik, keine Spielanweisung, nichts. Unfassbar tolle Musik, aber irre schwer. Und manche Stücke klingen wie die Musik von alten sowjetischen Zeichentrickfilmen. Hier, hör mal.« Er geht zum Klavier und spielt eine Zaderadski-Fuge, dann zieht er sein Handy aus der Tasche und sucht auf Youtube nach einer Folge der russischen Kinderserie »Tscheburaschka«. »Da, hörst du?« Eindeutig. »Das ist so, so rührend!« Das Lied gehört zu denen, mit denen sich Igor früher selbst auf dem Klavier begleitet hat.

»So, und was jetzt?« – »Schlafen!« – »Ich kann nicht.«

Am Mittag postet Igor auf Instagram ein Video von seinen Händen, wie sie auf einem Gartentisch immer noch die Vexations spielen. Die Zeile unter dem Bild: Wiederholung 1217.

#

DIE COVER SEINER CDs fotografiert von Anfang an sein Freund Felix Broede. Die Geschichte ihres Kennenlernens ist ein schönes Beispiel dafür, wie Igor die Menschen, mit denen er zusammenarbeitet, kennenlernt. Fast alle sind durch Zufall in Igors Leben geraten, die Zusammenarbeit hat dann aber gar nichts zufälliges mehr – die gründet darauf, dass sie von Igor gewollt ist.

»Du erinnerst dich vielleicht, es gab im Jahr 2008 diese Riesengeschichte, als das Beethoven-Haus in Bonn Geld gesammelt hat, um die Handschrift der Diabelli-Variationen kaufen zu können. Damals hat die Sendung Kulturzeit verschiedene Pianisten gezeigt, wie sie die Variationen spielen – das hat Felix gemacht. Er rief Gerrit Glaner bei Steinway an und sagte: Ich brauche jemanden, der gut ist, aber nicht berühmt, Gerrit hatte mich beim Rubinstein-Wettbewerb in Tel Aviv gehört. So habe ich Felix kennengelernt, wir haben uns am ersten Tag gleich fünf Stunden unterhalten.«

Der Modus der Zusammenarbeit erzählt viel über Igor. Er hätte jedes Recht, sich in jedes Detail einzumischen, alles zu kontrollieren, viele Künstler tun das. Aber er verlässt sich lieber darauf, dass ein Fotograf vom Bildermachen mehr versteht als er.

»Ich will die Fotos, die Felix macht, überhaupt nicht sehen. Ich sage ihm: Ich vertraue dir, mach deine Fotos, ich weiß, dass du weißt, was du tust – entscheide du, welche gut sind und welche nicht. So ist es auch bei Konzerten, wenn mich die Techniker fragen, wie ich das Licht auf der Bühne gern hätte. Macht einfach, Ihr wisst doch am besten, was gut aussieht. Wenn mich der Klavierstimmer vor einem Konzert nach meinen Wünschen fragt, weiß ich oft gar nicht, was ich sagen soll. Oder mein Friseur – er hat gelernt, Haare zu schneiden, nicht ich, er macht das seit Jahren, warum fragt er mich?«

Dieser Modus des totalen Vertrauens bringt Igor die Freiheit ein, sich auf andere, eigene Themen zu konzentrieren. Das Hauptmotiv aber ist ein anderes: die Freude daran, Menschen um sich zu haben, denen er vertrauen kann. Sie sind für seine Arbeit essenziell, das betont er immer wieder. Andere um sich zu wissen, bedeutet ihm Entlastung. Und: Es lindert die Selbstzweifel.

»Ich habe immerzu das Gefühl, ich kann das alles eigentlich nicht. Ich genüge nicht. Es hat schon seine Gründe, weshalb ich mir bei vielen Projekten einen Partner suche.«

Wem er vertraut und wem nicht, beruht nicht auf rationalen Kriterien, es ist viel komplizierter: eine Entscheidung nach Gefühl. Wer sein Vertrauen hat, kann sich darauf verlassen, dass es nicht so schnell verschwindet. Wem er es aber entzieht, der hat es schwer, es wieder zu gewinnen.

»Er ist in mancherlei Hinsicht rigoros«, sagt sein Freund Simon Bode. »Das ist sicher auch Teil seines Erfolgsrezepts, dass er sich von Personen, die ihn enttäuscht haben oder die nicht so funktionieren, wie er das braucht, ganz einfach trennt. Er ist nicht nostalgisch.«

#

EINE WOCHE NACH den Vexations tritt Igor in Wien auf.

Die Termine waren mit großem Vorlauf geplant. Nach seiner Rückkehr aus den USA hätte Igor im Wiener Konzerthaus zweimal das Klavierkonzert Nr. 5 von Beethoven spielen sollen, begleitet von den Wiener Symphonikern, an einem Abend gefolgt von Beethovens dritter, am zweiten Abend von der siebten Sinfonie. Schöne Termine aus damaliger Sicht, gut, um zu brillieren, nicht außergewöhnlich.
Jetzt sind sie genau das.

Es sind die ersten Konzerte in Wien nach 88 Tagen Pause. Als der Intendant vor das Podium tritt, um das Publikum zu begrüßen, wird er frenetisch empfangen; er macht dann auch gleich klar, in welcher Größenordnung er das Ereignis sieht: Erst dreimal war das Konzerthaus in seiner Geschichte länger geschlossen. Einmal zehn Tage im Februar 1934, wegen Bürgerkriegs. Dann 26 Tage im April 1945, wegen Weltkriegs. Und jetzt 88 Tage, eine lange Zeit, »emotional und auch betriebswirtschaftlich«, sagt der Intendant.

Wien wirkt wie ausgestorben, dabei fehlen nur die Touristen, erst am Vortag sind die Reisebestimmungen so weit gelockert worden, dass die Einreise aus Deutschland ohne nachgewiesenen Corona-Test möglich ist. Der Flughafen ist noch im Krisenmodus, auf dem Weg zu den Gepäckbändern stehen Soldaten des österreichischen Bundesheers und messen Fieber, in der gespenstisch-leeren Wandelhalle befielt eine weibliche Maschinenstimme, man solle sofort nach Hause gehen und soziale Kontakte weitestgehend vermeiden. In der Innenstadt haben viele Restaurants geschlossen, die Wurstverkäufer schauen traurig aus ihren Buden.

Das Konzert findet nicht im Hauptsaal des Konzerthauses statt, sondern im wesentlich kleineren Mozart-Saal. Zugelassen sind 100 Zuhörer, die einzeln und in Zweier-, Dreier- und Vierergrüppchen platziert sind, der Saal fasst 700 Menschen, 600 Sitze bleiben leer. Die Platzanweiser bitten jeden, nach dem Platznehmen nicht mehr aufzustehen. Das Orchester betritt das Podium nicht bei Konzertbeginn, sondern Musiker für Musiker, gestaffelt über eine Viertelstunde. Als alle da sind, sitzen auf dem Podium nur unwesentlich weniger Menschen als im Saal. Auch das Programm wurde geändert: Weil die Veranstaltung nur eine Stunde dauern soll, Pausen sind nicht erlaubt, spielt Igor nicht Beethoven, sondern das nur knapp halb so lange, aber auch weitaus unscheinbarere Klavierkonzert Nr. 12 von Mozart; außerdem braucht dieses Konzert weniger Bläser im Orchester, das minimiert gleichzeitig Kosten und die Ansteckungsgefahr. Danach spielte das Orchester noch eine Suite von Edward Grieg. Und dann: Das ganze Konzert noch einmal, vor hundert neuen Zuschauern.

Igor spielt, als wäre nichts.
Und während er spielt, ist ja auch nichts.
Igor am Flügel, um ihn herum das Orchester, die natürliche Ordnung ist wieder hergestellt. Für heute.

Statt der Konzertmeisterin die Hand zu geben, berühren sich die beiden mit den Ellenbogen, während der Orchester-Exposition blinzelt Igor ins Publikum, vorfreudig und auch ein wenig ungläubig. Das Orchester klingt sehr dick, auch die Musiker haben sich auf den Tag gefreut, es dauert eine ganze Weile, bis die Balance stimmt, noch nie war das so egal wie heute.

Igor stürzt sich wie ein Verhungernder auf die Musik. Er nimmt jede Phrase, jeden Ton so ernst, als hätte er sich vorgenommen, sich nur nicht anmerken zu lassen, dass ihn das unschuldige Geplänkel der Töne nicht ganz auslastet. Als wollte er klarstellen, dass dieses Programm nicht zweite Wahl sei, ein Kompromiss mit Rücksicht auf die aktuelle Situation.
Als hätte er selbst nicht auch etwas anderes vorgehabt.
Musik ist Musik.
Und bitte, wir reden über Mozart in Wien.

Nach dem ersten Konzert empfängt Igor ein paar wenige Gratulanten im Künstlerzimmer, gibt erst ein Interview fürs Fernsehen, dann eines fürs Radio, danach öffnet er das Fenster, dreht sich um und sagt grinsend, »Klingt ganz okay, oder?«

Dann lässt er sich auf einen mit Plüsch bezogenen Sessel fallen. Sein Koffer ging beim Umsteigen in Frankfurt verloren, er musste sich am Vormittag zwei T-Shirts bei einem befreundeten Herrenausstatter besorgen, »ich hab ihm gleich gesagt, gib mir die für 40 Euro, nicht die für 400, auf einmal bringt er mir auch zwei Hosen, ein Sakko und Schuhe, tja. Jetzt hab ich schon wieder meine halbe Abendgage ausgegeben.«

Er macht das Fenster wieder zu, noch bevor er sitzt, fängt er an zu flüstern.

»Es ist ganz anders als früher! Ganz anders!«

Ach ja?

»Ja! Und weißt du, warum? Weil ich merke, dass mir so vieles komplett egal ist. Ob da tausend Leute sitzen oder zwei. Ob die Leute wach und aufmerksam sind oder sich im Sessel fläzen. Wie ich angezogen bin. Ob ich wirklich 30 Sekunden vor der Bühnentür warte, vor meinem Auftritt, oder nicht. Dieses ganze …« – er zupft an seiner Hose und an seinem Hemd – »will ich nicht mehr. Kümmert mich nicht mehr.«

Er schweigt und schaut triumphierend.

»Der Druck ist weg, verstehst du? Weg! Und ich will nicht, dass er zurückkommt.«

Druck? Hat er nicht immer behauptet, es gebe für ihn keinen Druck, Bühne und Alltag seien ein und dasselbe?

»Ja, dachte ich auch. Merke gerade, dass das nicht stimmt. Jetzt ist es mir noch viel egaler als vorher.«

Er zieht sein linkes Bein unter den Hintern.

»Ich will, dass es ist wie bei den Hauskonzerten. Ich will, dass es so bleibt. Ich will einfach mein Ding machen und spielen.«

Dann sagt er noch, er habe überlegt, als Zugabe Amazing Grace zu spielen, wenige Tage zuvor wurde in den USA ein Mann mutmaßlich wegen seiner Hautfarbe ermordet, es ist das Wochenende der Anti-Rassimus-Demonstrationen. »Aber auf dem Klavier klingt das nicht gut. Hör mal.« Er sucht auf dem Handy nach einem Youtube-Video: Aretha Franklin, begleitet von Klavier und einem Fender-Piano. »Man braucht diese Orgel für die Harmonien, mit Klavier allein klingt es nicht. Außerdem kann ich das nicht spielen, das wäre Cultural Appropriation. Und wahrscheinlich verstünde es auch keiner.«
Er schaut auf die Uhr neben der Tür. »So. Gleich muss ich den Mozart wiederholen«, sagt er, »bin echt schon unruhig«, und grinst.

Im Saal läuft wieder der Einlass, alles beginnt von vorn. Mag sein, dass das Konzert das erste ist, das wieder stattfinden kann, in diesem Moment wird klar: Es hat nichts zu bedeuten. Dieses Konzert ist nicht die Rettung, die Erlösung, das Licht am Ende des Tunnels, eine Rückkehr zum Alltag, zur Normalität. Es wäre ein Fehler, das alles hineinzuinterpretieren. Es wäre leicht sich einzureden, dass jetzt ja alles gut ist, wenn man schon vor 100 Menschen wieder Mozart spielen kann. Das Konzert ist einfach nur ein Konzert, nach langen Wochen ohne, vor weiteren Wochen ohne.
Als Zuschauer und Musiker Platz genommen haben, spricht wieder der Intendant. Wieder Applaus, wieder 1934, 1945, 2020. Dann wieder Igor.

Als Zugabe spielt er den Walzer aus dem Tanz der Puppen von Schostakowitsch, später den Moment Musical op. 94 von Schubert, das Publikum applaudiert, als hätte es seit 88 Tagen darauf gewartet.
Hat es ja auch.
Und Igor auch.

Er kann nun endlich wieder das tun, was er will: arbeiten. Aber er geht sich selbst nicht auf den Leim. Als ihn der Radiojournalist in der Pause fragt, ob er sich darüber freue, dass jetzt wieder die Normalität beginnt, antwortet er: Die beginnt noch lange nicht.

Er verlässt das Haus beim zweiten Konzert schon, während das Orchester noch spielt.

#

EIN PAAR TAGE später ruft er an.

»Pass auf, ich hab einen Witz für dich. Der alte Grün fährt mit der Eisenbahn. Setzt sich ihm eine Frau gegenüber, sagt nichts, schaut ihn an.
Nach zehn Minuten fragt sie: Verzeihung, sagen Sie, sind Sie Jude?
Wie bitte, sagt Grün, nein, bin ich nicht.
Nach ein paar Minuten fragt die Frau wieder: Sagen Sie, sind Sie wirklich kein Jude?
Wirklich nicht, sagt Grün.
Wenig später fragt die Frau wieder: Sind Sie wirklich sicher,

dass Sie kein Jude sind? Grün schaut die Frau müde an: Also gut, schön, ja, ich bin Jude, na und?
Komisch, sagt die Frau, Sie sehen gar nicht jüdisch aus.«

Das gehört zu den ersten Dingen, die man über Igor versteht, wenn man ihn über längere Zeit begleitet. Er will ernst genommen werden, immer. Er ist sogar dann ernst, wenn er Witze erzählt.

#

DONNERSTAG, 25. JUNI 2020, der Morgen in Berlin ist kühl. Igor fährt mit seinem Falt-Rad zum Hauptbahnhof, steigt in den Zug nach Hamburg, fährt dann mit dem Rad zur Elbphilharmonie, den Großen Saal betritt er vier Minuten vor Probenbeginn.

Er ist Solist im Saisonabschlusskonzert des NDR Elbphilharmonie Orchesters – zum kalendarischen Ende einer Saison, die in Wahrheit schon Monate vorher zu Ende ging, konkret in diesem Saal: mit Igors Konzert am 10. März. Dieses Konzert nun riecht eher nach Neuanfang als nach Abschluss. Auf dem Podium sitzt das NDR Elbphilharmonie Orchester in sehr kleiner Besetzung: zwölf Violinen, vier Bratschen, drei Celli, zwei Kontrabässe, seit Mitte März gab es nicht viele Termine mit auch nur annähernd so vielen Musikern.

Igor spielt den Piano-Part im Konzert für Klavier und Trompete op. 35 von Dmitri Schostakowitsch, ein Stück von kaum zwanzig Minuten, das über weite Strecken weniger einem konventionellen Klavierkonzert gleicht als einem sehr gut erzählten Witz, und Igor sitzt am Instrument in der Pose des Witzeerzählers: mit größtmöglichem Ernst. Am Pult steht Alan Gilbert, seit dieser Saison Chefdirigent des Orchesters, für die Proben ist er aus Stockholm angereist. Igor begrüßt ihn mit erhobener Solidaritätsfaust, Gilbert erwidert die Geste, dann los. Erster Satz, Allegretto, die Läufe perlen in die Leere des Raums, die Melodie hebt an, irgendwas stimmt in den Geigen nicht, nochmal von vorn.

Vom Flügel ist der Schalldeckel abgeschraubt, es ist nicht klar, ob aus akustischen Gründen oder weil der Deckel den Kamerawinkel stören würde. Die Zuschauerreihen sind leer, beim Konzert werden die Zuschauer zu Hause am Radio oder vor dem Bildschirm sitzen, auch für die Kameraleute und das Team des NDR, das den Live-Stream betreut, ist die Probe eine Probe. Bei der Probe sind deutlich mehr Kameraleute und Techniker im Saal als Orchestermusiker auf der Bühne.

Beim dritten Anlauf klappt der Anfang, der erste Satz läuft durch, der Kamerakran schwenkt einmal quer durch den Saal. »Das war toll« sagt Gilbert und meint die Musik, »we keep going«. Im zweiten Satz klingen die Geigen nicht zusammen, Gilbert lässt die Stelle wieder und wieder spielen, dann plärrt eine Lautsprecherstimme durch den Saal: »Die Drei, Achtung, jetzt komme ich von links«, drei Sekunden lang ignorieren Gilbert und die anderen die Störung, dann brechen sie ab.

»Ruhe bitte«, sagt jemand aus dem Orchester.
»Wir haben technische Probleme«, sagt die Aufnahmeleiterin.
»Haben wir gemerkt«, sagt Gilbert.

»Und gehört«, sagt Igor. Er spielt das Tatata-taa aus der Fünften von Beethoven, der Konzertmeister kontert, ein dritter steigt ein, Gelächter.

Gilbert arbeitet mit dem Orchester an Nuancen, die langen leisen Töne in den Geigen sind immer noch nicht zusammen. Igor verlässt den Saal, geht auf die Toilette. »Wo ist er?«, fragt Gilbert, dann zählt er ein, spielt, Igor erscheint zwei Sekunden vor seinem Einsatz wieder am Flügel.

Wieder Lärm in der Techniker-Ecke, wieder plärrt die Lautsprecherstimme. Gilbert unterbricht, »wir wollen nicht stören«, sagt er mit einem Anflug von Sarkasmus in der Stimme. »Wir haben immer noch technische Probleme, es kann leider noch ein paar Minuten dauern«, sagt die Aufnahmeleiterin. »Und jetzt? Sollen wir warten?« – »Tut mir wirklich leid.« – Gilbert dreht sich zum Orchester: »In English we say, the tail wags the dog.«

Das Konzert ist das Gegenteil von Levits Hauskonzerten: extremer technischer Aufwand. Allein der Kamerakran kostet an diesem Tag ein kleines Vermögen.

Gilbert lässt weiter proben, der zweite Satz sitzt immer noch nicht. Tempowechsel, Staccato, die Unisono-Streicher fliegen auseinander, Gilbert lässt nicht locker, er singt mit, Igor grinst und boxt die rechte Faust in den Klavierstuhl. Er langweilt sich, linst zum Kamerakran.

Dann der dritte Satz, endlich, in einem Rutsch durch und in den vierten, am Ende des Konzerts übernimmt die Trompete die Führung, das Klavier hat zu begleiten, hochvirtuos zwar, aber eben nur Begleitung, ein interessanter Plottwist. Gilbert beschleunigt, das Orchester jagt durch die Takte, »schnell genug?«, fragt Gilbert, als sie fertig sind. »Ja«, sagt Igor und greift zur Wasserflasche, »schnell genug«.

Nochmal von vorn, jetzt steuern sie gezielt Gefahrenstellen an. Zweiter Satz, erste Geigen. Igor spielt, die Geigen setzen ein, »dieser eine Ton«, sagt Gilbert, »der kommt immer zu spät.« Nochmal Einsatz, wieder die Geigen, »sorry to say, immer noch zu spät«, sagt Gilbert.

Zu Igor. »Willst du noch einmal die Trompetenstelle vom Ende?«

Igor: »Nein, es ist wunderbar so, wie er das spielt.«

Ein letztes Mal noch.

Einsatz für den Kamerakran.

Keine Komplikationen.

»Gut, danke schön!«

Igor winkt und spurtet von der Bühne, er ist verabredet, Mittagessen mit dem Kultursenator.

Am Abend des nächsten Tages, beim Konzert, steht das Orchester auf, als Gilbert mit Igor den Saal betritt, ein Ritual aus einer Zeit, als im Saal noch Publikum war. Jetzt ist, abgesehen vom Musikkritiker des »Hamburger Abendblatts«, keiner da.

Im Pausengespräch, aufgezeichnet im leeren Treppenhaus der Elbphilharmonie, sprechen Igor und Alan Gilbert über die Umstände, unter denen das Konzert stattfindet.

Gilbert erzählt, er habe es erst einmal dirigiert, Igor kennt es in- und auswendig. Ein anarchistisches Stück, sagt Igor. »Gibt es Regeln? Lass sie uns brechen. Gibt es Sicherheit? Lass sie uns zerstören. Es hat trostlose Stellen, es ist nicht fröhlich, aber optimistisch. Es ist progressiv.«

»Wie lange haben wir gebraucht, um uns für das Schostakowitsch-Konzert zu entscheiden?«
»Zwei Wochen.«
»Ist das nicht wunderbar?«

Ein paar Tage nach dem Konzert ruft Igor an.

»Weißt du, was das Allertollste war? Dieses Konzert hat sich angefühlt wie ein Café-Besuch. Ich gehe aus dem Haus, steige auf mein Falt-Rad, fahre zum Bahnhof, steige in den Zug nach Hamburg, ohne Gepäck, nur mit einem kleinen Rucksack. Ich komme in Hamburg an, steige wieder aufs Rad, fahre zum Saal, sage »Moin«, probe kurz, ziehe mir ein anderes T-Shirt an, spiele, dann sage ich »Tschüss«, fahre zum Bahnhof und dann nach Hause. Das war so leicht! Der ganze Performance-Druck ist komplett raus. All diese Fragen – wie klinge ich, was ziehe ich an, wie viele Sekunden warte ich hinter der Saaltür, bevor ich auftrete – weg! Ich war schon immer entspannt mit all diesen Dingen, aber es gibt schon viele Dinge, an die ich dennoch denken muss. Dieser Druck ist komplett raus, die ganze Sache fühlt sich so viel leichter an – und das finde ich wahnsinnig schön.

Und das macht ja das Konzert nicht weniger wichtig.

Ich fand es auch sehr schön, wie wir es geschafft haben, dass nach dem letzten Ton nicht so eine Grabesstille einkehrt – wir sind aufgestanden, haben einander applaudiert, ein bisschen Quatsch gemacht, und sind gegangen. Was willst du denn sonst machen, soll ich mich etwa vor den leeren Reihen verbeugen? Das war so leicht!

Ich habe auf das ganze Ritual gerade wirklich keinen Bock mehr, eigentlich will ich nur noch solche Sachen machen. Gerade fühlt sich das so wahnsinnig leicht und schön an. Wie zu Hause. Und wie gesagt: Ich werde alles daran setzen, dass es so bleibt.

Es liegt nur an mir. Ich bin es, der glaubt, ich muss mich umziehen. Niemand zwingt mich dazu. Ich bin derjenige, der sagen kann, ich spiele jetzt nach Opus 111 ein Stück von Carlos Jobim. Das liegt in meinen Händen. Ich muss das nur machen. Ich muss mich nur trauen.«

#

ANFANG JULI MACHT Igor ein paar Tage Urlaub in den Bergen.

Wandern, Fahrrad fahren, Durchatmen. Noch ein Monat bis Salzburg. Der Konzertbetrieb läuft langsam wieder an, auf weitaus niedrigerem Niveau als früher, aber er läuft. Das Publikum sitzt mit Mund-Nasen-Schutz im Saal, mit Sicherheitsabstand, in manchen Sälen sind bei ausverkauftem Haus ein Drittel, in anderen nur ein Viertel der Plätze besetzt. Fast alle Veranstalter bitten Igor, die Programme zu kürzen und das Konzert am Abend zweimal zu spielen.

Wie wird es in Salzburg sein?

»Irgendwas wird schon stattfinden. Ich bin ein einfacher Patient, ich brauche nur ein Klavier auf der Bühne. Ich finde all diese Fragen ein bisschen ermüdend.«

Igor kommt gerade von einer ausgedehnten Fahrradtour zurück, sitzt jetzt im Bademantel im Hotelzimmer, glücklich, aber müde. Die Gespräche, in denen er müde ist, sind immer die besten, weil er sich dann anstrengen muss, um die Müdigkeit zu überspielen.

»Ich habe das Gefühl«, sagt Igor, »dass ich gerade dabei bin, ein Kapitel meines Lebens fertig zu schreiben. Ich meine: Ich habe jetzt über sehr viele Jahre sehr viel Klavier gespielt, abnorm viele Werke gelernt und eine sehr große Zahl Konzerte gegeben. – Haben wir mal über Anthony Bourdain gesprochen?«

Den Koch? Kein Wort.

»Okay, stell dir vor, ich führe seit sechs Jahren ein Restaurant, mit ziemlich großem Erfolg. Ich habe eine Menge Gäste, viele davon kommen immer wieder, ich stehe jeden Tag in der Küche, kaufe ein, denke mir Menüs aus, mache, tue. Ich nehme das alles sehr ernst, aber ich habe mittlerweile auch das Selbstvertrauen, das mir sagt: Wenn ich meine Arbeit weiterhin ernst nehme und nicht aufhöre, mir Mühe zu geben, dann läuft der Laden. Ich muss niemandem mehr beweisen, dass das Restaurant okay ist. Meine Gäste vertrauen mir, ich kann neue Rezepte entwickeln, aber die Institution steht. Und jetzt? Jetzt hätte ich gern etwas Neues. Ich will das Restaurant nicht aufgeben, ich will weiterhin in der Küche stehen und Menüs planen, aber jetzt muss auch etwas Neues kommen. Verstehst du?«

Noch nicht ganz.

»Mir ist Klavier spielen gerade das Allerschönste. Es fällt mir nicht schwer, ich kann – mit ein paar Ausnahmen – jedes Stück lernen, das ich möchte. Jetzt wäre ein guter Zeitpunkt, mich in diesem Betrieb ein Stück weit überflüssig zu machen. Der Laden läuft weiterhin, die Qualität stimmt, und ich komme ab und zu und stehe selbst am Herd, nur eben nicht mehr ständig.«

Ja, aber liegt nicht genau da der Unterschied – darin, dass bei einem Klavierabend mit Igor Levit niemand anders für dich am Flügel sitzen kann?

»Ja klar, am Ende muss immer noch ich spielen. Aber ich hätte gern mehr Inhalt in meinem Leben als nur das Klavier. Mein Dasein als Konzertpianist läuft jetzt. Es läuft nicht von allein, aber es läuft. Und der Status quo interessiert mich nicht.«

Was könnte das bedeuten? Was kommt jetzt?

»Ich weiß es noch nicht, ich bin noch nicht soweit. Vielleicht fange ich an, Konzerte zu veranstalten, andere Musiker einzuladen, zu reisen – ich habe eine Menge ungeordneter Gedanken dazu. Aber ich habe für mich in den vergangenen Tagen die Erkenntnis gewonnen: Ich will in mein Leben vor der Pandemie nicht zurück.«

Er steht auf.

»So, mein Lieber. Ich gehe jetzt raus, ich laufe jetzt noch mal auf einen kleinen Berg.«

#

AM NÄCHSTEN TAG ruft Igor an und kommt auf die Vexations zu sprechen.

»Ich würde das gern nochmal machen. Im Ernst, das ist das erste Mal in meinem Leben, dass ich etwas wiederholen möchte. Das war wirklich sehr, sehr, sehr toll. Ich habe sehr schöne Erinnerungen daran, ehrlich gesagt, ich vermisse diese Atmosphäre sogar ein bisschen.«

Der Raum, die Menschen darin, das ganze Drumherum, die Vorbereitung, das Resultat. Natürlich war es physisch anstrengend, das zu spielen, und es gab auch ein paar Momente, in denen ich keinen Bock mehr hatte. Aber im Rückblick finde ich es gar nicht anstrengend, im Gegenteil – ich denke mit großer Leichtigkeit daran zurück.«

Die Notenblätter hat das Berliner Auktionshaus Grisebach versteigert, sie brachten 25.000 Euro ein, Igor spendet das Geld an FREO, ein Verein, der freie Ensembles und Orchester vertritt.

#

SAMSTAG, 1. AUGUST 2020, vor ein paar Wochen noch hatte niemand ernsthaft damit gerechnet, dass die Salzburger Festspiele wirklich stattfinden würden. Während im Großen Festspielhaus die Eröffnungspremiere stattfindet, sitzt Igor barfuß in Birkenstock-Sandalen vor dem Restaurant Blaue Gans und liest. Das Signal ist klar: Hier ist er zu Hause.

Am nächsten Tag spielt er die Waldsteinsonate, die Musik klingt um ein Lebensjahr gealtert.

Warum spielt er eigentlich ausgerechnet die Beethoven-Sonaten?

»Diese Stücke sind nie endende Herausforderungen: technisch, pianistisch, musikalisch. An einem Tag denke ich, jetzt kenne ich das Stück, jetzt habe ich's verstanden, jetzt kann ich's spielen. Und einen Tag später ist es komplett weg. Das ist das Gefährliche daran – und das Inspirierende, denn es wird einfach nie langweilig. Es hört einfach nie auf.«

Die Sonaten sind sehr penibel gearbeitet. Nahezu jeder Ton ist mit einer Spielanweisung überschrieben. Und da sind die extremen dynamischen Sprünge – Beethoven kennt keinen Mittelweg.

»Es gibt Piano, es gibt Forte, Pianissimo, Fortissimo, ich kenne, glaube ich, drei oder vier Mezzoforte- oder Mezzopiano-Stellen in seinem ganzen Klavierwerk. Das alles spricht für ein ungeheures Selbstbewusstsein, ein Verständnis dafür, was er wollte. Die Schwierigkeit liegt oft darin, dass kontrastierende Dinge auf sehr engem Raum sehr schnell hintereinander passieren. Das ist genau das, was mir Spaß macht. Und jeder, der das spielt, kann sich dadurch bestärkt fühlen, sich nicht in dienender Funktion der Musik zu ergeben, sondern zu sagen: Ich bin da, ich zähle, schaut her, was diese Musik mit mir macht.«

In einem Interview wird Igor gefragt, wie oft er die Sonaten spielen musste, bis er sicher damit war. »Bevor ich sie aufgenommen habe, vielleicht zwanzig, dreißig Mal«, lautet Igors Antwort. »Daheim gespielt: vielleicht zehntausend Mal. Gespielt, gelesen, gehört, gedacht: fünfzigtausend Mal.«

#

ALS IGORS STAMM-CAFÉ im Sommer 2011 eine Filiale eröffnet, lernt Igor den Hannoveraner Künstler Hannes Malte Mahler kennen.

»Ich hatte von ihm schon gehört, jemand sagte mir, er würde sehr gute Visitenkarten machen. Ich bildete mir damals ein, ich bräuchte Visitenkarten, also ging ich auf ihn zu mit den Worten: ›Sie sind Hannes Malte Mahler, Sie sind doch der Visitenkartenmann.‹ Er hat sich darüber furchtbar aufgeregt. ›Unverschämtheit, Visitenkartenmann – ich bin Diplom-Künstler, alles, was ich mache, ist Kunst!‹ Wir haben uns sofort sehr gut verstanden und haben uns für den nächsten Morgen zum Frühstück verabredet.«

Igor ist 24, Mahler ist 43, die beiden freunden sich schlagartig an.

»Von diesem Tag an haben wir uns fast jeden Tag gesehen, an dem ich in Hannover war. Er war inspirierend, sehr lebendig und sehr klug, er hat sich Gedanken gemacht – und er hat gelebt, war ein richtiger Lebemann, auch ein totaler Beau. Er ist mit grünen Strümpfen und Tanktop durch die Gegend gelaufen und 20 Minuten später saß er mit Anzug und Zigarre bei den Rotariern. Er konnte mit Situationen spielen, er wusste sich zu inszenieren, war aber nie lächerlich, immer souverän. Er hatte keine Ahnung von klassischer Musik und hat gebrannt dafür. Er war ein Mensch, der immer für mich da war. Es gab kaum je einen Moment, in dem er gesagt hätte: Sorry, keine Zeit.«

Mahler verdient sein Geld als Werber, Fotograf und Webdesigner, arbeitete als Sanitäter und züchtete Schweine. Igor sagt über ihn, er sei der wichtigste Mensch außerhalb der Familie.

Als Igor bei den Brandenburgischen Musiktagen in Finsterwalde zum ersten Mal die Hammerklaviersonate im Konzert spielt, fährt ihn Mahler in seinem roten Mercedes zum Konzertsaal, vor dem Auftritt essen sie in einem Imbiss Kebab für 3 Euro.

Einmal beschwert sich Igor bei ihm über die Fuge der Hammerklaviersonate. Er sagt: Spiel doch irgendein anderes Stück in B-Dur, das merkt keiner.

Als Igor sein Debüt in der Berliner Philharmonie gibt, wartet Mahler hinter der Bühne mit ihm auf den Auftritt. »Ich trug zum ersten Mal in meinem Leben einen Frack und hatte keine Ahnung, wie man eine Fliege bindet. Er auch nicht, glaube ich. Wir standen da, der Auftritt war mir beinahe egal, aber ich wusste, ich kann da ohne Fliege nicht raus, er stand da und hat an meinem Hals herumgeknotet – und ich weiß nicht, wie, aber er hat es hingekriegt. Er war wahnsinnig stolz darauf, und er war auch wahnsinnig stolz auf mich.«

Mahler ist dabei, als Igor mit der Plattenfirma die Gestaltung des ersten Albums bespricht. »Er war mein Pitbull. Das Gespräch lief großartig, wir waren uns alle schnell einig, im entscheidenden Moment musste ich nur einmal zu ihm schauen und ihn fragen: Magst du es auch? Er sagte nur ›Ja‹, nichts weiter. Aber ich wusste, er war da. Ich mache meine Sachen eben nicht gern alleine, das hat schon Gründe.«

Mahler tröstet Igor, als ihn am Erscheinungstag der Debüt-CD die Frau verlässt, die er heute seine erste große Liebe nennt. »Ich las ihre Nachricht, dann rief ich ihn an. Ich stand gerade im Konzerthaus in Kopenhagen, später sollte ich das Beethoven-Klavierkonzert Nr. 5 spielen, mit Fabio Luisi. Das Künstlerzimmer geht direkt zum Kanal raus. Als Mahler abnahm, erzählte ich ihm, was sie geschrieben hatte, und sagte dann: Du hast jetzt genau einen Wurf, entweder sagst du was Richtiges oder ich liege gleich im Kanal. Ich weiß nicht mehr, was er gesagt hat, aber es muss richtig gewesen sein – ich habe mich auf den Boden gelegt und bin eine ganze Weile liegen geblieben. Dann ging ich runter und habe Beethoven gespielt.«

Mahler fliegt zu Igor, als er mit Marina Abramovic die Goldberg-Variationen in New York spielt.

Als Igor bei den Schlossfestspielen Herrenhausen 2013 »The People United will never be defeated« spielt, sitzt neben Mahler auch Frederic Rzewski im Publikum. Igor stellt die beiden einander vor.

Später teilen sich Igor und Rzewski einen Abend in Hannover, Igor spielt »People United«, Rzewski die Hammerklaviersonate.
Als Zugabe spielt Rzewski seine Komposition »A Mensch«, in der Anmoderation erklärt er: »›A Mensch‹ ist jiddisch und bedeutet ›guter Mensch, a Mensch‹ is a Mensch von Ehre.«

»Das weiß ich alles von Rzewski«, sagt Igor.

Er spiele die Zugabe im Andenken an einen Freund, sagt Rzewski.

2016 spielt Igor das Stück in Andenken an Mahler.

»Eine solche Freundschaft hatte ich bis dahin nicht erlebt, das ist klar. Kann sein, dass es in meinem Leben eine Leerstelle gab, die er gefüllt hat – eine unbewusste sicherlich. So eine Verbindung wie zu Mahler habe ich zu niemandem in meinem Leben gehabt. Und als er starb, hatte ich den ersten echten Zusammenbruch meines Lebens. Nach diesem Tag war für mich nichts mehr wie zuvor. Ehrlich gesagt: Ich erinnere mich nicht mehr daran, wie ich vorher war. Es interessiert mich auch nicht.«

Bei ihrem Konzert in Ludwigsburg zwei Tage später, bittet Igor Simon, als Zugabe Mahlers Lieblingslied zu singen: »Frisch gesungen«.

»Ich spielte, Simon fing an zu singen, und zwei Takte später dachte ich, ich breche ab, weil ich nicht mehr konnte, und in diesem Moment ist ein kleines Wunder passiert. Ich hatte kurz angesagt, warum wir dieses Lied spielen – und genau in dem Moment, in dem ich nicht mehr konnte, fingen die Menschen im Saal an, mitzusingen. So etwas habe ich noch nie erlebt. Ich bin wirklich kein gläubiger Mensch – aber ich hatte das Gefühl, in diesem Moment hat jemand von oben den Dirigierstab gehoben und gesagt: So, jetzt helft dem mal, sonst ist es vorbei.«

Von Mahler stammt das Bild an Igors Wohnzimmerwand, das bei den ersten Hauskonzerten zu sehen ist: »Gladiole«, eine große Blüte, die über einer Reihenhaussiedlung schwebt. Igor besitzt noch ein zweites Bild von ihm: ein kleiner Helikopter, der in die Luft steigt. Der Titel: »Peter Pan oder Warum Männer nie erwachsen werden«.

»Jetzt, vier Jahre nach seinem Tod, ist da kein klaffendes Loch mehr in meinem Leben«, sagt Igor. »Aber die Sehnsucht nach diesem Gefühl, in der Gegenwart eines anderen Menschen einfach ganz unverstellt sein zu dürfen, die ist sehr groß.«

#

EIN REGNERISCHER TAG in Salzburg, die Salzach ist bis zur Böschungskante gefüllt mit braunem Wasser, wir treffen uns zum späten Frühstück in der Blauen Gans. Igor trinkt Kamillentee, er hat sich den Magen verdorben, seine Laune ist angespannt.

Ein guter Moment für eine grundsätzliche, sehr plakative Frage.
Wofür stehst du eigentlich politisch?
Die Antwort kommt blitzartig.

»Das ist eine echt plakative Frage.«

Er nimmt einen Schluck Tee.

»Die ist mir eigentlich zu plakativ.«

Dann antwortet er doch.

»Ich stehe dafür, diesen Planeten nicht im Klo runterzuspülen – was wir gerade tun. Ich stehe dafür, Menschen auf der Flucht nicht im Meer ertrinken zu lassen, als wären es Menschen zweiter Klasse.

Ich stehe dafür, nicht auf ein Wirtschaftssystem zu bauen, das letztlich auf der Zerstörung des Planeten und der wirtschaftlichen Möglichkeiten unzähliger Menschen fußt.

Ich stehe auch dafür, erst einmal anzuerkennen, dass unser Wohlstand und vieles andere, was wir für normal erachten, auf Kosten anderer Menschen gewachsen ist. Diese anderen Menschen haben über die sozialen Medien eine Stimme und können sich mitteilen, anders als früher. Wir sollten ihnen zuhören, von ihnen lernen und ihnen ihren Anteil abgeben. Ich bin mir absolut sicher, wir werden Platz abgeben müssen. Es gibt Studien zur Klimakrise, die sagen: Ein wesentlicher Bestandteil zur Bekämpfung der Krise besteht darin, Wohnraum zu verkleinern. Nicht jeder kann das, viele Menschen haben schon jetzt zu wenig Platz, andere haben aber zu viel. Also los, worauf warten wir?

Ich stehe für Partizipation, dafür, etwas abzugeben, andere Menschen teilhaben zu lassen, sie leben zu lassen. Kein Mensch auf der Welt muss Milliardär sein.

Ich stehe für die Überzeugung, dass zu viel Macht in den Händen von zu wenigen Menschen wirklich gefährlich ist.

Und ich stehe auch dazu, anzuerkennen, dass die Zeiten vorbei sind, in denen eine ältere Generation einer jungen sagt: Jetzt wartet mal, bis ihr an der Reihe seid. Das ist vorbei, und das freut mich.

Im Übrigen: Ich wünschte mir, dass es wieder eine Debatte gibt. Wenn jemand einen Text über ein Thema schreibt, egal welches, und du findest 30 Prozent der Argumente tragbar und 70 Prozent nicht: Dann schreib dagegen, antworte, gib Gegenargumente! Aber mach keinen Screenshot von einzelnen Sätzen und rege dich auf Twitter darüber auf – das ist keine Auseinandersetzung, das ist verrückt.

Und ich bin rigoros dagegen, in Selbstzensur zu verfallen. Ich finde Selbstzensur extrem gefährlich. Ich kenne Kollegen, und ich schließe mich auch mit ein, die sich mit Äußerungen über China sehr zurückhalten – sie wissen, wenn sie sich äußern, treten sie dort nie wieder auf, und deshalb äußern sie sich lieber nicht.

Ich stehe für die Freiheit, die Dinge beim Namen zu nennen, Menschen beim Namen zu nennen, wenn es einen Grund dazu gibt – und zwar angstfrei. Ich schaffe das selbst auch nicht immer, aber ich gebe mir Mühe.

In New York kam einmal ein Mäzen auf mich zu und kritisierte meine Tweets gegen Trump, die er unmöglich fand. Den habe ich, glaube ich, ganz erfolgreich ausgekontert. Ich habe ihn gefragt: Ist das nicht genau die Art von Individualismus, für die Sie den ganzen Tag kämpfen? Sie haben Ihre Meinung, ich habe meine, und wir stehen zusammen hier: Ist es nicht genau das, was Sie wollen? Dann hat er gegrinst und hat gesagt: Stimmt. Darum geht es doch. Ich finde seine Position falsch, er findet meine falsch, aber wir stehen einander gegenüber und diskutieren. Da war ich ein bisschen stolz auf mich.

Mir hat in meinem Beruf noch nie zum Nachteil gereicht, wer ich bin. Noch nie. Ich denke da noch nicht mal drüber nach. Und ehrlich gesagt: Ich stehe einfach für Neugierde. Für Offenheit. Für Veränderung. Was sich nicht verändert, stirbt. Daran glaube ich ganz fest.«

#

EIN PAAR TAGE später, am Tag der Appassionata, Igor hat den Vormittag im Mozart-Saal am Flügel verbracht, die Sonne scheint wieder, wir treffen uns zum Mittagessen – das Thema Politik ist noch nicht ganz abgehakt.

Denn es gibt zwei Punkte in Igors Denken, in denen ein sehr offensichtlicher Widerspruch steckt.

Der eine betrifft den Ton seiner Kritik von Rechtsaußen-Politikern: Wie passt sein Anspruch, es gebe keine Menschen zweiter Klasse, zu seiner Haltung gegenüber Politikern, deren Kurs er nicht teilt?

Konkret: Was kann er BILD-Journalisten entgegnen, die ihm vorhalten, er könne nicht gegen Hate-Speech im Netz plädieren und zugleich sagen, ein AfD-Politiker habe sein Menschsein verwirkt?

»Der Punkt ist ja: Es geht den Leuten nie darum, was ist, sondern nur darum, wie sie etwas finden. Ich habe gesagt, er hat sein Menschsein verwirkt, ich habe erklärt, wie ich das meine. Dann haben mir ein paar Leute das Wort im Mund herumgedreht und behauptet, ich hätte allen AfD-Wählern die Menschenwürde abgesprochen – aber das habe ich nicht getan, wer das behauptet, lügt. Es ist eine Verdrehung der Tatsachen, im Übrigen ein beliebter Trick von rechten Populisten. Ich habe über einen einzelnen sehr konkreten Moment gesprochen, in dem ein AfD-Funktionär vor laufenden Kameras die Lüge verbreitet, ein geflüchteter Mann habe ein Mädchen vergewaltigt, in einer politisch sehr aufgeheizten Lage.

Aber darüber redet niemand. Alle reden darüber, wie sie das finden, was Igor Levit dazu getwittert hat. Es geht nicht um die Sache, sondern um Befindlichkeiten. Das passiert häufig: Jemand setzt ein Thema, möchte gerne über Antisemitismus reden, aber anstatt über Antisemitismus zu reden, wird die Frage verhandelt, ob der Autor selbst immer alles richtig gemacht hat. So werden große Themen systematisch klein gemacht – und das stört mich sehr. So ist es auch in diesem Fall gewesen: Ein Politiker schürt mit einer Lüge Ressentiments, aber die Empörung entzündet sich daran, dass ich etwas getwittert habe, was zwei Springer-Journalisten nicht gefallen hat. Das ist grotesk. Und insofern sehe ich da keinen Widerspruch. Ich stehe zu dem, was ich gesagt habe, ich habe nichts hinzuzufügen und nichts wegzunehmen.«

Der Kellner steht neben dem Tisch, wir bestellen: Maishühnchen mit gegrilltem Gemüse, »ein Jammer, dass das nicht vegetarisch ist«, sagt Igor.

Der zweite Widerspruch: Wie gut passt es zusammen, dass Igor vehement für Klimaschutz eintritt, als Konzertpianist aber – jedenfalls vor der Pandemie – von Konzert zu Konzert fliegen muss?

»Ja, das ist ein Widerspruch«, sagt Igor. »Da gibt es auch nichts drumherum zu reden, ich habe diesen Widerspruch gelebt, seit ich auftrete. Inzwischen, mit Corona, finde ich Fliegen ekelhaft. Die Maschinen sind voll, es ist stickig, niemand hält Abstand, das finde ich wirklich unangenehm. Ich fliege nur, wenn es wirklich nicht anders geht. Klar, auch aus anderen Motiven als dem Klimaschutz, aber so ist es eben. Ich will mich nicht unschuldiger machen als ich bin. Im Übrigen: Nur sehr gefährliche Menschen glauben an absolute Widerspruchslosigkeit.

Für mich hat Klimaschutz aber gar nichts mit Selbstheroismus zu tun. Wenn ich mich entscheide, ich fliege nicht mehr, macht diese Entscheidung einen Unterschied – allerdings einen kleinen. Klimapolitik würde bedeuten, dass diese Entscheidung für alle bereits getroffen ist, mit viel, viel, viel größerer Wirkung. Aber das findet leider kaum statt.«

#

DAZU NOCH RASCH eine Frage: Kann Musik allein irgendwas retten?

– Nein.

– Kann Musik etwas für dich retten, wenn du sie spielst?

– Weiß ich nicht.

– Interessiert dich das? Kann man mit Musik Einstellungen verändern, Ansichten drehen, Ideen formen?

– Nein, das kann man nicht. Die Faschisten, die da im Parlament sitzen, werden auch gerne ins Theater und in Opern gehen. Das war schon immer so. Damit lässt sich gar nichts drehen. Musik macht keine Gesetze, die machen immer noch wir Menschen.

#

DANN SPIELT IGOR die Appassionata. Das Konzert beginnt um 17 Uhr, die Zuhörer sitzen mit Masken im Saal.

Igor stürzt sich in die Musik. Er ordnet die Welt und stellt sie zugleich grundsätzlich in Frage, verzweifelt an ihr, rettet sie knapp vor dem Untergang.

Die Menschen im Saal lauschen ergeben.

»Ich bin Mittelpunkt der Welt für diese anderthalb, zwei Stunden«, hat Igor einmal über sich selbst gesagt. »Die Leute haben gefälligst alle still zu sein im Publikum und mir zuzuhören, wie ich das mache, was ich machen will. Und ich werde dafür bezahlt. Das klingt wahnsinnig egozentrisch. Ist es ja in diesem Moment auch. Ich bin das Zentrum der Welt. Letztlich, was tue ich denn, was ist meine Aufgabe. Ich gehe raus, um bei Menschen Emotionen zu wecken. Das heißt, ich gebe etwas ab, von mir auch. Ich kehre mein Innerstes nach außen. Und ich bin überhaupt der Überzeugung, so wie jemand ist, so spielt jemand auch.«

Und während er spielt und spielt, wird immer deutlicher, was ihn als Pianisten so besonders macht. Sein Status des Ausnahmetalents beschränkt sich auf die Klavierbank. Abseits ist er ein ganz normaler Mensch, er geriert sich nicht als Jahrhundertgenie, hat nicht den Habitus des Großkünstlers, der immerzu für die Musik lebt, in einer Welt, in der die wichtigsten Gesetze sich auf Dominantseptakkorde und Quartvorhalte beziehen, sondern in derselben wie seine Zuhörer.

Und das führt dazu, dass man, wenn er spielt, nicht das Gefühl hat, man wende sich der Realität ab und der Kunst zu.

Er sagt Sätze, die jeder andere auch sagen kann.
Die Aussagen, die seine Anhänger als politische Statements feiern, sind nicht besonders komplex, eher simpel, sie würden jedem anderen Menschen auch einfallen.
Er zeigt, was jedem anderen Menschen auch möglich wäre.
Jeder könnte das.
Es ist sogar selbstverständlich.

Dass Igor damit so auffällt, zeigt nur, dass es so viele andere eben nicht machen.

Abseits des Klaviers ist er auch nicht besser als wir alle.
Aber in dieser Formulierung klingt es nicht gut, besser wäre es anders: Er ist genauso gut, wie wir alle es sein könnten.

#

NACH DEM KONZERT mit der Appassionata in Salzburg ruft Igor an.

»Alter, hat das Spaß gemacht! Hat das Spaß gemacht!« – »Hat man gemerkt. Aber sag mal, noch schneller geht das wirklich nicht mehr, oder?« – »Glaube nicht, nein. Aber vielleicht auch doch, irgendwann mal.« – »Was machst du jetzt noch?« – »Ich fahre gerade mit dem Fahrrad am Großen Festspielhaus vorbei und werde dann mal was essen, glaube ich. Und dann faulenzen.«

Wenige Minuten später schreibt Igor auf Twitter:
Jeden Tag und jeden Moment meines Lebens dankbar dafür, Beethovensonaten spielen zu dürfen.

#

ALS IM APRIL 2018 die Rapper Kollegah und Farid Bang für ein Album mit Texten, deren Lesart als Verhöhnung von KZ-Opfern sich aufdrängt, mit dem Echo ausgezeichnet werden, gibt

Igor seine Auszeichnung zurück, die er 2014 für seine Debüt-CD erhalten hat.

Als wenig später der Echo abgeschafft und der Echo Klassik durch den Opus Klassik ersetzt wird, nennt Igor diese Entscheidung in einem TV-Interview feige:

»Weil die Verantwortlichen – anstatt sich zu stellen, anstatt zu sagen: Ja, wir haben hier Mist gebaut, und anstatt sich zu entschuldigen – als ein Verband, der sich mit Kultur beschäftigt, sich zu stellen und zu sagen: Ja, wir haben Fragen über Gesellschaftsrassismus, über Antisemitismus, über Homophobie, über Frauenfeindlichkeit keinen Gefallen getan, um es mal nett auszudrücken. Jetzt stellen wir uns der Verantwortung, stellen uns der Debatte und übernehmen Verantwortung, tatsächliche Konsequenzen – anstatt das zu tun, sowohl verbal als auch im Handeln, sagen Sie einfach: Der Echo ist als Marke beschädigt, und wir machen mal was Neues. Das ist einfach echt traurig.«

Ist es ein politischer Akt, wenn ein Künstler einen Preis zurückgibt, weil zwei Rapper, die den Preis auch erhalten haben, in einem ihrer Werke formulieren, ihre Körper seien definiert wie die von Auschwitz-Insassen?

Für Igor stellt sich die Frage nicht, die Antwort gibt ihm sein Instinkt, und der sagt: Wen kümmert die Frage, anders zu handeln wäre infam.

Es wäre allerdings ein Fehler zu glauben, Igor handle so, weil er die Handlung für originell hält. Originalität ist in diesem Zusammenhang keine relevante Kategorie. Ganz im Gegenteil.

So zu handeln, ist für Igor das genaue Gegenteil von originell. Es ist selbstverständlich.

Und er handelt nicht so, *obwohl*, sondern *weil* es selbstverständlich ist.

Im Oktober 2019 bekommt Igor den Opus Klassik für das Album »Life«. Igor möchte um keinen Preis bei der Gala auftreten und den Preis entgegennehmen, sein Label setzt sich durch, Igor sagt zu unter der Bedingung, dass er etwas sagen dürfe. Eine Woche vor der Gala versucht ein rechtsextremer Attentäter in Halle vergeblich, in die Synagoge einzudringen, und erschießt daraufhin zwei unbeteiligte Menschen.

Igor notiert sich seine Rede wieder auf einem Zettel.

»Meine Damen und Herren. Vor zwei Jahren zerfiel der Echo. Der Grund hierfür war einfach und das Resultat unausweichlich. Damals haben wir alle gemeinsam die Verrohung unserer Sprache beklagt. Heute, zwei Jahre später, nach Halle, beklagen wir zwei Tote. Mal wieder. Und obwohl manche Politiker von Alarmzeichen sprechen und die Hilflosigkeit, mit der auf dieses Drama reagiert wird, einen fassungslos macht, ist das alles keine Überraschung. Nach NSU, nach unzähligen Angriffen auf Moscheen, auf Synagogen, jüdische Friedhöfe, Flüchtlingsheime et cetera, ist das, was hier passiert, keine Überraschung. Die Attacken, die auf uns alle stattfinden, sie alle gedeihen auf dem Boden der Sprachverrohung. Es ist Sprache, die Gesellschaften tödlich vergiften kann. Und keine Bühne in diesem Land sollte dieser Sprache Präsenz schenken, keine parlamentarische und keine gerichtliche, und schon gar keine kulturelle.

Wir alle tragen Verantwortung, gemeinsam. Jede und jeder von uns. Für dieses Land, welches unser aller gemeinsames Zuhause ist. Ich widme meinen Preis all denen, die seit Jahren still oder laut gegen Rechtsextremismus, gegen Antisemitismus, gegen Islamophobie und gegen Antifeminismus kämpfen. All jene Begriffe eint nämlich dies: die absolute Menschenverachtung. Und zuletzt widme ich diese Auszeichnung auch Jana L. und Kevin S. Ihnen nämlich wurde in Halle das Leben genommen. Sinnlos. Und ihrem Andenken widme ich diesen Preis genauso.«

#

NACH SEINER RÜCKKEHR aus Salzburg überlegt Igor, Berlin zu verlassen. »Ich habe das Gefühl, diese Episode erzählt sich gerade aus.«

Wir sitzen in Hamburg, auf der Terrasse eines Restaurants gegenüber der Elbphilharmonie, am Morgen hat Igor dem NDR ein Interview gegeben, zusammen mit dem Hamburger Kultursenator. Es ist das Restaurant, in dem Igor nach dem letzten Konzert vor vollem Haus am 10. März Geburtstag gefeiert hat. Jetzt sieht er vor sich das Konzerthaus aufragen, in der verspiegelten Fassade kann man nichts erkennen als den Himmel.

»Als ich nach Berlin kam, wollte ich etwas anderes als heute.«

Was denn?

»Ich wollte nach Mitte, ins Zentrum, habe mir ganz bewusst eine Wohnung in der Nähe des Soho House gesucht. Ich hatte andere Freunde als heute, hatte einen anderen Blick auf mein Leben, es ging für mich woanders hin. Es ist viel passiert seit dieser Zeit, und sehr vieles hat sich verändert.«

Im Jahr 2014 überlegte Igor, Deutschland zu verlassen, nach New York zu gehen, vielleicht auch an einen anderen Ort.

»Daraus ist nichts geworden, aus verschiedenen Gründen, letztlich habe ich gekniffen. Es wäre wohl dramatisch in die Hose gegangen, ich war überhaupt nicht so weit. Aber es gab diese Gedanken.«

Er weihte niemanden in seine Überlegungen ein, die er sofort aufgab, als seine Mutter krank wurde.

Dann vergingen zwei Jahre. Und dann wurde es eben Berlin.

»Alle gingen damals nach Berlin, die Stadt schien mir ein guter Kompromiss zu sein: eine neue Stadt, in der ich aber nicht komplett allein sein würde. Mein bester Freund Hannes war ständig da, weil seine damalige Freundin dort lebte. Auch Georg, Maxim und Maren lebten in Berlin. Fakt ist aber: Seit der Rückkehr nach Hause geht es mir nicht gut. Ich war seit März nicht mehr so müde. Die Müdigkeit nervt, ich kann nicht schlafen, das nervt so kolossal.«

Man kann an seinem Blick sehen, dass das noch nicht alles ist.

»Und es hat auch damit zu tun, dass ich – teils selbstverschuldet, teils auch nicht – seit viereinhalb Jahren allein bin. Wir hatten das Thema ja mehrmals, dass ich gesagt habe: Für mich bekommen Dinge Sinn, wenn ich sie teile. Und wenn ich jetzt in meiner Wohnung sitze, dann nervt es mich, dass ich sie für mich allein habe. Das ist nicht die Schuld der Wohnung, die Wohnung ist fantastisch, ich wohne in einer wunderbaren Straße, es ist alles okay. Ich habe nur das Gefühl, dieses Kapitel kommt langsam zu einem natürlichen Ende. Wann das sein wird, in einem Jahr, in einem halben, in zweien, das kann ich noch nicht sagen. Und ich weiß auch nicht, welches Kapitel danach kommt.«

#

IM NOVEMBER 2011 spielt Igor eine Matinee im Münchener Prinzregententheater: im ersten Teil Teile seines d-Moll-Programms – eine Passacaglia von Johann Caspar Kerll, Beethovens Sturmsonate, die d-Moll-Chaconne von Bach, in der Fassung für linke Hand von Johannes Brahms, im zweiten Teil vier Stücke aus den »Années de Pélerinage« von Franz Liszt.

Zwei Tage später erscheint im Feuilleton der Süddeutschen Zeitung eine Rezension. Der Autor zeigt sich unbeeindruckt. Igor Levit habe mit seinem Spiel nicht darzulegen vermocht, warum die selten aufgeführte Kerll-Passacaglia unbedingt ins gängige Repertoire gehören sollte. Für die weitaus bekanntere Sturmsonate, die dem Pianisten einen kreativeren Umgang mit der Notenvorlage abverlange, wenn er mehr sein wolle als nur einer von ganz vielen ganz ordentlichen Musikern, habe er eine Sicht-

weise gefunden, die »weniger dramatisch und klassisch gültig als vielmehr sehr persönlich entwickelt« ist. Vor allem mit den Tempi befinde er sich aber möglicherweise noch in der Experimentierphase: Oft wisse man schon nach drei Tönen nicht mehr, woher man kam und wohin es gehen soll. Statt eines kernigen Redeflusses bilden sich verträumte Inseln, verwaiste Einzeltöne, die nicht zueinander finden. Auch in den vier Stücken aus Franz Liszts »Années de Pélerinage« habe sich Levit wieder in »spannungslos entgrenzte, bleiche Traumlandschaften« verloren.
Der Verriss trifft Igor.

Drei Jahre später schreibt derselbe Autor über das Bach-Partiten-Album: So brav und unscheinbar, uninspiriert und lustfeindlich, wie Levit die Partiten abspule, so seien diese Stücke nicht entworfen worden. Igor suche nach Größe, »und es ist schlichtweg ermüdend, ihn auf diesem voraussichtlich sehr langen Weg zu begleiten«.

Es folgen weitere Texte mit ähnlich gelagerter Kritik. Igor fehle es an souveräner Leichtigkeit, was auch spieltechnisch begründet sein mag. »Die Extreme, das Brachiale, der hemmungslose Pedalgebrauch vernebeln manches zu aparten Stimmungsmustern, bauen Kulissen auf, führen anderes in schiere Belanglosigkeit.« Igor Levits Grundproblem: Dass die Umdeutungen manchmal wie Missverständnisse klängen.

Andere Kollegen im Haus teilen die Sichtweise. Ein weiterer Autor schreibt über eine Matinee im Prinzregententheater im November 2014 und spitzt die Kritik auf eine neue Pointe zu: Über Igors künstlerische Haltung ließe sich durchaus diskutieren, »wenn man nicht so deutlich das Kalkül dahinter spüren würde. Keine einzige Note in dieser Matinee wirkt spontan, alles scheint vorab zurechtgelegt zu sein. Da spielt ein junger Pianist das große Repertoire offensichtlich vor allem, um an ihm die eigene Sensibilität vorzuführen. Und was dabei triumphiert, ist leider nicht der Geist, sondern nur sein kleiner Bruder: der esoterische Kitsch.«

Igor nimmt die Texte auf, wie sie wohl jeder aufnehmen würde: Er ist getroffen, geknickt und verunsichert. Musikkritik ist – wie jede andere Kunstkritik auch – eine höchst subjektive Sache, abseits der nachprüfbaren Faktenbasis lassen sich alle Urteile und Kriterien nur bedingt überprüfen, die besprochene Aufführung ist ja längst verklungen und der besprochene Gegenstand unwiederbringlich verloren.
Das macht Musikkritik besonders anspruchsvoll: Wenn sie gelingt, kann sie der unvergängliche Widerhall des Konzerts sein, ein Fußabdruck, der bestehen bleibt.

Für Musiker sind Kritiken in verschiedenen Karrierephasen unterschiedlich wichtig. Am Anfang einer Karriere können ein paar positive Zeilen einige Türen öffnen, später kann ein Verriss weitaus wirkungsvoller für gute Verkaufszahlen sorgen. Letztlich bleibt die Furcht in allen Karrierephasen gleich, in der Zeitung einen Text zu lesen, der den Künstler entzaubert und – verschieden intoniert – sagt: So toll, wie ihr vielleicht dachtet, ist das gar nicht.

»Der erste Text hat gesessen«, sagt Igor. »Wenn du die ersten großen Verrisse in einer überregionalen Zeitung über dich liest, dann findest du das nicht besonders witzig – ich hatte anfangs ja wirklich überhaupt keine Erfahrung mit der Branche. Ein paar Autoren haben jahrelang versucht, mich bei jeder Gelegenheit runterzuschreiben – auch in Texten über Konzerte, bei denen ich gar nicht gespielt habe. Danach habe ich gelernt, das anders zu sehen.«

Nach den ersten Verrissen ist Igor tagelang mitgenommen, sie lassen ihn nicht los, er fühlt sich enttäuscht, vom Autor der Texte und von sich selbst: Als hätte er das, was er ausdrücken wollte, nicht gut genug formuliert und sei deshalb lächerlich gemacht worden.

Als Maren Borchers merkt, wie sehr es ihn beschäftigt, sagt sie ihm: Wenn das wirklich ein Problem ist, dann musst du an deinem Selbstbewusstsein arbeiten. Es geht nicht, dass dich das so mitnimmt. Du musst dich davon frei machen. Es wird immer wieder passieren. Gewöhn dich daran.

Das Gespräch wiederholt sich über einige Jahre bei jedem neuen Verriss. Igor wächst daran, die Texte ärgern ihn immer noch, aber sie belasten ihn nicht mehr. Maren Borchers sagt: Er ist daran erwachsen geworden.

»Der Lernprozess war extrem unangenehm«, sagt Igor. »Unangenehm, aber sehr, sehr wichtig, weil man so etwas mal durchgemacht haben muss. Ich tue ja nicht so, als läse ich das nicht. Ich lese alle Sachen, die über mich geschrieben werden, sie interessieren mich auch wirklich. Aber zu lernen, sie richtig einzuordnen – das hat gedauert. Wenn jemand findet, ich spiele schlecht, und er hat nichts Besseres zu tun, als darüber einen Text zu schreiben, und eine Zeitung hat nichts Besseres zu drucken, dann ist das ihr absolutes Recht.«

Einen Vorwurf gibt es dennoch, der ihn nicht kalt lässt: Er täusche die Empfindungen auf der Bühne nur vor, agiere kalkuliert, nicht spontan. Er tue nur so, als ob.

Der Satz reißt Igors alte Wunde wieder auf.

Einer der Kritiker der Süddeutschen Zeitung, Helmut Mauró, erneuert den Vorwurf nach einer Beethoven-Matinee in München 2019.

Igor Levit halte sich penibel an die Anweisungen Beethovens, als wollte er sich gegen alle interpretatorische Willkür absichern, schreibt er in seinem Text. Aber die Einhaltung von Regeln mache noch keine Musik, »oder doch nur eine eher spröde, karge. Es ist ein bisschen wie in der Schauspielerei: Ob man einen Text korrekt aufsagen kann oder die Rolle spielt – das sind auch in der Musik beinahe zwei Welten.« Beethoven habe die Spannung in die Sonaten eingeschrieben, sie stecke in den Atomen der Melodie und in den Molekülen der Klänge. Wenn Levit spiele, sei davon nichts zu spüren, selbst die spannungsvollsten Stellen klängen lahm und leer. »Und wie soll man ›ermattet‹ spielen, wie es in den Noten steht, wenn vorher kaum Erregung stattfand?«, fragt der Autor und antwortet sich dann selbst: Der Effekt könne nur vorgespielt sein.

Der Musiker, der die emotionale Regung nur vortäuscht, weil er den wahren Gehalt seiner Kunst nicht versteht: ein origineller wie hinterhältiger Vorwurf, ein Gegenbeweis ist schwer zu führen, aber darin liegt nur das geringste Problem. Ein viel größeres ist der Kontext, aus dem der Vorwurf stammt: Es ist der Aufsatz »Das Judenthum in der Musik«, in dem Richard Wagner nicht-deutschen und insbesondere jüdischen Künstlern vorwirft, aus Mangel an deutschem Geist zu eigener Schöpfung nicht in der Lage zu sein und darum die wahre Kunst immer nur nachzuahmen. Ein Narrativ, das im Nationalsozialismus eifrig zitiert wird.

Dass Mauró den Aufsatz als Musikwissenschaftler nicht kennt, noch dazu in der Wagnerstadt München, ist unwahrscheinlich. Mag der SZ-Kritiker die Anspielung bewusst gesetzt haben oder nicht: Inhaltlich steht der Kern der Kritik in äußerst unguter, weil antisemitischer Tradition.

Und dass ihm, dem jüdischen Pianisten, ein deutscher Kritiker in diesem Gestus mitteilt, wer und was er, Igor, ist und wer er zu sein hat: Darüber kommt er nicht so leicht hinweg.

Bis heute nicht.

An den Angriffen ist Igor gewachsen. »Er war immer derjenige, der gesagt hat: Lies das nicht, gib nichts darauf«, sagt seine Mutter. »Ob er wirklich so gefühlt hat, das weiß ich nicht. Aber er war in der Lage, sich zu distanzieren. Und wenn solche böse Sachen den anderen gegenüber geschrieben wurden, hat er diese Leute sehr unterstützt.«

»Aber wir müssen Mauró auch dankbar sein«, sagt seine Mutter. »Er hat sehr viele Leute auf Igor aufmerksam gemacht. Seit er über Igor schreibt, sind die Konzerte in München ausverkauft.«

#

»ICH KANN KEINE Posen«, sagt Igor. »Ich kann sehr gut taktieren und planen, ich habe ein sehr gutes Gefühl dafür, was wann zu tun und zu sagen ist und wer mit wem arbeiten sollte. Aber ich spiele niemandem etwas vor.«

Das betrifft nicht nur seine Konzerte, es betrifft auch ihn als öffentliche Figur:
Igor Levit, der politisch engagierte Jahrhundertpianist.

Man kann Igor leicht als eine sehr gut gemachte, inszenierte und auch selbst-gemachte Kunstfigur missverstehen. »Aber das ist eben nicht so«, sagt Maren Borchers. »Das ist er nicht. Und ich glaube, dass auch das das Geheimnis ist, warum es so viele Menschen gibt, die ihm so bedingungslos folgen. Das Publikum ist nicht doof, und es lässt sich nur bedingt an der Nase herumführen. Diese ganzen gemachten Künstler-Figuren, Marketing-Konzepte – deren Halbwertszeit ist beängstigend kurz. Und Igor ist keine Kunstfigur, das spüren die Leute. Er ist echt.

Weil er eben ist, wie er ist. Er ist eitel, er ist oft wütend und manchmal naiv, aber es ist alles immer echt.«

Und damit nimmt er den Menschen auch die Angst vor der Musik. Das ist es, was Igor immer wieder gespiegelt bekommt, vor allem während der Hauskonzerte. Menschen, die sagen: Ich kenne mich mit klassischer Musik nicht aus, ich interessiere mich auch nicht dafür – aber das berührt mich. Und endlich habe ich nicht das Gefühl, ich müsste mich schick anziehen und Ahnung haben. Ich muss nicht einmal viel Geld haben, um mir Konzertkarten kaufen zu können – ich höre einfach zu. Und das, was ich beim Hören fühle, hat seine Berechtigung.

#

DIE FRAGE, DIE jetzt noch offen ist, ist dieselbe, die schon am Anfang offen war: Wie soll es jetzt weitergehen?

Eine Antwort hat Igor immer noch nicht.

»Ich habe ein entspanntes, fast sogar desinteressiertes Verhältnis zu dem ganzen Gerede. Ich rede sehr ungern über meine Karriere, ich will einfach nicht.«

Die Gefahr, die besteht und die alle fürchten: dass Igor sich verzetteln könnte, auch wenn das bisher noch nie passiert ist. Dass seine Technik leidet, auch wenn sie bisher ungefährdet ist. Dass er vor lauter Twitter das Klavierspielen vergisst. Alle wissen: Das Leben, das er führt, kann er nur so lange führen, wie er auf diesem Niveau Klavier spielt.
»Bei all dem Lärm, den wir gerade um uns haben, muss ich auch immer wieder Leute daran erinnern, worum es eigentlich geht«, sagt Igors Managerin Kristin Schuster.

Die Klassikbranche ist ein Markt, auf dem Verlässlichkeit zählt. Den größten Erfolg hat, wer zuverlässig ein bisschen mehr abliefert als das, was er versprochen hat.

Bei Igor werden die Versprechen immer größer.
Bis jetzt hat er sie immer gehalten.

»Ich erinnere mich«, sagt Simon Bode, »wie wir in seiner alten Berliner Wohnung saßen und er alles in Frage stellte. Warum mache ich mir das Leben so schwer? Ich würde auch gern mit einem einzigen Klavierkonzert durch die ganze Welt touren und dadurch reich werden, warum mache ich das eigentlich nicht? Und dann habe ich gesagt: Das musst du mit deinen Leuten besprechen – wenn du das willst, dann mach es. Das gibt es häufig: Diese Momente, in denen er sich denkt, warum mache ich es mir so schwer – und dann weiß er wieder, warum. Das Riesenrepertoire, die vielen Programme: Das alles will er so. Es ist eher so, dass ihm Leute abraten, und dass seine Managerin und er die Programme bei den Veranstaltern durchsetzen müssen. Alles, was wenig später Standard wird, ist erstmal schwer, weil es lange niemand will.«

Im Moment planen Igor und Kristin drei Jahre in die Zukunft, mitunter vier.

»Igor wollte weniger machen, aber ich glaube, jetzt, wo er weiß, wie schlimm es ist, keine Konzerte zu spielen, wird er wahrscheinlich doch wieder mehr machen wollen«, sagt Kristin Schuster. »Das kommt jetzt auch darauf an, wie sich das ganze Business verändert. Kann niemand vorhersagen.«

Igors Wunsch lautet: Freiheit. Das bedeutet, Programme nicht drei Jahre im Voraus entwerfen zu müssen. Wege zu finden, ihm die größtmögliche Freiheit zu geben, in der er arbeiten kann – ohne allen anderen Partnern die Arbeit unmöglich zu machen. »Spätestens mit Corona scheint nichts mehr gesetzt zu sein. Jetzt besteht die große Chance, Dinge anders zu machen, vielleicht auch die Initiative zu ergreifen.«

Also: Schablonen abschaffen. Traditionen hinterfragen. Eigene Formate finden. Noch mehr Menschen erreichen.
Wie bisher.

Kann es vielleicht doch sein, dass Igor seine aktive Konzertlaufbahn demnächst beendet?

»Das würde mich sehr traurig machen«, sagt Kristin Schuster. »Ich habe ihn als einen der faszinierendsten Künstler der Gegenwart kennengelernt – es wäre eine Schande, wenn das nicht so viele Menschen wie möglich weiterhin hören könnten. Wenn ihm das irgendwann nichts mehr gibt, das mit Live-Publikum zu teilen, diese Konzerte zu geben, wenn er sagt, ich bin müde, ich habe davon nichts mehr: Dann bin ich die erste, die sagt, hey, dann mach was anderes. Aber ich habe bisher nicht den Eindruck. Klar, es gibt Ermüdungserscheinungen, wie wir alle sie haben. Aber nicht in Bezug auf das, worum es eigentlich geht: den Konnex zwischen einem Künstler und dem Publikum – und der Energie, die da fließt.«

»Ich glaube, der will auch einfach spielen«, sagt Simon Bode. »Es gibt viele Stücke, bei denen er sagt: Es ist so geil, dass ich die jetzt endlich kann. Das will er auch ein bisschen genießen, glaube ich. Wir vergessen auch immer, wie jung er ist.«

Und Igor?

»Pass auf«, sagt Igor, »ich hab einen Witz für dich. Grün fragt Blau: Sag mal, warum müssen wir Juden eigentlich auf alle Fragen immer mit Gegenfragen antworten? Blau antwortet: Warum nicht?«

So könnte die Geschichte enden. Aber so harmonisch endet sie dann doch nicht.

#

»IST HASS MENSCHLICH?«, fragt Michel Friedman am 29. September 2020 auf der Bühne des Berliner Ensembles am Schiffbauerdamm, Igor erwidert: »Ja, was denn sonst?«

Er ist Gast der Talkreihe »Friedman im Gespräch«, der Gastgeber hat an gleicher Stelle auch schon mit Joschka Fischer über Europa, mit der Schriftstellerin Juli Zeh über Heimat und mit Kardinal Reinhard Marx über Glauben gesprochen. Das Thema des heutigen Abends ist, mit schwarzer Schrift auf gelbem Grund, auf die Bühnenrückwand projiziert: »Hass!«

Friedman ist Jurist, Fernsehmoderator und einer der rhetorisch brillantesten Köpfe des Landes, er gehörte einst dem CDU-Bundesvorstand an, später war er stellvertretender Vorsitzender des Zentralrats der Juden in Deutschland. Ein Mensch also, der aus einem anderen Grund als seiner Religion zu Prominenz gekommen ist, der im Rahmen einiger Kontroversen und Skandale aber für viele Menschen auf dieses eine Attribut reduzierbar schien: Michel Friedman, der Jude.

Dass er an diesem Abend nun derjenige ist, der Igor zum Thema Hass befragt, ist vor allem deshalb skurril, weil Friedman zugleich der mutmaßlich einzige Mensch im Saal ist, dem Igor sich zu diesem Thema nicht erklären müsste. Friedman kennt Igors Lage aus eigenem Erleben allzu gut, er hat den Weg, den Igor geht, schon hinter sich. Und so sitzt Friedman Igor auf der Bühne nicht nur als Interviewer gegenüber, sondern auch als Freund, Ratgeber und Therapeut.

Interessant ist der Termin vor allem im Hinblick auf die Dinge, die in den Tagen danach passieren werden. Zwei Tage später wird Igor auf Schloss Bellevue mit dem Bundesverdienstkreuz ausgezeichnet. Für die Hauskonzerte als beinahe seelsorgerische Akte während der ersten Corona-Welle. Aber vor allem für Igors Einsatz gegen Antisemitismus und andere Arten des Menschenhasses.

Die Reaktionen auf die Auszeichnung sind weitaus weniger einhellig, als es bei einem solchen Thema zu erwarten gewesen wäre. In den Applaus und die Glückwünsche mischen sich auch kritische und zynische Stimmen. »Igor Levit erhält völlig zurecht das Bundesverdienstkreuz. Er ist für uns alle am Kreuzvorzeichen gehangen«, twittert ein Musikerkollege, später löscht er den Tweet und entschuldigt sich, er habe nicht gesehen, dass der Satz auch antisemitisch verstanden werden kann.

Igor reagiert darauf nicht.

Ein prominenter Klassikjournalist feuert in einem Radiokommentar eine Breitseite gegen Igor: Er habe mit seinen kostenlosen Streams dafür gesorgt, dass Musik entwertet werde. Seine Beethoven-Interpretationen seien manieriert, er gebe sich unangepasst, sei aber längst Teil des Establishments, profiliere sich als moralisch einwandfreier Künstler, dabei seien seine Positionen – gegen Antisemitismus und menschenverachtende Flüchtlingspolitik – doch keineswegs bemerkenswert, sondern selbstverständlich. Und: Er sehe sich als Vertreter weniger privilegierter Künstler, die dies aber gar nicht wollen.

Igor reagiert auch darauf nicht.

Ein weniger prominenter Kollege sagt, Igors Erfolg gehe auf Kosten aller anderen Musiker, weil er ihnen die Aufmerksamkeit nehme.

Alice Weidel, Vorsitzende der AfD-Bundestagsfraktion, schreibt einen offenen Brief an den Bundespräsidenten: Igors Auszeichnung »sei ein Schlag ins Gesicht all jener Ordensträger, die sich tatsächlich um unser Land und unsere Gesellschaft verdient gemacht haben.«

Von Igor: nichts.

»Empfinden Sie Hass?«, fragt ihn Friedman im Berliner Ensemble. »Nein«, sagt Igor. »Ich bin häufig wütend – und ich empfinde manchmal Verachtung. Die Menschen, auf die ich wütend bin, sind mir sehr nah. Menschen, die ich verachte, sind mir egal. Ich mag Verachtung lieber als Hass. Hass ist echt weit weg.«

Schließlich, fast zwei Wochen nach der Verleihung des Bundesverdienstkreuzes, erscheint auch ein Text im Feuilleton der Süddeutschen Zeitung. Der Verfasser ist Helmut Mauró, jener Musikkritiker, der seit 2011 über Igors Münchner Konzerte schreibt und den Vorwurf formulierte, Igor führe einstudierte Effekte vor, statt wahrhafte Empfindungen zu zeigen.

Diesmal erklärt der Autor, auch Igors politisches Engagement sei nur Pose – die Antisemitismus-Kritik etwa sei nur ein »lustiges Hobby«, begründet in einer fragwürdigen »Opferanspruchs-Ideologie«, im Wissen darum, dass ihm der Habitus des politisch engagierten Pianisten viele Freunde im linksgrünen Twitter-Milieu einbringe. Am Klavier sei Igor anderen Pianisten weit unterlegen, sein musikalischer Erfolg beruhe letztlich vor allem auf der Aufmerksamkeit, die er durch seinen Kampf gegen Antisemitismus gewinne. In anderen Worten: Igor inszeniere sich als politisch engagierter Weltklasse-Pianist, er sei aber weder das eine noch das andere – und wer ihn dennoch schätze, gehe seiner PR-Strategie auf den Leim.

Nachdem der Redaktion auf Twitter über Stunden hin weitaus mehr Empörung als Zustimmung entgegenschlägt, rudert die Chefredaktion noch am Abend zurück. Der Chefredakteur erklärt zunächst, er stehe hinter dem Text, Igor dürfe gern eine Entgegnung schreiben, später veröffentlicht die Zeitung eine Entschuldigung: Viele Leserinnen und Leser und auch Kolleginnen und Kollegen empfänden den Text als antisemitisch und sähen Igor als Künstler und Mensch herabgewürdigt, das sei nicht die Absicht gewesen – »die Frage, was und wie wir aus dem Fall lernen können, wird uns weiterhin beschäftigen«.

Es ist nicht klar, worum es bei dieser Debatte wirklich geht.

Eine Kritik an der Entscheidung des Bundespräsidialamts, Igor das Bundesverdienstkreuz zu verleihen? Ein Versuch, eine bestehende Kontroverse auf dem Rücken einer in der Sache wenig angreifbaren Person weiter zu befeuern, um Leser in einem bestimmten Milieu zu finden? Um den Kampf eines Print-Mediums gegen die Gegenöffentlichkeit auf Twitter? Vielleicht sogar: den Kampf der Instanzen gegen einen Künstler, dessen Erfolg nicht mehr allein auf deren Wohlwollen beruht? Oder nur um einen Rezensenten, der nicht vertragen hat, dass sich ein Pianist etabliert hat, obwohl er ihm seit bald zehn Jahren jegliches Talent abspricht?

Für Igor steht etwas anderes im Vordergrund:

Nicht nur hat in diesem Text ein deutscher Kritiker erklärt, dass das Engagement eines jüdischen, selbst immer wieder bedrohten Pianisten gegen Antisemitismus ein lustiges Hobby sei.

Vor allem hat er die Deutungshoheit über Igor an sich genommen. Er hat ihm erklärt, wer er zu sein hat und dass ihm nicht zustehe, zu sein, wer er zu sein glaubt.

»Jede Verletzung hinterlässt eine Wunde«, sagt Igor auf der Bühne des Berliner Ensembles, »keine Verletzung ist zu klein, und keine dieser Wunden wird verheilen. Ich habe das nie mit dem Begriff Hass verbunden, aber durchaus mit der Idee, dass jemand den Radiergummi ansetzt und mir sagt: Eigentlich bist du nicht da.«

»Das ist interessant«, sagt Friedman. »Es gibt ja in diesem Land einen Satz, eine Metapher, über die wir vielleicht einen Augenblick reden sollten: Wehret den Anfängen. Was ist damit eigentlich gemeint?«

»Ich habe mit diesem Satz ein Problem«, sagt Igor. »Zunächst einmal sprachlich. Vielleicht bin ich dann doch zu sehr Migrant, aber ich habe ein Problem mit angedeuteten Militarismen. Der Satz hat einen Tonfall, den ich nicht mag. Und dazu kommt, aus meiner persönlichen Erfahrung: Das ist ein Satz aus der Perspektive der Täter. Über den Satz besteht gesellschaftlich Einigkeit, immer, wenn es dazu Anlass gibt, wird er wiederholt. Aber den Opfern gesteht man ihn nicht zu. Jedes Mal, wenn ich etwas über mich lese, was mich ärgert, und ein Freund sagt mir, Igor, mach dir nichts draus – dann ist das ein nicht zugestandenes ›Wehret den Anfängen‹.

Wenn jemand auf Twitter schreibt, ich werde mit dem Verdienstkreuz ausgezeichnet, weil ich für alle Musiker am Kreuzzeichen gehangen habe – dann tut mir das unglaublich weh. Sicher, das hat jemand geschrieben, dessen Account gerade mal 200 Follower hat – aber es tut weh. Und was passiert? Jetzt beginnt ein Kreislauf, der an sich vollkommen nachvollziehbar ist, es ist immer derselbe, ich bekomme zu hören: Igor, nicht reagieren! Nicht adeln! Gib ihm keine Plattform, gib ihm keine Bühne, er hat die Aufmerksamkeit nicht verdient. Lass das andere machen. Ich verstehe das alles, aber in diesem Moment platze ich. Jeder darf alles über mich sagen, aber ich selbst darf nicht? Gilt für mich der Satz ›Wehret den Anfängen‹ also nicht? Oder gilt er erst, wenn der AfD-Vorsitzende über mich spricht, ist der dann groß genug, damit ich reagieren darf? Diejenigen, die mich beraten, liebe ich aus vollem Herzen, und ich weiß, sie haben aus ihrer Perspektive recht. Aber ich muss wirklich aufpassen, ich fange sonst an zu zittern.«

»Haben sie recht?«, fragt Friedman und fährt fort: »Ich würde widersprechen. ›Wehret den Anfängen‹ kann man immer, ganz alltäglich und banal, so erklären: Ich höre etwas, also muss ich reagieren. Und wenn ich millionenfach nicht reagiere, dann verändert sich ja mein Koordinatensystem mit. Dieses ›Lass mal gut sein‹ bedeutet ja: Da ist zwar ein bisschen Hass, ein bisschen Vernichtung, aber lass mal gut sein. Ich will das vielleicht mit Victor Klemperer formulieren, das passt sehr gut, wir reden hier ja über eine Form der geistigen Brandstiftung. Klemperer sagte: Worte können sein wie winzige Arsendosen. Sie werden unbemerkt verschluckt. Sie scheinen keine Wirkung zu haben, und nach einiger Zeit ist die Giftwirkung doch da.«

Das Publikum applaudiert.

Igor sagt: »Was ist das für eine widerliche, menschenverachtende Idee, dass manche glauben, nur weil man bekannt ist, hätte man keine Schmerzen? Da kann man es ja mal machen. Nee, kann man nicht. Und in meiner Wut denke ich mir dann: ein kleiner Retweet – und der Typ bricht zusammen wie ein kleines Kartenhaus. Darf ich einen kleinen Witz erzählen?

Kohn kann nachts nicht schlafen, er weckt seine Frau Sarah auf, er sagt: Ich schulde Grün Geld.
Wie viel?
10 000.
Wann musst du es ihm geben?
Morgen.
Hast du's?
Nein.
Und dann sagt Sarah: Pass auf, ich rufe ihn an.

Aber es ist 4 Uhr morgens!
Sie ruft ihn an. Grün! Kohn schuldet dir Geld?
Ja.
Zehntausend?
Ja.
Und er muss es dir morgen geben?
Ja.
Er hat's nicht.
Und legt auf. Kohn kriegt einen roten Kopf. Bist du meschugge, was hast du getan? Sagt Sarah: Jetzt kann er auch nicht schlafen.«

Gelächter.

»Manchmal«, sagt Igor, »erwische ich mich dabei, dass ich denke: Okay, ich kann nicht schlafen. Ich könnte dafür sorgen, dass du auch nicht schläfst. Aber nein, ich tue nichts. Ich muss allerdings nochmal auf den Schmerz zurückkommen. Ich kenne diesen Schmerz, ich kenne viele Menschen, die den Schmerz erleiden, weil der ja gar nicht persönlich gemeint war. Und damit ist er eigentlich noch viel schmerzhafter. Dieser Schmerz, der geht nicht weg. Ich gehe mit ihm ins Bett und ich wache mit ihm auf.«

Es ist zu hoffen, dass dies nicht auch ein Teil der Antwort ist, warum Igor so klingt wie er klingt.

Aber ganz sicher ist es leider nicht.

#

BERLIN IM HERBST 2020, ein Freitagabend. Igor spielt in der Philharmonie ein Programm mit Beethoven-Sonaten, darunter die Appassionata. Der Beethoven-Zyklus ist sein Solo-Debüt im Großen Saal, wie an den Abenden zuvor ist das Haus ausverkauft, coronabedingt aber nur spärlich besetzt. Das Konzert wird als Livestream im Internet übertragen. Wie immer wirft sich Igor in die Musik, die Töne aber klingen kühl und vereinzelt, die Apokalypse am Ende des letzten Satzes verliert sich in den leeren Reihen.

Ein Finale mit mehr Kraft, Größe und Energie ist gerade nicht zu haben.

Keine Viertelstunde nach dem letzten Ton ruft er an.

– Hast du's gesehen?

– Ja.

– Sag, können wir kurz zehn Minuten telefonieren? Ich fahre gerade auf dem Fahrrad nach Hause, ohne Licht und ohne Helm, und wenn ich jetzt auf die Fresse fliege, kriegst du es wenigstens mit.

– Äh, ja, klar.

– Oh Mann, jetzt regnet es auch noch.

– Wie lief das Konzert?

– Ganz okay, glaube ich. Fühlt sich immer noch so an wie zu Hause. Ich sitze da auf dieser riesigen Bühne und spiele wie in meinem Wohnzimmer. Für mich ist da kein Unterschied mehr.

– Na ja, der Ton war ein bisschen besser.

– Wahnsinnig lustig, wirklich. Wahnsinnig lustig. Shit, da vorne ist gesperrt.

– Wo bist du inzwischen?

– Unter den Linden, gleich Brandenburger Tor.

Er schweigt einen Moment.

– Man kommt sich sehr deutsch vor, wenn man hier entlangfährt. Wirklich sehr deutsch, weißt du das?

– Auf gute oder nicht gute Art?

– Bin nicht sicher. Warte kurz, ich muss eben eine SMS tippen.

Man kann durch die Leitung den Fahrtwind hören.

– So, fertig, wieder da. Sag mal, wie weit sind wir mit dem Buch? Wie viel haben wir schon?

Ein paar Augenblicke später biegt er in seine Straße ein, drückt die Haustür auf, sagt »So, bin angekommen, danke!«, schultert das Fahrrad und trägt es nach oben in die Wohnung.

– Was machst du jetzt?

– Weiß nicht. Und du?

– Keine Ahnung.

Und dies also ist das passende Schlussbild.
Nicht der Schlussapplaus in der Philharmonie, wie in anderen Pianistenbüchern.

Sondern Igor, mit dem Fahrrad nachts im Regen durch Berlin rasend, ohne Helm und Licht, und sich dabei fühlend wie vorhin im Konzert: frei von Angst.

Voller Vertrauen darauf, mit heiler Haut anzukommen.

Und getrieben von dem Wunsch, auf dem Weg nicht allein zu sein.

#

DANK Die Arbeit an diesem Buch zog sich als Konstante durch eine Zeit voller Turbulenzen, von denen anfangs nur wenige absehbar waren. Nicht zuletzt dadurch blieb auch die Entstehung des Buches selbst keineswegs ungefährdet: kaum ein Termin, der nicht immer wieder verschoben, kaum ein Plan, der nicht verworfen und neu gefasst werden musste. Wäre da nicht die unumstößliche Überzeugung einer Reihe von Menschen gewesen, dass es eine gute Idee ist, dieses Buch genau jetzt zu schreiben, und hätten diese Menschen den Entstehungsprozess nicht auf ihre eigene Weise mit Vertrauen, Großzügigkeit, Sachverstand und Geduld begleitet, befördert, ermöglicht und mitgetragen: Wir hätten es nicht geschafft.

Dazu gehören zuvorderst Maren Borchers-Fromageot, Henriette Gallus und Kristin Schuster, Simon Bode, Anselm Cybinski und Andreas Neubronner, Felix Broede, Georg Diez, Boris Fromageot, Philipp Nedel und Thorsten Schmidt, Moritz Müller-Wirth, Kilian Trotier, Marc Widmann und Bettina Tschaikowski, Kai-Uwe Diaz Philipp und Martina von Brüning, Stefan Arndt, Christian Möller, Andreas Morell und Carolin Pirich, Ulla Kalchmair, Justus Wille und Charlotte Hartwig, sowie besonders Jo Lendle, das Lektorenteam und alle andere Gewerke des Hanser-Verlags, Hanna Hesse, Christina Knecht und Kirsten Vogelsang, als auch insbesondere Margie Oberle und Kasimir Straubert, Stephanie Bartsch und Ralf Oberle (†), Antonia Goldhammer, Christiane Lutz, Elena und Simon Levit, Karin und Peter Zinnecker sowie, ganz besonders, Nora Zinnecker.

Herzlichen Dank Euch und Ihnen allen!
Igor Levit und Florian Zinnecker